本书由辽宁省教育厅资助出版

人类发展的测度方法研究

——对 HDI 的反思与改进

A Study on Measurement Methods of Human Development
——Reflections and Improvements on HDI

李晶 著

中国财政经济出版社

图书在版编目（CIP）数据

人类发展的测度方法研究：对 HDI 的反思与改进/李晶著.—北京：中国财政经济出版社，2009.6
ISBN 978－7－5095－1587－7

Ⅰ.人…　Ⅱ.李…　Ⅲ.统计学　Ⅳ.C8

中国版本图书馆 CIP 数据核字（2009）第 071195 号

责任编辑：周桂元　　　责任校对：王　英
封面设计：陈　瑶　　　版式设计：董生萍

中国财政经济出版社 出版
URL：http：//www.cfeph.cn
E－mail：cfeph @ cfeph.cn

社址：北京市海淀区阜成路甲 28 号　邮政编码：100142
发行处电话：88190406　财经书店电话：64033436
北京中兴印刷有限公司印刷　各地新华书店经销
880×1230 毫米　32 开　8.625 印张　199 000 字
2009 年 7 月第 1 版　2009 年 7 月北京第 1 次印刷
定价：18.00 元
ISBN 978－7－5095－1587－7/F·1377
（图书出现印装问题，本社负责调换）
本社质量投诉电话：010－88190744

序

发展是人类历史上经久不衰、令全世界普遍关注的永恒主题，随着时间的推移，发展观的视角逐步从物转向了人，进入20世纪90年代初期后，人类发展成为全世界广泛关注的问题，引起了各国学者和研究机构的高度重视。对人类发展问题的关注促使人们不断寻找测度人类发展的种种方法，全面评价人类发展与社会的进步便成为统计学和发展经济学重要的前沿课题之一。

从测度方法和指标的价值角度来看，当某种人类发展测度方法或者说测度指标逐渐被广泛接受的时候，它就能够成为各国公共交流和沟通的工具，并且成为国家之间展开良性竞争的媒介。同时，这种测度方法和指标反过来也能够成为各国实践的向导，为各国发展实践中政策的制定提供重要参考依据。中国近年来提出构建以人为本的和谐社会，倡导具有中国特色的科学发展观，这些施政方针与目前国际社会普遍接受的人类发展的核心价值观是基本一致的，因此探讨人类发展的测度方法和指标对于中国也有重要的参考价值。

那么如何测度人类发展？哪些指标能够体现经济和社会的和谐发展呢？对于此，目前学术界还缺乏系统的研究。全世界普遍参与排名的、影响最大的指数HDI，概括了人类发展的最基本目标，反映了人类发展的最重要维度，有着传统指标不可比拟的优点，但它并不是一个完美的指标。

从HDI研究文献可以看出，该项研究已经日益引起学者的关注。但由于对HDI的研究时间较短，目前相关研究还存在一些明显的不足之处。正如本书作者所言，HDI批判方面的文献，观点类似或重复的，需要归纳合并；观点互为补充的，可以进行统一；观点互相冲突的，需要加以甄别；相对于批判而言，修正和扩展研究相对比较薄弱，表现出明显的“破而不立”，尤其是将环境和可持续发展与HDI结合起来研究还需要进一步探索和突破。因此，用先进的统计方法改进HDI和用更多体现人类发展的维度来扩展HDI越来越成为一个重要而极具潜力的研究选题。

目前关于人类发展测度方法的研究专著还很少见。李晶博士的《人类发展的测度方法研究》一书是在其博士论文基础上修改而成的。作者对人类发展的测度方法进行了专门、系统的研究，并在现有统计指标的基础上进行了修正和扩展。其中一些研究成果对HDI方法的改进有重要的突破，在国内具有一定的超前性。

这本专著研究了国内外各种指标在人类发展测度方面的应用，对影响最大、应用最广的测度指数——HDI进行了梳理、批判、修正和扩展。全书共分为七章，内容和结构框架非常清晰。第一章交代了人类发展及其测度研究的重要性和必要性，这部分内容相对独立。第二章对比分析了人类发展相关理论的价值标准、基本模型、测度方法及其局限。这部分内容是后续研究的理论和方法基础。第三章对HDI的演进脉络进行了系统的梳理，集中对HDI的修订和调整的合理性进行评价。这一部分工作是后续方法改进与扩展研究的基石。第四章对HDI研究文献进行了归纳和分类总结，是对HDI缺陷和不足进行的理论和实践探讨，是后续修正和扩展研究的前提。第五章和第六章针对 HDI 的缺陷分别进行全面系统的修正和扩展研究。修正工作主要从基本成分的修正、多指标综合方法的修正和结构修正三个方面进行了系统的分析。扩展工作中针对 HDI 没有考虑可持续发展问题，引入了一个污染敏感的收入成分，对那些以毁坏环境作为代价换取经济高速发展的国家起到了“惩罚”作用。然后进一步将 HDI 延伸和扩展，将政治自由、保障人权和自尊等囊括在内，建立了广义人类发展指数（GHDI）。第七章是全书的结论，并提出了有待进一步研究的方向。

总体来说，该书主要有以下几个特色：

第一，这是一部跨学科专著。全书的内容范围涉及统计学、发展经济学和福利经济学关于发展测度领域的理论、方法与实践，符合国际上跨学科交叉研究的潮流。

第二，选题属于前沿和较稀缺的领域。关于人类发展的指标和测度方法研究，在国内还没有专著问世，国外的著述多是对发展的综合指标进行宽泛的论述，没有采用系统的统计分析和计算方法，尤其是没有专门针对人类发展指数的系统研究。

第三，对现有知识体系具有明显的增量贡献。该书对迄今为止测度发展方面最重要的指数——人类发展指数（HDI）进行了创新性研究。全书采取理论、方法和实证相结合，对人类发展指数的理论基础、指标体系和测度方法都进行了深入的研究和探讨，并从理论和实证方面进行了修正和扩展研究，这是此书的重要创新之处。

第四，具有很强的实践应用价值。研究人类发展指数正是适应了科学发展观的要求，与我国当前的指导思想契合，有助于加深对全面发展的理解，深化对和谐社会的理解和认识，具有非常重要的现实意义。

诚然，人类发展测度的研究是一个非常复杂的系统工程。不可避免地，此书从研究范围上和研究深度上都有一定的局限性，需要做进一步的研究。但这仍不失为一本值得向相关研究机构和学者推荐的好书。

邱　东

2008 年 12 月

前　言

我对人类发展测度问题的关注源于恩师邱东教授多年前发表的一篇论文——《贫困的三维测度观：贫困测度准则的再思考》。该文开篇明义地写到："'Sen 曾经构造了贫困测度应该满足的三个准则，这些准则成为一系列贫困测度指标建立的基本框架'。在发展经济学的定量研究中，得到了各国学者的认可。然而，Sen 氏的贫困测度准则还不是尽善尽美。人们对准则的理解是否准确？除了三个准则已经表明的思想之外，还存在着哪些贫困测度应该注意的问题呢？贫困测度准则的主要功能又是什么呢……"正是这些问题引起我深深的思考，并进而对"贫困"、"发展"、"和谐"乃至"幸福"的测度方法这一充满人文关怀的研究领域产生了浓厚的兴趣。

恰在我进入博士论文选题阶段的时候，联合国开发计划署（UNDP）发布了《人类发展报告 2006》。该报告认为，中国在一些方面经历了历史上人类发展最快的进步，是世界上 HDI 排名上升最快的国家之一，其中 2002 年中国 HDI 居世界第 96 位，2005 年攀升至第 85 位，而到了 2006 年又上升至第 81 位。自 1990 年至 2006 年，中国 HDI 排名整整上升了 24 位！实际上，自 1990 年至 2006 年，UNDP 已经发布了 17 份人类发展报告。其中，每年的"人类发展指数（HDI）"排名，成为比较国与国之间人民生活真实状况的重要指标。自20世纪90年代以来，世界上的许多社会公共政策都是在HDI方法的原则指导下思考、执行和衡量的……

《人类发展报告2006》在中国引起了很大反响，人们在为中国发展成绩得到国际社会认可而感到欣慰的同时，也提出了很多疑问。比如，以上种种成绩是否真能表明中国人类发展速度居世界首位？HDI作为测度人类发展的最主要指数，能够真实刻画各国的人类发展成就吗？还存在哪些应该注意的问题？还需要从哪些方面进行改进？

随着对此类问题思考的不断深入，我对这一研究领域的兴趣也与日俱增。带着这些问题我查阅了相关资料，意外地发现，尽管近年来HDI已经成为全世界广泛关注的一个人类发展测度指标，但关于这方面的学术性研究仍较为滞后。少量的文献指出了HDI存在着诸多不足和令人质疑的地方，但很少有文献提出建设性的修正建议。

在导师的热情鼓励和悉心指导下，我开始对人类发展的测度进行系统研究，尝试用最新的统计研究成果改进HDI和用更多体现人类发展的维度来扩展HDI，并最终完成了博士学位论文。

本书对博士学位论文作了较大的充实和完善，在对HDI演进脉络以及UNDP数次的修订和调整过程进行系统研究的基础上，重点对HDI存在的缺陷和不足进行分析和分类概括，对于关键性的和有争议的批判从理论和实证两方面加以分析和评论，进而针对HDI的缺陷和不足，尝试进行系统的修正和扩展。

在HDI以及人类发展的测度方法研究领域，国内目前尚未见同类著作，国外极为罕见的少量著作也未见从修正和扩展的角度加以创新的。对于这一崭新而涉及面宽广的研究课题，本书自然也存在很多没有说清楚的地方。实际上，本书在很多方面只是为感兴趣的同行提供了一个研究的起点。

就我对这一问题的研究体会而言，我认为有如下几个方面的问题值得进一步深入探讨：

1. 如何在 HDI 中反映分配的不平等问题

HDI 的现有形式没有直接反映分配的不平等问题。本书仅对 HDI 的收入成分分配的不平等问题进行了修正。但实际上，无论是在不同国家之间，还是在一个国家内部，预期寿命和教育成就指数都有显著的人与人之间不平等的因素。因此，最好的修正必须超出 HDI 的原有指标框架来考虑每个维度的不平等因素。

2. 如何在 HDI 中考虑进各个国家的文化差异

HDI 的研究只是探寻一种通用的文化标准，没有考虑国家间的文化差异对人类发展可能产生的影响。本书虽然认识到了这一点，囿于精力所限却并未对各国的文化差异因素进行修正或扩展，而这无疑是极其有价值并且契合跨学科研究潮流的一个方向。

3. 基于新方法的实证研究

对于修正和扩展后的计算人类发展的新方法，还需要通过更多的实证和案例研究来分析和验证新方法在多大程度上优于原方法。

本书的研究得到了我主持的国家社科基金项目“人类发展的多维测度：基于 HDI 的系统研究”（编号：08CTJ004）的资助，特此致谢！

作　者

2008 年 12 月

目　录

第一章

引 言

第一节
选 题 说 明

人类发展是长久以来各国学者都高度重视的问题，而对人类发展问题的关注也逻辑性地促使学者们不断寻找测度人类发展的指标和方法。

在不同发展阶段，人们对“发展”这一概念有着不同的理解，衡量人类发展程度的指标和方法也有所不同。在 20 世纪 50 ~ 70 年代，经济学家和包括联合国在内的国际机构衡量人类发展的最重要的指标是人均国内生产总值或人均国民产量，更简单地说就是收入。然而实践证明，很多第三世界国家虽然达到了联合国制定的总体发展目标，但多数人的实质生活水平并没有改变，一些国家尽管实现了国民生产总值的快速增长，然而这种增长的利益并没有惠及社会的所有群体和阶层，贫困人口的数量仍在快速增加。这一切都说明了仅以收入作为测量人类发展的指标远远不能够反映人类发展的真实面貌。

进入 20 世纪 90 年代以来，“发展”的内涵进一步扩大。发展中国家乃至发达国家的发展实践进一步把发展观的视角从“物”转向了“人”，转向了人的需求满足和人的发展，即人类发展。联合国开发计划署（UNDP）的专家们进一步界定了人类发展的概念，指出发展是指人类的发展，是为人类服务的。人类不能仅以食物生存，人类的发展还要包括健康、教育和体面的生活水平，而且也包含政治自由、参与社会生活及人身安全等多个维度（UNDP, 1991）。人类发展应强调发展将人置于关注的中心，发展的目的在于扩展人们的可行能力（人的实质自由）。

因此，随着“发展”内涵的不断拓宽，以人均GDP为代表的各种单维指标[①]已远远不能满足测量的需要，而应该寻找一套能综合反映人类发展的多维指标体系，各种综合评价指标也就应运而生。比较著名的有物质生活质量指数（PQLI）、社会进步指数（ISP）、可持续经济福利指数（ISEW）、真实进步指数（GPI）、ASHA指数和人类发展指数（HDI）。其中以联合国开发计划署推出的人类发展指数（HDI）为衡量发展水平应用最广、影响最大的指数。

UNDP自1990年以来，每年都发布一份《人类发展报告》，对人类发展的现状进行评估。自1990～2006年，UNDP已经发布了

---

① 单维指标、多维指标、复合（综合）指标既有区别又有联系。就发展的测度而言，单维指标是指主要关注于发展的单一方面的指标，例如注重于测度经济绩效或是贫困问题。当然不可否认的是，这些指标本身也可能是复合指标，例如，绿色GDP和福利GDP的计算包括很多项，属于复合型指标，但这些项属于同一类型，它们仍然只反映发展的一个特定的领域，仍属于单维指标。而多维指标是指从多个方面来反映发展问题，不仅从经济和贫困等单方面，还可能包括健康、教育等许多其他方面，它们共同构成多维的指标体系。

17 个《人类发展报告》（其中不包括地区和国家的《人类发展报告》[①]）。HDR 曾被誉为“UNDP 的一颗王冠宝石”，理由之一便是 HDR 不仅提出了关于“人类发展”的崭新而具有持久生命力的定义，而且提出了超越 GDP 等核算标准的发展尺度，即人类发展指数。每年的“人类发展指数”排名，已经成为比较国与国之间人民生活真实状况的重要指标。HDI 作为一种公共交流沟通的工具，成为国家之间展开健康良性竞争的媒介，扮演着强有力的民主角色。同时，HDI 也成为各个国家实践中政策决策制定的重要参考依据。自 20 世纪 90 年代以来，世界上的许多社会公共政策都是在 HDI 方法的原则指导下思考、执行和衡量的。

与传统衡量指标不同，HDI 超越了经济方面，它将我们的注意力集中于真正的发展，即人类发展。HDI 概括了人类发展最基本的目标、反映了发展最重要的维度，即人类自身的发展，同时并未忽略发展内涵的广泛性。它第一次将人类福利（如健康和教育）作为发展衡量指标的重要构成部分，它有助于评判一个国家是否有效地将物质财富转化为人们生活质量的提高。HDI 不仅是对 GDP 的改进，也是对 GDP 的有益补充。

虽然 HDI 有着其他指标不可比拟的诸多优点，但它并不是一个完美的指标。实际上自从 HDI 出现的那天起，就遭到了各种观点的批判，大致可以归纳为两大方面：一是对设立 HDI 的必要性表示怀疑；二是认为 HDI 的计算有粗糙之嫌。针对各种批评的观点，可以进一步细分为基础数据问题、权重分配问题、计算方法问题以及没有考虑可持续发展问题。总之，HDI 的优势在于其比以往

---

① 国别人类发展报告（National Human Development Report，NHDR）是用来评估一个国家内部的人类发展的地区差距的重要文献，目前已经出版了 350 多册，涵盖了 130 多个国家，产生了一定的影响。

衡量尺度更能恰当地反映人类发展状况，但在人类发展概念中存在的复杂性同样使之成为衡量过程中的众矢之的。

从国内现实角度来看，中国正努力构建以人为本的和谐社会，倡导具有中国特色的科学发展观，强调政府的公共服务职能。构建社会主义和谐社会，实现经济社会的协调发展，是我国各级政府的主要任务，这与人类发展的观点是完全一致的。HDI超越了单纯的经济领域，注重平衡经济与健康、教育之间的关系，更全面地衡量了人类多层面的生活。另外，许多研究机构和学者将HDI应用到中国内部，来评估国家内部的人类发展地区差距。UNDP已经先后出版了4册《中国人类发展报告》（1997，1999，2002，2005），有利于监控不同时期国家政策的实施力度或国家发展目标的实现程度，为我国各项政策的制定和实施提供了重要参考依据。因此，研究人类发展指数正是适应了科学发展观的要求，与我国当前的指导思想相契合，具有非常重要的现实意义。

根据历年人类发展报告数据，1950年中国的HDI为0.159，属于世界极低人类发展水平。到了1980年为0.557，在2003年达到0.755，高于发展中国家的平均水平的0.694和中等人类发展水平国家的平均值0.718。2002年，我国人类发展指数居世界第96位，2005年排名第85位，而到了2006年，上升至第81位。《人类发展报告2006》指出：中国在一些方面经历了历史上人类发展最快的进步，自1990年起人类发展指数排名上升了24位。但是一些学者对HDI所反映的这些进步表示怀疑，批评其数据来源和编制方法，甚至怀疑HDI数值是否能够准确代表各国的人类发展成就。也有的学者指出，1990年以来中国人均收入翻了3倍，财富的增长排名上升了32位，中国HDI名次上升的主要原因是否主要基于国民收入的增长，即经济方面的进步。以上种种成绩是否真能表明我国人类发展的进步，而非仅仅是经济增长的进步？回答这些问题都需要我们对 HDI 的数据来源、维度选择、计算方法等许多问题进行深入的研究。实际上，对 HDI 仔细加以分析，我们就会发现 HDI 的确存在诸多不足和令人质疑的问题。但这在多大程度上破坏了 HDI 的国际可比性和可信度，尚是一个值得探讨的问题。因此，剖析人类发展指数，有助于加深对人类全面发展的理解，有助于中国更好地衡量人类发展成果，有助于深化对和谐社会的理解和认识，有助于认识中国和其他国家之间的差距，有助于相关机构改进 HDI 指数的编制方法。

基于上述原因，本书在对测度人类发展的各种单维和多维指数进行阐述和比较的基础上，选择将 HDI 作为主要研究对象。首先对 HDI 的演进和发展脉络进行一个系统的梳理，并对 HDI 的成分和计算方法的演进历程进行了详细的介绍和评论。接下来对国内外学者和机构关于 HDI 的评论进行了归纳和分类总结，并针对主要的三个方面的批评，从理论和实证两方面进行了分析评论。其中包括主观赋予等权重是否合理、简单算术平均的计算公式是否合适以及 GDP 的调整能否反映收入分配变化等。针对 HDI 存在的问题与不足，尝试对 HDI 进行修正。修正工作主要集中在三个方面：一是基本成分的修正；二是多指标综合方法的修正；三是结构修正。最后，针对 HDI 没有考虑可持续发展和人类生活中起根本性作用以外的很多重要的问题，本书尝试着对 HDI 进行了扩展研究。

第二节
文 献 综 述

1. 研究现状。发展是研究者们关注的一个永恒主题，但是关于发展的测度问题却长久以来没有得到应有的重视。直到第二次世界大战结束后，特别是 20 世纪 50 年代以后，发展的测度问题才开始受到国际上社会学和经济学研究的关注，陆续出现一些相关的文献。但令人遗憾的是，这些研究成果大多是从经济角度测度人类发展。这一局面在 20 世纪 70 年代中后期得到了改观，一些学者意识到人均 GDP（GNP）等单维指标并不是人类发展的最好的测度指标，开始偏向于通过多维指标（主要是从社会尺度）测度人类发展。但是根本性的变化出现于 1990 年，标志性的事件是联合国开发计划署（UNDP）在这一年出版了一份非常重要的文件——《人类发展报告》，明确提出了测度人类发展成就的多维指数——人类发展指数（HDI）。从此以后，掀起了关于人类发展测度问题的大讨论，涌现出许多里程碑式的研究成果。

由此可见，在不同发展阶段，人们对发展的理解不尽相同，衡量人类发展程度的指标和方法也随之不断深化。本书根据研究者对人类发展测度重点的不同将其大致划分为三个阶段。

第一阶段：主要从经济角度测度发展

20 世纪 50 年代至 70 年代早期是人类发展测度研究的第一个阶段。虽然有一些零星文献提到了社会指标，但这一阶段的主流依然是从经济角度测度发展。

1953 年联合国《国民经济账户体系及其辅助表》（旧 SNA）的发表，标志着人类在经济发展观指导下，第一次以严格、规范、科学和通用的方式记录经济发展的过程。旧 SNA 的核心指标国民生产总值（GNP）、国内生产总值（GDP）、国民收入（NI）等也就成了发展水平高低的评价尺度。

标志性文献有刘易斯的《经济增长理论》（1955）、H. 莱本斯坦的《经济落后与经济增长》（1955）和罗斯托的《经济增长阶段——非共产党宣言》。而刘易斯的《经济增长理论》成为发展经济学的开山之作。该书将发展视同于经济增长，即“总人口人均产出的增长”，这种观点在当时极具代表性。

作为测度发展的主要指标和方法，几十年来国民生产总值的适用性一直遭到质疑，最早可以追溯到在 1954 年联合国发布的名为《社会政策与规划》的报告。该报告就曾指出，将经济增长视为提高生活标准的需要，而不是最终的政策目标（UN，1954），并且明确提出反对用 GNP 指标测算生活水平。

1969 年，联合国编制《社会政策与规划》的专家提出：经济发展是落后，还是在某些方面造成大部分地区的贫困、经济停滞，边缘化或是游离于经济和社会进程之外，这些问题太重要和迫切了，不能够被忽略了（UN，1969）。

虽然有一些学者提出发展除了经济增长外，还应该考虑一些社会指标，但人均 GDP 或人均国民产量，更简单地说即人均收入水平，仍是测度发展的最重要指标。

第二阶段：从经济和社会角度综合测度发展

20 世纪 70 年代中后期至 20 世纪 80 年代后期是人类发展测度研究的第二个阶段，其主要特征是意识到人均 GDP（GNP）等单维指标并不是人类发展的最好的测量指标，开始偏向于通过多维指标（主要是从社会尺度）测度人类发展，理论上为人类发展指数的出台铺垫了基础。

20 世纪 70 年代以后，众多国家的实践表明，单纯的经济增长并不能自然而然地使贫困、失业、分配不公等社会问题得到解决，在有些情况下甚至还会恶化。越来越多的人认识到把人均 GDP 作为发展的唯一测度指标的片面性和缺陷。

例如，印度学者 M. S. Ahluwalia（1976）认为，经济增长本身在一定时期内可能并不能解决或是减轻贫困问题。也有一些学者提出发展应该被定义为“为人类潜能的实现创造条件”（Seers，1972）。Moss M.（1973），Hicks Norman & Paul Streeten（1979），

Larson D. A. & Wilford（1979），Lisk F.（1979）等人的研究提到人类发展除了经济福利之外，还要考虑一些社会指标如不平等和贫困。这时逐渐出现了对社会指标的探讨。

我们可以认为 19 世纪 70 年代是使用社会经济学指标的时代。在这一时期的文献中，很多国家收集和公开发布了一系列社会经济指标的数据。这一阶段最具代表性的社会指标有物质生活质量指数（PQLI）、社会进步指数（ISP）和 ASHA 指数。

PQLI（Physical of Life Index）由美国海外发展委员会（ODC）1975 年提出，旨在测度世界最贫困国家在满足人们基本需要方面所取得的成就。ISP（Index of Social Progress）由美国宾夕法尼亚大学的埃斯特思（Richard J. Estes）教授于 1984 年首次提出，1988 年埃斯特思又提出了加权社会进步指数（Weighted Index of Social Progress，WISP），旨在综合评价一个国家社会发展各方面的进步状况。它将众多的社会经济指标浓缩成一个综合指数，以此作为评价社会发展的尺度。ASHA 是美国社会卫生组织（American Social Health Association）的缩写。该指数是美国社会卫生组织提出并以该组织命名的一个综合评价指标。它主要用来反映一个国家，尤其是发展中国家的社会经济发展水平以及在满足人民基本需要方面所取得的成就。

此外，许多学者都对人均 GDP 这一单维综合指标作为主要测量发展尺度提出了质疑，都从不同的角度探索着多维综合指数。Hopkins（1991），McGillivray（1991），Dasgupta & Weale（1992），McGillivray & White（1993），Srivastavan（1994），Streeten（1994）以及 Pillarisetti & McGillivray（1998），都对人类发展进行了探讨（这一时期并没有明确地提出“人类发展”的定义）。他们的论述有以下几点共识：首先，认为人均 GDP（GNP）并不是人类发展的最好的测量指标，而是偏向于多维综合指标。其次，在 20 世纪

70 年代发展起来的人类基本需求（BHN）测量方法有利于构建人类发展指标：BHN 方法强调满足人类基本需求的指标如营养、健康、教育、服饰、卫生等，而传统的人均 GDP（GNP）测量方法仅仅强调增长。

从多维角度全面反映人类发展的愿望使得构建一个综合指数显得十分必要。很多学者和机构提出了替代人均 GDP 测量方法的各种社会经济指数。Ram（1982）和 Maasoumi（1989）运用人类基本需求主成分以及物质生活质量的数据，对人类福利进行了部分探讨；Maasoumi 和 Nickelsburg（1988）运用密歇根州收入、住宅以及教育方面的面板数据来构建综合指数；Slottje（1991）则运用大量经济和社会变量来衡量该指数，而不是运用传统的回归、主成分、特征值等方法来构建；Hirschberg 等（1991）提出了统计束方法，试图找出 23 个不同的因素如政治权利、公民自由、生命预期、识字等来反映国家总体发展水平。

这一阶段对人类发展的衡量起到里程碑作用的人物是 1998 年诺贝尔奖得主、印度经济学家阿马蒂亚·森（Amartya Sen）。他自 20 世纪 80 代以来一直致力于研究有关人类发展和公平的方法，即著名的能力方法（Capability Approach），该方法认为经济发展应被考虑成人们自由的拓展和他们争取有价值生存的能力。森（1983）认为人类的发展包含两个方面：一是人类能力的形成，例如健康状况；二是知识和技术水平的提高。这可以看作是 UNDP 提出的人类发展指数的雏形。

第三阶段：从人类全面发展的角度综合测度发展

联合国开发计划署在 1990 年提出了测度人类发展成就的多维指数——人类发展指数，因此掀起了关于发展测度方法的争论。从人类发展指数开始，真正进入了对人类发展的测度指标和方法进行深入探讨和完善的阶段，其主要特征是从维度选择、指标设计和计算方法上不断修正人类发展指数，甚至有学者已经提出用新的指数来替代 HDI。

进入 20 世纪 90 年代以后，“发展”的内涵进一步扩大。认为真正的发展必须以扩大人类的选择为目标，发展的最终目标应是提高人类能力和扩大人类选择的机会。后来发展经济学家们逐渐把发展看成是涉及社会结构、人的态度和国家制度以及加速经济增长、减少不平等和根除绝对贫困等主要变化的多方面过程。美国经济学家托达罗等人提出了发展的三个重要的价值标准，并在归纳西尔斯（Sears）等人研究的基础上，提出了发展的三个含义（托达罗，1992 年中文版）。

联合国开发计划署的专家们进一步提出了人类发展的概念，并提出了度量人类发展水平的指标即 HDI，标志着人类发展的测度进入比较成熟的阶段。

UNDP 关于人类发展和测度指数出自森的研究成果，HDI 与森的关于能力的观点非常相近。按照森的观点，生活标准的重点不是物质、商品或其所具有的特征，也不是效用，而是被称为个人能力的东西。HDI 作为测量一个国家的发展的多维综合指数，反映的是一个国家在居民健康、寿命（用出生时预期寿命计算）、教育（用成人识字率和小学、初中、高中综合入学率计算）和生活质量标准（用购买力平价计算的人均 GDP 表示）方面取得的成就。

随后，UNDP 通过引入一些诸如经济和心理问题的指标，不断地扩大 HDI 的分析框架。UNDP 在 1995 年公布了另外两个人类发展指标：性别发展指数（GDI）和性别赋权尺度（GEM）。其中，GDI 关注性别差异，而 GEM 是妇女政治、经济以及职业参与度的一种测量方法。

正是由于 HDI 对于衡量人类发展水平的重要作用和其广泛的应用，随后在学术界出现了一些有关对 HDI 进行批判和修正的文献。

Murray（1993）批评 HDI 所使用的数据质量不可靠，因此计算的人类发展是有局限性的。Srinavasan（1994）认为它的数据没有说服力、覆盖不全面、存在计量错误而且还带有主观偏见。Heston（1994）认为使用人均 GDP 指标来评价不发达国家的做法是令人质疑的。还有学者认为“人类发展指数概念不清，实证分析不准确，而且不能进行跨时空的比较”，而且人类发展指数缺少福利经济学基础（Dowrick 等，2003）。还有一些观点批评 HDI 的技术属性（McGillivary，1991；Trabold－Nubler，1991；McGillivary & White，1993）。

对 HDI 最主要的异议就是对各成分的权重分配问题（Hopkins，1991；Booysen，2002），有人（Dowrick 等，2003）认为对 HDI 各成分分配权重不是根据福利经济学，而是根据经验判断，但也有人（Desai，1991）认为人类发展不是仅靠武断的计算就能反映出来的。

Noorbakhsh（1998）、Luchters 和 Menkhoff（2000）批评人类发展指数的等权重假设，认为这种假设未能充分考虑三个分项指标之间可能存在的高度相关性，而且主观地认为三个分项指标对人类发展水平的贡献或影响总是恒定不变的，此举可能掩盖人类发展中存在的不协调现象。

针对各种批评和指责，一些学者（Carducci & Pisano，1995；Lind，1992，1993；Lai，2001，2003）从指标设计和方法上提出了对人类发展指数的修订意见。正如许多人（Noorbakhash，1998；Lai，2001）所指出的，HDI 的三个维度四个指标之间具有很高的相关性，Noorbakhash（1998）和 Lai（2001，2003）采用多元统计分析方法中的主成分分析法（Principal Component Analysis）来估计这些指标的最优线性组合，确定各指标之间的相对权重。Lai

(2001) 提出用人口加权主成分分析法来分析每个国家的 HDI 数据，以消除人口因素对 HDI 的影响，并专门分析了中国国内各省市间的数据（Lai，2003）。

我国直接探讨人类发展测度问题的文献还比较缺乏，仅有个别学者对人类发展指数（HDI）进行了探讨，而且只是从解读 HDI 的角度，对各国的 HDI 排名进行了分析，或者对中国各个省份的 HDI 排名和差距进行了实证分析。例如郭利平等（2001）对中国各省人类发展指数的进行了比较，宋洪远等（2004）利用人类发展指数构建了中国按城乡分类的人类发展指数，覃成林等（2004）运用人类发展指数对 1992～2002 年中国大陆各省（自治区、直辖市）之间的人类发展差异进行了分析。

一个明显的例外是杨永恒和胡鞍钢（2005），他们在针对 HDI 的缺陷进行修正上有一定的方法创新。该文采用基于协方差的主成分分析法来分析 1990 年以来 UNDP 发布的中国人类发展数据，然后采用 Spearman 秩相关系数来分析获得的主成分与 HDI 之间的关系。研究结果表明，主成分分析法不仅能够有效地替代传统的 HDI 编制方法，其形成的动态权重结构还可以有效地透视人类发展差距模式的历史演进过程。

该文在对 HDI 进行主成分分析时，选用了协方差矩阵，而不是相关系数矩阵，因为使用相关系数矩阵各指标变量均具有单位标准差，可能低估或夸大不同指标的相对离散程度，进而低估或夸大不同指标的差异性对人类发展水平差异的贡献。一般来说，采用协方差矩阵，变量在主成分线性表达中的权重受该变量方差的相对大小的影响。但当指标变量之间具有可比性，或者已经采用一定的标准化方法消除了量纲和量级差异，应该采用协方差矩阵。因此该文采用的方法，不仅可以获得数据标准化的好处，即消除量纲和数量级上的差异，还可以保留各个指标在离散程度上的特性，避免低估或夸大指标差异性对各地区人类发展差异的贡献。由此得出的主成分指数（简称 PCI）更适合研究国家或地区之间的人类发展差距，而且差距模式与 HDI 的主观等权重假设不同，各指标变量在 PCI 中的权重来源于数据本身，并不一定相等。PCI 对应的系数向量形成的“权重结构”（Weight Structure）可以反映各地区的人类发展差别化模式或差距模式，即健康、教育和经济三个方面的差距对于形成总体发展差距，哪一个方面发展差距是决定性的，贡献分别为多大。

2. 总体评价。综上可以看出，对人类发展的测度方法及人类发展指数的研究文献比较丰富，并且研究热度在最近几年呈现明显上升趋势，说明该项研究日益引起学者关注。但由于人类发展的测度问题涉及面较广，学者们对该问题研究的时间依然较短，因此存在一些明显的不足之处。总结起来，大致可以概括为四个方面。

第一，很多学者从不同角度对人类发展指数的不足进行了批评，有些观点比较类似或重复，需要归纳合并；有些观点互为补充，可以统一到一个研究框架下；有些则互相冲突，需要加以甄别、调和。因此，亟须对该领域的研究内容进行系统整理、归纳与评价，但现有文献对这方面的研究还非常薄弱。

第二，虽然针对人类发展指数的批评文献非常丰富，然而对其进行修正的研究却仍然相对比较薄弱，表现出明显的“破而不立”，即往往提出了很尖锐的问题，却没有具体给出更好的解决办法。

第三，人类发展指数仅包括人类生活中起根本性作用的有限因素，其余的人类发展维度全部被舍弃。这固然使得数据收集变得相对容易一些，但是也使其衡量人类发展的全面性大打折扣。已有少量文献尝试从不同角度对人类发展指数进行扩展，但是包括环境、污染等在内的许多重要的方面需要进一步突破。

第四，针对人类发展指数的批评文献多属定性研究，定量、实证研究明显不足。

第三节
研究思路与贡献

1. 对 HDI 的演进脉络进行梳理。从 HDI 诞生至今，UNDP 从指标和计算方法上不断对其进行修改和完善。

本书对 UNDP 自 1990 年以来对 HDI 进行的指标修订和公式调整过程进行了全面梳理，回顾了《人类发展报告》的主题思想和 HDI 的诞生背景。接下来对 HDI 的成分和计算方法的演进历程进行了详细的介绍，并对每次调整的合理性进行评论。最后对 HDI 家族的各种指数（GDI、GEM、HPI）及其计算方法进行了较为细致的论述。本书的研究表明，尽管 UNDP 对 HDI 的细节修改不断，但核心方法却一直未曾改变过。

2. 对 HDI 相关文献的分类总结和批判性分析。虽然 HDI 在莫里斯的物质生活质量指数（PQLI）的基础上进行了明显的改进，获得了社会各界的高度认同并广为接受，但 HDI 并不是一个完美的指标。HDI 自诞生起就遭到了各种观点的批判，学术界对其褒贬不一，争论非常激烈。一些观点批评 HDI 用概念性的、局限性的综合指数来计算人类发展，另一些观点批评 HDI 用质量不可靠的数据来计算人类发展是有局限性的，还有一些观点批评 HDI 的技术属性。这些评论既有针对人类发展指标本身的，也有针对指标之间权重分配的讨论。

本书对国内外学者和机构关于 HDI 的评论进行了归纳和分类总结，大致将其划分为四大类问题：基础数据问题、权重分配问题、计算方法问题及可持续发展问题。

对于关键性的和有争议的批判观点，例如，UNDP 为 HDI 主观赋予等权重是否合理，HDI 采用简单算术平均的计算公式是否合适，GDP 的武断调整和收入分配中存在哪些问题等，本书都从理论和实证两方面进行了分析评论。

3. 针对 HDI 的不足进行修正研究。虽然针对 HDI 批评的文献非常丰富，然而对其进行修正的研究却仍然相对比较薄弱，并且大多仅是针对 HDI 的某一个方面进行的，难免有以偏概全之嫌。本书针对 HDI 存在的不足，尝试着对 HDI 进行更加全面、更为系统的修正。

(1) 对 HDI 基本成分的修正。

①指标无量纲化处理的修正。HDI 分项指数采取的是极差法来进行无量纲化处理，旨在将具有不同量纲的指标调节到 0 ~1 之间，赋予相同的量纲和数量级。实际上这种做法并不妥当，这样使得指数的大小不仅取决于数据本身，而且取决于各指标阈值的选择。当阈值的上下限变化时，指标无量纲化后的值也会发生变化。由于评价国家的个数众多，且数据大致符合正态分布，本书提出了不同于 UNDP 采用的无量纲化方法，使用标准化法将数据无量纲化，使得各指标综合时更具合理性。

②对教育指标进行收益递减修正。HDI 计算处理方法并没有体现出知识对发展贡献的递减性质。报酬递减原则不仅适用于收入维度，也适用于教育成就，因此本书运用教育收益递减原则修正了教育指数，并用修正后的指数重新计算了 2005 年人类发展报告中所有国家成人识字率和综合入学率以及教育指数。

③对收入成分进行不平等修正。HDI 并不能反映一国国内不平等状况。虽然分配不平等的敏感性要求我们应该对 HDI 的三个成分进行不平等调整，但目前最受关注的是收入分配的不平等。因为

教育和健康水平分配的不平等可以通过机会的获得而改变，而这两者的不平等不会对经济不平衡发展带来重大影响。本书对 UNDP 曾经采用的不平等调整方法提出了质疑，并重新采用基尼系数对收入成分进行了不平等调整修正。

（2）对多指标综合方法进行修正。

①常规多指标综合方法的修正。UNDP 在评价 HDI 时采用的是常规多指标综合方法中的加权线性和法。本书在对各种综合方法进行对比分析之后认为，HDI 各个维度指标间的关联性很强，存在着信息的重复问题，而加权线性和法要求各评价指标间互相独立，因此采用加权平均公式是不合理的，不能客观反映人类发展的实际情况。另外加权线性和法突出了评价分数较大指标的作用，容易误导各个国家在制定人类发展政策时突出抓那些权数较大的评价指标。这就违背了人类发展的初衷。而乘法适用于各评价指标间有强烈关联的场合，而且乘法合成还强调各个指标间的综合发展，不能偏颇，这一点也符合人类要实现全面发展的初衷。因此本书采用乘积法来综合 HDI：

$$HDI = \prod_{i=1}^{3} x_{ij},\ j = 1,2,\cdots,n$$

②多元综合方法的修正。当综合考虑所有的多指标综合方法时，我们可以看出多元统计方法有着常规多指标评价方法和模糊评判法不可比拟的优点。

当我们对国家（地区）的人类发展程度进行评价时，会产生很多问题，如评价指标量纲不同、指标间存在相关关系、综合时如何确定各指标的权数等。此外还有如何尽量减少变差信息损失，用新的不相关变量来代替信息重复的变量，解决信息重复问题，这些恰恰是多元统计方法中主成分分析法所具有的优势。因此本书采用多元统计方法中的主成分分析法（PCA）对 HDI 进行修正。

首先对 HDI 的原始数据用均值法进行无量纲化处理，然后用标准化后数据的协方差矩阵进行 PCA 分析，这样不仅可以消除量纲和数量级上的差异，还可以保留各个指标在离散程度上的特性，避免低估或夸大指标差异性对各地区人类发展差异的贡献。而且获得的权重是根据多维指标的协方差（或相关系数）矩阵，采用一定的优化标准提取的，这种权重选择比 UNDP 采用等权重法更为客观，而且含义非常清晰。本书还运用 PCA 方法对 HDI 家族指数 HDI、GDI 和 GEM 的权重结构和最优变量选择进行了实证检验。

（3）在结构修正方面评价了一个新的测算方法。HDI 的计算方法主要有两种：1994 年以前，采用数据的最大、最小值为各变量标准化，HDI 是通过人类发展的损失指数计算的；1994 年后，改变了变量标准化过程，每个变量引入了设定的最大值和最小值。

本书认为 UNDP 采用的这两种方法各有优缺点。如果在计算人类发展时，既考虑变化的设定值又考虑固定的设定值，这种方法将是很完美的。关键在于一个国家能否找到相对于最高可能目标的差距。

本书利用印度经济学家 Krishna Mazumdar（2003）提出的方法作为测算 HDI 的另一个可供选择的方法，在一定程度上弥补了 1990 年和 1994 年 UNDP 采用方法的缺陷。该方法是将指标经过标准化的实际值与经过标准化的目标值之间的差距作为测算 HDI 的方法。这种方法能够计算出一个国家与世界水平的最小值之间的距离和与目标值之间的差距。这种测算人类发展的方法可以称作“人类发展指数新方法”或“NHDI”。

4. 针对 HDI 的扩展研究 HDI 没有考虑可持续发展和人类生活中起根本性作用以外的很多重要的问题，因此是衡量人类发展的一个十分不完全的尺度，本书尝试着对 HDI 进行扩展研究。

（1）环境扩展的 HDI。HDI 如何与环境和可持续发展进行结合是值得仔细研究的问题。但 HDI 一直忽略了自然界系统对国家可持续发展的影响，在这方面显得不足，这正是 HDI 未来发展的一个重要方向。UNDP 曾承诺要开展“环境敏感的 HDI”研究，但至今还没有这样的指数出现。受这一想法的启发，本书在 HDI 的基础上，用环境行为指标调整收入成分，引入了一个污染敏感的收入成分，用工业化过程中产生的人均 CO_2 排放量代表环境破坏指标，将两个指标用 Atkinson 不平等方法合成一个系统，建立了一个污染框架的人类发展指数（PHDI），对那些以毁坏环境作为代价换取经济高速发展的国家起到了“惩罚”（降低）作用。并使用 2005 年人类发展报告中公布的数据，按照 $\varepsilon=2$ 重新计算了 177 个国家的 PHDI 值，对典型国家 HDI 排名和 PHDI 排名的变化情况进行了分析。

（2）建立广义的 HDI。人类发展的内容绝不仅仅是 HDI 的几个指标就能完全概括的，除最关键和最基本的问题外，还包括很多，如政治自由、保障人权和自尊等。HDI 本身只是一个简化的衡量尺度，将可能的人类选择的子集融合在一起，通过这些选择直接体现人类发展。

本书借鉴菲沙研究所提出的四维人类进程指数（IHP），将 HDI 进行延伸和扩展，探寻一套能更全面反映人类发展的、能够对人类各种选择进行衡量的、更为宽泛的尺度，即广义的人类发展指数（GHDI）。本书通过对各类指标数据进行相关性分析，形成了超越 HDI 范围的 11 种人类发展类型，并筛选出 31 个变量，每一个变量都代表独立的人类发展标准。

第二章

人类发展的理论基础与测度方法

第二次世界大战结束后，特别是20世纪50年代以后，发展成为全世界普遍关注的问题。正是在这种情况下，发展研究成为国际上社会科学研究的热点问题，发展理论在世界范围内不断兴起。但是在20世纪70年代以前，很长一段时间内发展理论研究的主导思想就是把发展等同于经济增长，测度发展成就的主要标准是以国民生产总值增长速度为代表的经济绩效。

到了20世纪70年代后期，许多发展中国家在经历经济增长的同时，也伴随着失业率上升、贫困增加，许多人的生活条件不但没有改善，反而更加恶化。这时，国际劳工组织和世界银行提出了基本需求（Basic Needs）理论，将注意力引向人们的基本需要，认为发展的目的是满足人们（特别是穷人）的基本需要。与此相适应，发展的测度方法也开始偏向于多维指标（主要从社会角度），理论上为人类发展指数的出台铺垫了基础。

20世纪80年代，著名经济学家阿马蒂亚·森则提出发展的目的是提高人们实现理想并有所成就的能力（Capabilities），能力论将人们的注意力转向自我发展所需要的各种能力。1990年，联合国开发计划署马赫布卜·哈克（Mahbub ul Haq）领导的人类发展报告研究团队在综合基本需要论和能力论的基础上，明确提出发展的根本目的是改善所有人的生活，发展应当以人为中心，经济增长只是实现这一目的的手段，而决不能被当作是目的本身。人类发展指数也应运而生，这就从根本上扭转了发展理论和发展的测度方法忽视人的因素的趋势。

第一节
人类发展思想的形成及其演进

一、人类发展观的演进及其衡量指标

人们对发展问题的认识不断深化，人类发展观也经历了不断演变的过程。大体说来，发展理论依据其对发展本质的不同理解形成了四代不同的发展观。测度人类发展的指标也随着发展观的不同而各有侧重。这四个发展阶段互相之间不是完全割裂的关系，而是人们在不断的探索中，对发展认识不断完善的一种递进关系。

1. 经济增长的发展观。发展理论在世界范围内的兴起，直接源于发展中国家进行现代化的实践。对在第二次世界大战后独立的广大发展中国家来说，如何改变经济落后的面貌，迅速跟上时代的步伐，成为这些国家最迫切需要解决的课题。这种情况必然使发展经济学成为发展理论产生的基础，发展理论中的发展，也主要是指经济意义上的发展。因此，在战后的最初阶段，所谓发展，就是指经济增长。

1956 年，美国经济学家刘易斯的《经济增长理论》成为发展经济学的开山之作。当时的发展经济学家把“发展”与“增长”两个概念等同对待。他们认为发展问题，尤其是发展中国家的发展问题，就是经济增长问题。因此刘易斯的书中也将发展视同于增长，即“总人口人均产出的增长”。这种观点在当时极具代表性。

实际上，一直到20世纪80年代为止，人们通常把经济的发展当作发展的全部，以经济增长问题来涵盖发展问题。如以联合国于1951年发表的“欠发达国家经济开发方略”为代表，这一时期关于发展问题的研究和论述，主要集中于探讨欠发达国家之所以欠发达的原因以及摆脱欠发达的途径。发展经济学的形成便是这方面研究大量涌现和积累的产物。

这种把发展等同于物质财富增长的发展观的形成是有其理论和实践基础的。其理论上是受早期工业化思想遗产的影响；实践上则是因为发展中国家在获得政治独立之后，迫切需要解决的就是物质和资本匮乏的经济问题，只有解决了物质问题，才能实现经济的独立和较快发展。然而，许多发展中国家在经济增长的同时，并没有实现预期的发展目的，经济上只有较快的量的增长，却没有经济结构、社会状况的明显进步和质的提高，并同时出现了严重的分配不公、社会腐败现象。因此，单纯追求经济增长的发展观受到了普遍批评，人们将这种现象称为“有增长而无发展”或“无发展的增长”。

在这一时期，追求国民生产总值和人均国民收入的迅速增长是发展政策首要的甚至是唯一的目标，人均国民收入或人均国民生产总值也就成为测度发展的唯一的指标。因此形成了以GNP或GDP增长为核心的传统发展理念。

2. 经济与社会发展观。由于在单纯的经济增长理论的指导下，许多发展中国家并没有实现预期的目的，再加上20世纪60年代末以后，由于国际经济秩序和政治关系发生了重大变化，联合国倡导的“第一个发展十年”计划（1960～1970）遭到失败。人们普遍认识到，仅有经济发展理论的研究还远不能反映和解决发展中国家面临的一系列重要问题（庞元正，2004）。

在 20 世纪 70 年代，发展观念已开始从单纯的经济增长向减少和消灭贫困、不平等和失业方面转变，向着被称之为“发展目标的社会化”的方向前进了一大步。这是由于众多国家的实践表明，单纯的经济增长并不能自然而然地使贫困、失业、分配不公等社会问题得到解决，有些情况下甚至还会使之恶化。

在这种时代背景和理论背景下，许多发展理论研究者，包括发展经济学家们，开始对把发展等同于增长的发展观进行反思。在注重经济增长的同时更多地关注发展中“质”的变化，逐渐认识到发展是建立在经济增长基础上的社会多维变化的过程。例如，1968 年，瑞典发展经济学家缪尔达尔在对南亚和东南亚发展中国家考察的基础上，出版了被西方学术界誉为不朽之作的《亚洲的戏剧：对一些国家贫困问题的研究》。他认为发展的实质是一个摆脱贫困、实现现代化的过程。书中指出：“‘发展’是指从‘不发达’中解脱出来，消除贫困的过程”，“发展意味着整个社会体系的进步。”西尔斯·达德利（Sears Dudley）教授在《发展的意义》一文中，也对发展观问题进行了反思，他认为一个国家的发展至少要考虑三个方面的情况：贫困发生了什么变化？失业发生了什么变化？不平等发生了什么变化？如果其中的一个或两个方面的情况越来越糟，特别是如果这三个方面的情况都越来越糟，即使人均收入增加一倍，把它叫做“发展”也是不可思议的。

作为反思的结果，国际劳工组织（ILO）于 20 世纪 70 年代初期在对哥伦比亚、斯里兰卡、肯尼亚等国的调查报告中，提出了以增加就业、救济贫困阶层为主体的政策建议。1975 年，ILO 进一步将“基本需求战略”作为发展中国家的发展战略而向国际社会推荐，这一战略从 70 年代后期开始支配了发达国家的发展援助政策。“基本需求战略”致力于优先满足公众的基本需求，注重提高贫困阶层的最低收入、增加就业、兴办有关人民基本生活需要的社会福利事业，并强调要给予公众以更多的参与社会活动的机会。

与此相类似，联合国有关组织的研究者也提出了一种新观点：发展=经济增长+社会变革。这一广为流行的观点反映了学者对发展问题认识的深化。

20 世纪 80 年代后期，美国发展经济学家托达罗在《经济发展与第三世界》一书中也指出，每个国家都在为发展而奋斗，虽然经济进步是发展的基本组成部分，但它不是唯一的。他指出："发展不纯粹是一个经济现象。从总体上说，发展不仅仅包括人民生活的物质和经济方面，还包括其他更广泛的方面"。托达罗还认为必须把发展看作是涉及社会结构、人的态度和国家制度以及加速经济增长、减少不平等和根除绝对贫困等主要变化的多方面过程。

与"发展目标的社会化"相一致，从 20 世纪 60 年代开始，越来越多的人认识到把人均 GDP 作为发展的唯一测度指标的片面性和缺陷，并且逐渐出现了对社会指标的探讨。

作为 GDP 的补充和修正，出现了净国民福利（Net National Welfare，NNW）、分项目 GDP、经济福利测度（Measures of Economic Welfare，MEW）、绿色 GDP（Green GDP）等各项指标。这一类指标是将 GDP 所未能涵盖的，但又可以用货币形式表现的项目补充到指标之中。但是一般来讲，GDP 改良型指标仍然不能涵盖难以货币化的项目，从把握社会状况的角度来看仍然过于概略而难以进行详细评价。

对社会指标的建立始于 19 世纪 60 年代中期，具有代表性的机构是联合国的社会开发研究所，随后在美国、OECD、日本等国家和国际组织广泛开展。社会指标与 GDP 改良型指标的根本区别在于，其试图用一个指标体系来全面衡量国家或地区的经济社会发展水平。如在社会指标的研究领域处于领先地位的学者德莱布诺夫斯基（J. Drewnowski）在他的专著《福利的测定和计划》中提出了一个包括 3 个指标群、9 个构成要素（分别是营养、衣物、住宅、保健、教育、闲暇、安全、社会环境、物理环境）、27 项指标的指标体系。

3. 可持续发展的发展观。20 世纪 50 ~ 70 年代，人们在经济增长、城市化、人口、资源等因素所形成的环境压力下，对旧的增长模式产生了怀疑并展开讨论。1962 年，美国女生物学家卡森（Rachel Carson）发表了轰动全世界的环境科普著作《寂静的春天》。该书中描绘了一幅由于农药污染所带来的可怕景象，惊呼人们将会失去"春光明媚的春天"，在世界范围内引发了关于发展观念的争论。1972 年，美国著名学者沃德（Barbara Ward）和杜博斯（Rene Dubos）的著作《只有一个地球》问世。该书把人类对生存与环境的认识推向一个新境界——可持续发展的境界。由此产生了对可持续发展理论的探讨。

可持续发展理论的产生导致了发展观的重大变化，这是 20 世纪发展观演变中具有重大意义的事件。可持续发展这一提法虽然在 1972 年的世界环境大会上就已出现，但它真正成为国际社会的共识则是在 1987 年世界环境与发展委员会在题为"我们的共同未来"的报告中对其作出了定义之后。"可持续发展"被定义为"既满足当代人需要，又不对后代人满足其需要的能力构成危害的发展"。为了实现可持续发展，人类必须致力于：①消除贫困和实现适度的经济增长；②控制人口和开发人力资源；③合理开发和利用自然资源，尽量延长资源的可供给年限，不断开辟新的能源和其他资源；④保护环境和维护生态平衡；⑤满足就业和生活的基本需求，建立公平的分配原则；⑥推动技术进步和对于危险的有效控制（李善同等，1997）。1992 年，联合国里约热内卢环境与发展大会通过了《里约环境与发展宣言》和《21 世纪议程》。1995 年，哥本哈根社会发展世界最高级会议的宣言也再次强调，要通过保证各代人的平等和对环境综合、持久的利用，努力实现对当代和未来各代人类的责任，并要求把人置于发展的中心地位（但这里的“人”指的是要兼顾代际之间人的公平）。“可持续发展”也成为发展理论研究的重要内容。

在可持续发展的概念得到广泛接受以后，随之而来的问题就是如何测度和用哪些指标测度发展的可持续性，以将可持续发展的概念实际应用到政策制定和政策评价中去。作为这方面的探索，世界银行的专家提出了用“人均资本”来衡量发展的可持续性方法。这里的“资本”不同于传统经济学中的概念，被赋予了新的内容，包括人造资本、自然资本、人力资本和社会资本四种。其中每种资本的构成见表 2－1。

表 2－1　　世界银行人均资本构成表

分类		具体内容
人均资本	人造资本	相当于传统经济学中的资本概念，包括道路、房屋、工厂等。
	自然资本	自然界存在的，包括土壤、森林、空气、水、石油等。
	人力资本	由具有一定教育水平、健康水平和才能的人所构成。
	社会资本	社会赖以正常运转的制度、组织、文化、共有信息和知识等。

按照世界银行的定义，如果我们的活动能够给未来留下与现在相等或更多的人均资本，那么发展就是可持续的，反之亦然。世界银行的专家还利用公开发表的数据对全世界 192 个国家的资本存量进行了粗略的计算。由于如何计算社会资本的问题尚未解决，计算中只包括了人力资本、自然资本和人造资本。根据其计算结果得出的结论之一是，全世界上述三种资本的构成比为 64:20:16，人力资本是世界总财富中最大的财富。

利用人均资本的概念对发展的可持续性进行测度的方法，实际上是沿用了 GDP 改良型指标的思路，因为它仍然是用单一的货币尺度来进行衡量，因而它也就带有 GDP 改良型指标所具有的缺陷：对于难以货币化的项目无法涵盖。

4. 人类发展视角的综合发展观。从 20 世纪 80 年代开始，发展中国家乃至发达国家的发展实践进一步把发展观的视角从“物”转向了“人”，转向了人的需求的满足和人的发展。1998 年的诺贝尔经济学奖获得者阿马蒂亚·森，以其对人类及其生活本质的非凡洞见，对发展的本质及其实现手段进行了深入的思考和探索，为这一理论奠定了基础。

1983 年法国经济学家佩鲁的著作《新发展观》一书提出了“整体的”、“内生的”、“综合的”新发展理论，并称之为“新发展观”。这种新发展观强调经济与政治、人与自然的协调，将人与人、人与环境、人与组织作为主题，提出发展应以人的价值、人的需要和人的潜力的发挥为中心，旨在满足人的基本需求。按照这种发展观，对经济发展的最终检验不是普通的物的指标，而是人的发展程度。1987 年，埃德加·欧文斯（Edgar Owens）在《发展中世界的自由前景：伴随政治改革的经济发展》中进一步提出：“现在该是我们把政治与经济理论结合起来考虑问题的时候了——不仅考虑社会能够变得更有生产力的方式，而且考虑社会应该变得更有生产力的质量，即人的发展重于物的发展。”（庞元正，2004）

20 世纪 90 年代以来，人类发展理论逐渐引起了人们的关注。在 UNDP 的大力倡导下，特别是随着各年度《人类发展报告》的问世，人类发展视角在世界各国的政策分析和实践中扮演了越来越重要的角色，并产生了积极的效果。在当前有关人类发展视角的探讨中，人们更多地将注意力集中在对其本质性内涵、其与经济发展之间的关联、人类发展各维度之间的关联等方面。

人类发展强调发展必须将人置于关注的中心。发展的目的在于扩展人们的可行能力（人的实质自由），具体包括健康、教育、体面的生活和主体性等多个维度。追求这些可行能力的扩展将内在地提出对环境、资源以及更为宽泛的生产能力的可持续性要求。

衡量人类发展的最具代表性的指标就是首份联合国的《人类发展报告》中提出的人类发展指数（HDI）。与传统衡量指标不同，HDI 超越了经济方面，在经济与道德、效率与公平、工具与目的的关系上，力图沟通、平衡与和谐。HDI 包括三个基本因素：寿命、知识和生活水平。寿命，通过预期寿命来衡量；知识，通过成人识字率和综合入学率来测量；生活水平，通过购买力调整的人均 GDP 来衡量。阿马蒂亚·森曾说："人类发展报告所推出具有标志意义的 HDI，与 GNP 相得益彰，作为一种可供选择的发展度量标准，已取得相当的成就。它不像 GNP 那样仅注重经济的富裕程度。HDI 大大吸引了公众对社会发展评价的注意力。"

二、联合国发展思想的演进历程

前面阐述了学术界对于人类发展及其测度问题研究的演进路径。学术界这种发展观的演变深刻影响了各国政府和国际机构的实践探索。联合国作为世界上最大的国家间和政府间组织，其行动轨迹既是每一次发展观"革命"强烈冲击的后果，更是各国政府斗争、妥协、认同、共识的产物。由于联合国的发展观和针对发展的测度实践对国际社会的影响远比一般学者更直接、更广泛，因此有必要弄清楚联合国的发展思想和测度方法的演变历程。

联合国十分重视发展问题，长期以来，联合国正常预算的 70% ~80% 用于发展援助（包括人道主义援助和人事行政开支），而且不同历史时期阐述发展行动的文献都蕴含着丰富的发展思想。联合国从事发展工作的时间已跨越四个发展十年，囊括所有全球性经济、社会、文化和人道主义问题。

联合国的发展思想演变大体可分成四个时期，具体思想可参见表 2 – 2。

表 2 – 2　　　　20 世纪联合国发展思想演变历程

年　　代	发 展 思 想
40 ~ 60 年代	追求单一的物质财富在数量上的高速增长，即 GNP、GDP 指标的增长。
70 年代	建立世界经济新秩序、促进内源发展、保护环境。
80 年代	从环境保护思想中引申出可持续发展的思想，确立了新的发展观。
90 年代	可持续发展思想得到了广泛认同，进入量化指标探索和全面扩展的新时期，“发展文化”一词可以概括 90 年代的发展观的内容。

联合国成立之初就提了“发展”的概念和任务。最初的发展工作是解决发达国家和发展中国家生活水平之间不断扩大的差距①，就是试图通过经济高速增长让穷国变富。1945 年发布的《联合国宪章》明确指出，“运用国际机构，以促成全球人民经济及社会之进展”。为此，联合国专门设立了“经济及社会理事会”。以“持续不断扩展它的经济和社会活动”②。

20 世纪 60 年代开始进行的“联合国发展十年”计划最充分地体现了联合国早期的发展思想。这一计划的目的是促进发展中国家经济和社会的发展。一直到 20 世纪 80 年代，联合国在“发展”思想方面遵循的仍是单纯追求“经济增长率”的传统发展观。在二战后的最初阶段，发展仅是对经济增长而言，认为只要经济增长率提高了，发达国家与发展中国家的贫富差距问题便解决了，由此发展问题也就解决了。从 70 年代开始，单纯追求经济增长的发展

① 《联合国手册》（第 10 版），中国对外翻译出版公司 1988 年版，第 475 页。

② 《联合国手册》（第 10 版），中国对外翻译出版公司 1988 年版，第 475 页。

战略暴露出许多解决不了的问题，受到了国际社会的批评。建立在追求经济增长模式基础上的发展理论在现实中面临着多方面的挑战。

20 世纪 70 年代，联合国发展观转向内源发展，联合国发展思想强调重建国际经济新秩序，提出内源发展思想，影响最大的是在发展中要保护环境的思想，这一思想到 90 年代发展成为联合国发展观的主流思想。从 70 年代开始，“无论是联合国系统的机构还是负责发展的国家机构，都在探索发展的新道路和新途径”。60 年代以前的发展观看重物质因素在发展中的主导地位，看重外部援助。在 70 年代的发展观中，“人已成为考虑的中心”；发展是从内部产生的，“一个社会只有按照自己的方式，才能获得真正的发展”。1974 年的联合国大会在《关于国际经济新秩序的宣言》中宣告：“每一个国家都有权实行自己认为最适合自己发展的经济和社会制度，而不因此遭受任何歧视”。联合国教科文组织（UNESCO）1977 ~ 1982 年中期规划的目标之一，就是“研究符合不同社会实际和需要的内源与多样化的发展过程、社会文化条件、价值系统、居民参与这种发展的动机和方式”。UNESCO 认为，“内源发展的首要含意是尊重文化的同一性和各国人民享有自己文化的权利”，内源发展意味着“在经济上的考虑和把发展归结为数量上的增长长期居于统治地位以后，人类恢复了自身的中心地位，人类既是发展的动力，又是发展的目的”。1968 年，联合国大会“出于对空气和水的污染，水土流失、废物、噪音、杀虫剂和其他物剂引起的环境恶化的关注”，决定于 1972 年 6 月在瑞典的斯德哥尔摩召开人类环境会议。1972 年的人类环境会议通过了《人类环境宣言》，“这是国际社会第一次确认指导有关环境的政策的新行为和责任原则”。在《人类环境宣言》中，联合国已经初步认识到环境与发展的联系，认识到环境保护与发展经济并行不悖，都是为了人类的共同利益。

20世纪80年代是联合国新发展观形成、确立的时期，这一时期的特点是从70年代提出的环境保护思想引申出可持续发展的思想，并容纳了国际秩序和资源发展战略。1980年3月15日，发表了《世界自然资源保护大纲》（又译《世界保护策略——可持续发展的生物资源的保护》），这是联合国系统最早在正式场合使用“可持续发展”（Sustainable Development）一词。1982年发表的《内罗毕宣言》主要是总结1972年以来环境保护的进展和问题，同时也有较为鲜明的可持续发展思想。1987年世界环境与发展委员会（WCED）的报告《我们共同的未来》，是专门、系统地研究可持续发展的文献。该报告提出的可持续发展定义，在国际社会流传最广、影响最大，奠定了后来可持续发展思想演变的基础，后来的定义大多是围绕它而展开的。WCED对可持续发展的研究取得了瞩目的理论成果，在1989年5月举行的第15届联合国环境署（UNEP）理事会上得到肯定和更为全面的理解。第15届联合国环境署理事会通过的《关于可持续发展的声明》指出：“可持续发展，是指满足当前需要而又不削弱子孙后代满足其需要之能力的发展，而且绝不包含侵犯国家主权的含义。”80年代对可持续发展的探索为90年代联合国新发展观获得广泛认同打下了良好的理论基础。

20世纪90年代，联合国的新发展观向伦理道德、国际行动、系统化等方面拓展深化，并得到国际社会的广泛认同，形成了席卷全球的发展浪潮。1992年在巴西里约热内卢举行的联合国环境与发展大会是继1972年联合国人类环境会议之后举行的讨论世界环境与发展问题的筹备时间最长、规模最大、级别最高的一次国际会议，也是人类环境与发展史上影响深远的一次盛会。如果把1972年的斯德哥尔摩人类环境会议当成第一座里程碑的话，里约热内卢的环境发展大会就是第二座里程碑[①]。1995年联合国秘书长加利发表的《发展纲领》是第一部综合阐述联合国发展观的文献。《发展纲领》提出的"发展文化"，既是对联合国发展观进展的概括，也是对联合国发展观的拓展。《发展纲领》指出："①应承认发展是当代最紧迫、影响最深远的任务；②必须看到发展有许多范畴——和平、经济增长、保护环境、社会正义和民主，发展的核心必须是增进人类的幸福，消除贫穷、饥饿、疾病和无知，而所用方法必须在今后世世代代仍能持续"[②]。《发展纲领》详细论述了发展的各个范畴的关系：①和平与发展；②经济增长与发展；③环境与发展；④正义与发展；⑤民主与发展。

经过艰难曲折的探索，联合国最终基本形成了以人为中心、以实现发展权利为目标的发展体系和发展观。

三、人类发展模式的核心思想与定义

1. 核心思想。人类发展模式的渊源可以追溯到30多年前。最早的观点出自于对经济可持续发展相关问题的讨论和对经济增长作用的疑虑。与此同时，贫困问题开始显现，而高速的经济增长并无助于解决该问题。在19世纪70年代早期的讨论中，又增加了环境问题。在19世纪80年代，关于贫困、收入分配和环境方面的主题再次成为人类发展讨论的中心。收入仍是关心的焦点，但由于环境遭受了很大的破坏，从而导致了很多社会问题的出现。此时人们讨论的中心问题是经济增长在多大程度上能够解决人类问题，并且满足人们的需求。

---

① 《迈向21世纪——联合国环境与发展大会文件汇编》序，中国环境科学出版社1992年版。

② 布·布罗斯特—加利著：《面对新挑战》，联合国新闻部1995年版，第43页。

人类发展模式主要源自两个根源。一个是源自经济不平衡、社会选择和贫困方面的研究；另一个是源自对发展的非经济指标（衡量尺度）的研究，典型代表是1979年莫里斯提出的物质生活质量指数。人类发展的这两个根源启发人们，人类发展概念可以回到对人类福利问题的描述。

人类发展理论的真正形成是在20世纪80年代。阿马蒂亚·森复兴了自亚里士多德以及威廉·配弟、亚当·斯密以来的分析传统，对发展的本质进行了深入的思考和探索，提出了人的“可行能力”，为这一理论奠定了基础。“可行能力”即人们做自己想做的事以及实现自己想实现的状态的能力。可行能力思想在森（1985）的《商品与可行能力》一书中基本成型，并在此后得到了森本人和Anand、Dreze、Haq等经济学家以及哲学家Nussbaum等的拓展和完善。

关于人类发展的核心思想和主题界定的讨论的最高峰发生在20世纪90年代后，人类发展模式（HD模式）出现后，人们用它来分析经济和社会政策。HD模式被定义为一种过程，该过程包括了发展的各个方面，经济、国际贸易、预算赤字、财政政策、储蓄、基础技术投资、社会服务或贫困人口安全保障网络等。该模式的优势之一是包含了发展的各个方面，但主要优势是拓宽人们选择的范围，使人们生活更富足，并且可以审视人们生活的方方面面。

人类发展理论将森的可行能力作为核心，将人置于发展分析的中心地位，认为发展的本质是扩大人的可行能力，即人们做自己想做的事情以及实现自己想实现的状态的能力，主要包括健康、教育、体面的生活以及主体性等内容。人类发展理论承认物质财富的增长具有重要的意义，但是其意义仅是工具性的，即它为人的可行能力扩展提供了基本的物质基础和手段。然而，对财富的追求并不是人们的终极目标。

自20世纪90年代以来，人类发展理论逐渐引起了人们的关注。在哈克的带领下，联合国开发计划署（UNDP）于1990年出版了第一个《人类发展报告》。此后，年度《人类发展报告》成为最受期待的全球性报告之一，从而使人类发展引起国际社会的广泛注意和重视。HDR的观点认为，HD的核心观点为人类福利是发展目标的中心，人类构成了主要的经济资源。同时，森强调指出，人类发展是一个可以改进人类的行为和实现自我价值的能力的过程，它意味着能够改善人们的自由程度。

人类发展的核心思想可以概括为：

（1）人类发展视角追求体面的生活水平。此处体面的生活水平是指对一系列要求的综合反映，既包括令人满意的收入水平，也包括对其他自然资源和社会资本的拥有。显然，对环境质量与资源利用的要求也是这个综合衡量中的一个非常重要的方面。也就是说，拥有体面的生活水平就应该拥有理想的自然环境和丰富的资源。然而，目前世界上广泛存在的贫困问题使很大一部分人不仅无法享受基本的收入水平，而且无法享有理想的自然环境与资源，因而无法获得体面的生活水平。从这个意义上讲，人类发展视角对于消除贫困的要求无疑同时也对提高贫困人口的生活环境和自然环境提出了要求，并对提高总体质量和改善生存状态产生了积极的影响。

（2）教育水平会影响人们对“什么是值得自己珍视的生活方式”的认识和追求。教育水平更高的人常常会要求拥有更高质量的生活，而清洁舒适的环境则是高质量生活应有的组成部分。因此，具有更高教育水平的人往往对自身所处的环境质量有更高的要求，而不是单一地追求物质财富的增加。当物质财富的增加需要以环境和资源的可持续性为代价时，教育水平的提高将会使人们对过度的资源需求产生内在的克制。

（3）在人类发展视角中，长寿而健康的生活也被置于一个中心位置。享有长寿（而不是壮年就过早死亡）以及在活着的时候享受好日子（而不是过一种痛苦的、不自由的生活）的可行能力，是我们每个人都珍视而且向往的（森，1999）。人的一切活动都必须建立在健康地活着的基础之上，对健康的要求需要洁净的水、清新的空气以及整洁舒适的环境。

2. UNDP 关于人类发展的定义。人类发展的定义来源于基本需求（BN）和能力方法（CA），即它把人类自身作为优先考虑的要素，并且旨在提高人类生活的方方面面，从基本的生理需求到心理需求、感受、自由和自主选择。基本需求和能力方法实质上包含了人类生活的深层定义，例如对贫困和福利的讨论。人类发展是一个更广泛的概念，它将人作为各目标的中心。从这个意义上讲，人类发展与所有人类有关，而不仅仅是与处于经济被剥削地位的人有关。

除了早期的讨论，人类发展的定义在 20 世纪 90 年代变得流行，特别体现于联合国开发计划署的研究中。人类发展最广为接受和影响最大的定义是 UNDP 1990 年和 2001 年给出的定义。哈克提出了所有社会中都普遍适用的人类发展的五个原则。第一，认为人类必须处于社会的中心。人类的每一活动都应加以分析，以发现每一个人参与的程度或从中获利的程度。第二，认为人类发展可通过两种方式加以分析：人类能力的形成和人类对其可获得能力的使用。第三，强调对结果和方式进行谨慎区分的重要性，该观点着眼于结果而不考虑方式。第四，认为人类发展范式包括社会的方方面面，不只限于经济方面。第五，认为人类在人类发展进程中不仅是方式而且是结果。

（1）1990 年的定义。1990 年的首份《人类发展报告》提出了一个权威的和影响深远的定义，“人类发展是一个不断扩大民众的各种选择的过程。从原则上说，这些选择可以是无限的和随着时间而变化的。但是在发展的各个层级上，三个最基本的选择是使民众享受健康长寿的生活、获得知识和获取体面的生活水准所必需的各种资源。此外还有许多为众人所重视的选择，范围从政治、经济和社会自由到从事创造性和建设性活动的机会，以及享有个人自尊和人权得到保障。”

人类发展包括两个方面，一方面是人类能力如健康、知识和技能的形成，另一方面是人们将他们所获得的能力运用于闲暇或生产性目的，或者在文化、社会和政治事务中的积极参与。人类发展的定义随后得到进一步调整、充实和完善。

（2）2001 年的定义。UNDP 在《人类发展报告 2001》中进一步明确指出，“人类发展就是要创造一种环境，在这种环境中民众可以充分发挥他们的潜力并实现他们需要的、有益的、建设性和创造性的生活。人民是各国的真正财富。发展的目的是为了实现民众所向往的生活从而扩大他们的选择。经济增长只是扩大人们的选择的一种工具。扩大人们的各种选择范围的最基本途径是能力建设。人类发展最基本的能力是享受健康长寿的生活，知识丰富，能够获得体面生活所必需的各种资源并能参与社会共同体的生活。没有这些能力，生活中将失去很多选择的机会”。和 1990 年的定义相比，2001 年的定义保留了原有定义的精华，同时对发展的目的的界定更加集中于人类生活的改善，在各种基本能力中突出强调参与的重要性，并明确指出了强化人类能力和拓宽人类选择的关系。简言之，人类发展是通过强化全体民众的能力和机能而扩大人们选择的过程，它强调发展的最终目的是改善所有人的生活，增进人类幸福、自由、尊严、安全、公正和参与等。

第二节
人类发展的理论基础

本节的论述从阿马蒂亚·森（1999）① 给出的一个寓言谈起。安娜想要雇一个人来清理由于很久没人打扫而脏乱不堪的庭院，三个失业工人——甲、乙和丙都非常想得到这份工作。她可以雇用其中任何一个人，但这个工作无法分割，她不能让三个人来分担。安娜可以付大体上同样的钱雇用其中任何一个人，而得到大体上同样的工作成果，那么她应该雇用谁才对呢？

她获悉虽然三个人都很穷，但甲是其中最穷的。这使安娜倾向于雇用甲。她对自己说："有什么能比帮助最穷的人更重要呢？"

然而，她也了解到乙是最近才家道败落的，为此心理上最受压抑。与此相反，甲和丙一直就穷而且穷惯了。大家都同意乙是三人中最不快乐的，而且，如果得到这份工作，肯定会比另外两个人更感到快乐。这使安娜更倾向于雇用乙。她告诉自己："消除不快乐当然应该是第一优先。"

但是，安娜又听说，丙患有慢性病，而且坚忍地承受着。她可以用挣到的钱来治愈那种可怕的疾病。而且丙也像另外两个人那么穷，但她相当乐观地承受病痛折磨，而且久已习惯于伴其一生的折磨。安娜想，把这份工作给丙，可以对生活质量的提升和疾病的免受做最大的贡献。

安娜反复思量她到底应该怎样做。她承认，如果只知道甲最穷

---

① 阿马蒂亚·森著，任赜、于真译：《以自由看待发展》，中国人民大学出版社 2002 年版。

这一事实（而且别无所知），那么她肯定会把这个工作给甲。如果她只知道乙是最不快乐的，而且会从这一机会中得到最多的快乐这一事实（而且别无所知），那么她有极好的理由去雇用乙。她还明白，如果只知道丙可以用挣来的钱来治愈疾病（而且别无所知），那么她会有一个简单明确的理由把这个工作给丙。但是她同时知道这三件事实，而且这三条理由各有道理，她不得不在三条理由中做出选择。

这则寓言意图在于表明：哪种信息基础上的正义判断是更合理的，这需要对各种信息基础进行论证。首先要明确各种信息基础本身的合理性，其次要明确信息基础对于评价性判断的重要性。

这个简单的寓言提出了若干个关于如何实践的理由，是非常有意思的问题。进行实践关键的一点是，上述三项原则的区别在于哪一特定信息是被认为具有决定性意义的。如果所有三项事实都是已知的，则决策取决于赋予哪一信息以最大的权数。

这看似简单的选择却能反映不同的关于发展的理论基础和测度方法：选择甲是根据平等主义的理由——集中注意收入（贫困）；对乙的选择是根据古典功利主义的理由——集中注意愉快和幸福的测度；选择丙是根据生活质量的理由——以三人分别能过什么样的生活为中心。

一、功利主义理论

1. 功利主义理论的价值标准。一个多世纪以来，功利主义一直是占主导地位的福利理论，而且是最有影响的正义理论之一。在17世纪，经验哲学家培根、霍布斯等就已表达过他们的功利主义伦理思想，传统的福利经济学和公共政策经济学很长时间内由这一理论统治。但功利主义系统理论的形成则要归功于边沁。约翰·斯图亚特·穆勒（John Stuart Miller）则将之完善和发展。这种福利理论被杰文斯（William Stanley Jevons）、赛德维克（Henry Sidgwick）、埃奇沃斯（Francis Edgeworth）、马歇尔（Alfred Marshall）、庇古（A. C. Pigou）等经济学家所继承。

功利主义的评价标准是各种状态下的效用总量。按古典的、边沁式的功利主义，一个人的“效用”是他快乐或幸福的测度，即实际达到的快乐或幸福。

功利主义的评价可以分为三个不同的组成部分：

“后果主义”，即一切选择必须依据其后果来评价。后果主义要求所有选择的变数，如行动、规则、制度等，必须根据其各自产生的结果的好坏来决定（森，2001）。它不承认除了后果以外的任何其他东西最终起进一步的作用。后果状态否定了某些规范性理论，即把那些无论其结果如何都看作是正确的理论倾向。在正义问题上，多数功利主义者倾向于结果正义，有些极端功利主义者甚至否定一切程序正义。

“福利主义”，它把对事物状态的评价值限制在每种状态各自的效用上（不直接关注诸如权利、责任等的实现或违反）。把福利主义和后果主义结合起来：任何一项行动都要按其产生的后果状态来评判（因为后果主义），而后果状态要按其效用来评判（因为福利主义）。

“总量排序”，要求把不同人的效用直接加总得到总量，而不注意这个总量在个人之间的分配，总的品质或社会福利只被看作是个人效用的总和。这三个组成部分合起来就产生了古典功利主义的公式，即每一个选择按它所产生的效用的总量来评判。

2. 功利主义的基本模型。因为幸福和愿望都不容易测度，效用通常定义为一个人选择某种数量表现，而边沁将效用或福利定义为“幸福”或“痛苦”这样的心理状态。关于效用的这种数量表现，存在一系列问题：如何测度一个人的心理状态的绝对水平，如何进行人际比较，如何总计所有人的效用而得到全社会的总效用水平。基本公式是：如果一个人选择了备选物 x 而放弃了备选物 y，这就表明按这个人的偏好，x 的效用高于 y（但不能表明高多少）。

假定在一个有很多消费者的市场经济中，所有的消费者有着同样的消费价格，且这个市场中不存在不确定性。有 n 个相同的消费者。根据福利原则，每个消费者都追求效用最大化。假设他们都能在商品向量 X 中选择，并有预算约束的限制。可表示为下式：

$$\max u_i = u(x)\text{，并且 } p \cdot x = m_i \quad i = 1, \cdots n \tag{2.1}$$

其中，m 为外生的给定概念的收入，p 为对应商品 x 的市场价格向量，u_i 为个人 i 的效用。u 为连续可微的效用函数，并且 $\partial u(x)/\partial x > 0$。间接效用函数 v 可以表示为：

$$v_i = v(p, m_i) \tag{2.2}$$

假如所有消费者有着相同的偏好，那么他的效用就可以用货币来表示，也就可用收入测量。假设价格固定，则个人福利可用下式评估：

$$dv_i = \frac{\partial v}{\partial m_i} \frac{\partial m_i}{\partial \pi} d\pi \tag{2.3}$$

其中，π 为实施的政策。

根据总和排序原则，总社会福利 W 是个人效用的总和，总社会福利可用函数 G 表示：

$$W = G(v_1(p, m_i), \cdots v_n(p, m_n)) \tag{2.4}$$

3. 功利主义理论的局限性。功利主义的评价标准是各种状态下的效用总量。按古典的、边沁式的功利主义，一个人的“效用”是他快乐或幸福的测度，即实际达到的快乐或幸福。这种方法在人与人之间进行幸福的比较，当然不可能精确，也不可能用标准的科学方法来实现。其局限性具体有以下几点：

（1）重视总量，漠视分配。功利主义者认为衡量各经济主体福利的效用指标不仅具有基数可比性，而且可以进行加总运算。然而，效用是否真的可以如此衡量？且不论效用是否具有基数性质，现实中，经济学家们一般是通过收入或个人选择的商品来衡量效用。然而，这种衡量方法是否适当？不同人间效用的加总是否可行？此外，即使这种加总可行，按照总和排序原则，功利主义的效用计算方法一般只重视总量，而漠视分配。例如，若有 A、B 两人，他们的效用函数都是相同的，来自收入。如有 100 元分给这两人，无论是 A 得 100 元，B 得 0 元，或 A 得 0 元，B 得 100 元，由于 $U_A(100) + U_B(0) = U_A(0) + U_B(100)$，对于功利主义来说，这两种分配方式都是无差异的。又比如，总共 100 元，第一种情形下，甲占有 90 元，剩下的 10 元由其余所有人分享；第二种情形下，所有的人平均分配这 100 元。那么如何评价这两种情形的优劣？对于功利主义来说，两种情形的社会总福利是相同的。然而，对于我们来说，幸福的不平等程度可能也是我们所关心的。实际上，总和排序原则暗含假定不同经济主体的幸福与不幸能够相互弥补。

（2）忽略权利、自由以及其他非效用因素。功利主义理论不认为权利和自由有自身固有的重要性，而认为权利、自由只是间接地、按其对福利的影响程度进入福利测度。

（3）容易被心理调节和适应性态度所改变。功利主义视角所采用的个人福利的观念本身也不是很稳定可靠的，因为它很容易被心理调节和适应性态度所改变，采用心理特征（如快乐、幸福或愿望）作为唯一的信息基础，在进行福利和剥夺状态的人际比较时，有时会具有特别大的局限性。人们的愿望和享受快乐的能力随具体环境而调整，特别是在逆境中人们会调整自己以使生活变得更容易忍受些。对于处境不佳的那些人，他们缺乏要求任何激烈变化的勇气，甚至会把他们的愿望和期望调整到按他们谦卑地看来是可行的程度。快乐或愿望的心理测度具有太大的弹性，因此不能可靠地反映人们的发展状态。

虽然对功利主义理论存在很多争论，但它按其结果来评价各种社会安排的重要性还是很有道理的。因为它在评价各种社会安排时，评价的标准是人们的福利，而不是简单的货币价值，尽管完全的后果主义太极端了。

4. 功利主义计算方法的局限性。功利主义测度发展的方法是收入、商品测度法，实质上是以效用来测度福利。福利是由效用所测度，而效用则一般采用收入、商品等进行衡量。以收入来测度发展有很多问题：

（1）没有考虑不通过市场进行交易的商品和服务对个人福利的影响。在式（2.1）中，效用函数和预算约束指的都是在市场能够买到的商品或服务，没有考虑非市场因素的影响，并假定所有消费者面对同样的消费价格，不存在外部性和公共品，且所有商品都可在市场上买到。然而，事实上个人偏好的事物并不都是可在市场上买到。此外，市场还可能因外部性或配额等原因而不完全，也可能不提供某些商品或服务。

（2）忽略人的异质性。功利主义的基本模型基于两个假设。第一个是行为方面的假设，即假设每个人都是根据效用最大化原则作出决策的。第二个是假设个人获得的效用独立于那些未选择的商品或服务，并且假设每个人都有着同样的偏好和需求，也就是说，福利的差异仅在于人们面临的预算约束的不同。

这两个假设忽略了个人在将收入转化为福利时的异质性。按照功利主义的基本模型，消费者面对同样的价格时，不同水平的福利只是收入水平的差异。这实际暗含假设经济主体能够很容易地将收入转换为效用。而实际上，经济主体将收入转化为效用是受其转化能力的限制的。森对这一问题进行了规范化的表达，他建立了一个转化函数来将资源转化为功能性行动。其中，转化率依赖于个人、社会和环境等因素。我们把这种资源转化为功能性行动的能力的差异称为需求的异质性。

在用个人福利水平来测度发展时，人的异质性很难被考虑到。如何解决效用函数的异质性对福利测度问题和发展测度问题的影响，目前尚未有一个行之有效的办法。

(3) 忽略了选择的内在价值。根据森的观点，个人是通过选择集中的机会和实施选择行为的可能性两方面获得效用的。举个例子说明，有三个选择集：A = {a},B = {a,b},C = {a,b,c}。可以看出，C 的选择集最大，B 次之，A 最小。假如人们最偏好选择 A，按照功利主义理论的标准，说明从选择集 A，B，C 中获得的效用是相同的。

然而，按照森的观点，B 相对于 C 以及 A 相对于 B 的选择都是有损失的，即选择自由的损失。这部分损失也应该反映在这个人的福利中。

森认为选择的内在价值由两个部分组成：一个是选择行为本身(A 中没有，B 和 C 中有)；另一个是有价值机会的范围（在 C 中最大)。

例如，一个人从多种不同口味的面包中选择一个，或许会比他只得到某种口味的面包，没有选择，要得到更多的效用。再举一个相反的例子，某人购买洗衣粉时可能会因为洗衣粉的品牌太多而拿不定主意，进而使其做决策更困难，从而给决策者带来了负效用。使用森的可行能力观点能有效的解释这两种现象。对于选出物来说，个人得到的福利是一种功能性行动上的；对于机会或选择集来说，个人得到的福利则是一种可行能力上的。

二、罗尔斯的正义理论

1. 罗尔斯的正义理论与原则。罗尔斯（John Rawls）是20世纪最有影响的道德哲学家之一，他的正义理论对社会科学的各个领域产生了广泛的影响。以罗尔斯正义理论为代表的公平主义价值标准是立足于公平的自由权。罗尔斯的正义理论被森和很多其他学者认为是当代最重要的道德哲学理论。该理论从公平出发，通过极其严密的逻辑分析，导出罗尔斯所谓的“自由权优先”论：存在一组自由权利，不管任何其他考虑，必须保证这一组自由权利的实现。罗尔斯则曾明确地指出“正义的主要问题是社会的基本结构，或更准确的说，是社会主要制度分配基本权利和义务，决定由社会合作产生的利益之划分的方式”。按照他的观点，政治、经济、社会条件都会限制人们的生活，不平等的社会地位和不同的自然禀赋也同样会影响人们的生活，而且这种不平等是人们无法选择的。因此，最初的不平等就是正义理论的最初研究对象。正义理论就是通过优化社会制度来解决这种最初的不平等，排除社会的、历史的和自然方面的因素对人们生活的影响。

罗尔斯融合了洛克、卢梭、康德等人的社会契约理论，进一步提出了“公平正义”理论。在这里，他将初始状态（Original Position）定义为“恰当的最初状态”，即保证基本契约是公平的状态。人们可以合理地设置初始状态的条件，使一个人任何时候都能满足这种状态，模拟各方进行合理的推理而做出对正义原则的选择。这些选择是在无知（The Veil of Ignorance）情形下进行的，即原初状态的各方除了有关社会理论的一般知识，不知道任何有关个人和所处社会的特殊信息。各方运用最大最小规则（Maxmin Rule）进行博弈，选择出一种最好的结果。这种选择的最坏的结果也比其他选择的最好结果要好。这一规则弥补了功利主义的缺陷，因为功利主义强调利益总额的最大化，而不考虑平等和自由。

罗尔斯提出了将选择的原则处在“词典式序列”（Lexical Order）上的两个正义原则。

第一个原则：每个人对于所有人所拥有的最广泛的基本自由体系相容的类似自由体系都应有一种平等的权利。

这是关于公民的政治权利平等自由的原则。罗尔斯认为公民的基本自由有政治上的自由及言论和集会自由、良心的自由和思想的自由、个人的自由和保障个人财产的权利、依法不受任意逮捕和剥夺财产的自由。这一原则中，这些自由是一律平等的。

第二个原则：在与正义原则一致的情况下，社会的和经济的不平等应该适合于最少受惠者的最大利益，并且向机会公平的所有同等条件的人开放。

这是关于公民的社会和经济利益的公正平等原则和差别原则的结合。在此基础上，罗尔斯又提出了两个优先规则。

在罗尔斯的“自由优先”中，享有优先地位的是基本自由，虽然这些权利的数量较少，但这些较少的权利享有完全的优先性，并且不能被经济弱化。

罗尔斯还定义了基本善。所谓基本善，是每个有理性的人都想要的并且对人们有用的东西，它包括：①基本自由（思想自由或良心自由等）；②移居的自由和多种机会背景下选择职业的自由；③各种职位的权力、特权与各种职责；④收入和财富；⑤自尊的社会基础。

罗尔斯的研究方法否定了功利主义的总和排序，否定了以效用指标作为社会判断的基础，否定了福利主义，而主张以基本善指标来判断。罗尔斯对结果主义也提出了质疑，因为自由的优先地位可能与只用结果去判断所有的选择会发生冲突。

2. 罗尔斯正义论存在的问题。罗尔斯认为应享有优先地位的基本自由权虽然不多，然而，这些权利享有完全的优先性。但是，为什么其他因素就要弱于这些基本自由呢？H. L. A. 哈特就曾指出，罗尔斯的这种基本自由优先性假设缺乏充分的根据。例如，有的时候其他方面的需要可能关系到一个人的生死攸关，其地位绝不应低于个人自由。

此外，自由权对社会的重要性如何评价？能否像额外收入一样，简单地按照一个人自己从自由权中得到的好处评价自由权的社会意义？

另外，罗尔斯放弃了效用指标，而采用基本善指标作为社会判断的基础，那么基本善指标是否适宜、基本善指标如何测定、各种基本善的权数如何分配？这些都没有一个明确的答案。森曾举例，一个身体健康而拥有较少的基本善的人仍然比一个拥有较多的基本善的残疾人有较大的过正常生活的机会。同样地，一个老人或一个容易生病的人即使拥有较大的基本善，仍是处于劣势地位的。

三、权利至上主义理论

1. 诺齐克的权利至上主义理论。自由至上主义理论提出权利（包括财产权）的完全优先性。诺齐克在《无政府、国家与乌托邦》中指出：人们通过行使这些权利而享有的“权益”，一般来说，不能由于后果而被否定，不管那后果是多么糟糕。

自由至上主义的价值标准是：由法治权利保证的、受最少限制的个人自由。这种法治意义的自由包括政治自由（表现在言论、集会、结社等自由权利）、经济自由（表现在所有权不可侵犯、交易自由、对契约关系的法律保护等）以及许多其他自由权。数百年来，自由权利的价值观、反对专制、促进法治、保护人权现在已经成为世界普适价值标准的基本组成部分。

诺齐克对罗尔斯的基本自由及其优先性没有异议，他们都认为国家在政治上要保障所有人享有尽量广泛的、平等的基本自由，这种保障优先于对于社会福利、功利的考虑。但两者不同的是，诺齐克是更彻底的自由主义者。罗尔斯的观点是以平等自由的原则为优先，在分配正义问题上还需考虑差别原则，即必须照顾到对最不利者有益的分配方案。

诺齐克则认为最根本的问题是个人的持有权，干涉这种持有权的任何原则都是不可取的，或是没有根据的。他反对国家对个人权利的任意干涉。他认为国家的职能是保障个人权利免受侵犯。如果国家超出了这一职能，那么国家就侵犯了个人权利，这就意味着国家的政策也是不合理的。

为了反对罗尔斯的差别原则及扩大国家分配领域功能的观点，诺齐克提出了自己的正义三原则的“权利理论”。这三个原则包括：①获取原则，即持有的最初获得；②转让原则，即持有从一个人到另一个人的转移；③矫正原则，即对最初获得和转让中的违背正义的纠正。

诺齐克认为实际上分配正义要面对的就是这些过程是否公正。罗尔斯比较重视平等，特别关照处境最差的群体。与罗尔斯不同，诺齐克强调程序正义，突出个人权利。诺齐克将他的“自由至上”原则贯彻于社会和经济利益分配领域。在其代表作《无政府、国家与乌托邦》中，诺齐克写道：“人们通过行使这些权利（Entitlement）而享有的‘权益’，不能因为后果而被否定，不管那后果是多么糟糕。”

对诺齐克来说，对自由权的唯一限制条件是所谓“洛克条件”，即这种权利的获取和交换不可以使他人的状况恶化。诺齐克对这种“不使他人状况恶化”的限制条件也作了严格的限定。诺齐克指出，这一条件不允许某人独占沙漠中唯一的水源，然后以任意高的价格向别人供水。但是，如果一个人发明了某种致命疾病的治愈方法，则允许他为此任意开价。因为在他看来，在前一种情况下，某人垄断了某些维持生命必需品的全部供应来源；而在后一种情况下，发明者虽大开其价，但仍未使他人的状况恶化，这个发明者只有在阻止别人找到新的治愈方法时才违反了洛克的限制条件。

2. 自由（权利）至上主义存在的问题。诺齐克对以权利为基础的公平进行了探讨，提供了一个表述完备的和富于启发性的正义的概念。然而，不计后果的主张自由权的优先性，以自由权作为唯一的信息基础，是一种非常极端的方法，因为行使那些权益可能会产生非常可怕的后果。它可能会使人们忽视一些实质的自由，例如，逃脱可以避免的死亡，享有充足的营养和保持健康，有能力阅读、写字、计算等。

不顾后果的政治优先性在很大程度上漠视了人们最终能够享有（或不享有）的实质自由。人们很难接受简单的程序性规则而不计后果——不管那些后果对所涉及的人们的生活会何等可怕。相反，考虑后果性的做法可以赋予实现个人自由权很大的重要性，而同时不忽视其他的因素，包括特定的程序对人们享有的实质自由的实际影响。因此，忽视后果的自由很难成为一个可以接受的评价系统的基础。

自由至上主义作为一种分析思路，就其信息基础而言，很有局限性。它不仅忽略功利主义和福利主义认为极其重要的那些变量，而且忽视了人们有理由珍视并要求得到的最基本的自由。即使给予自由权以特殊地位，也很难有理由坚持自由权应该具有绝对的、不可妥协的优先性。

3. 注重权利的测度方法及其评价。不论是罗尔斯的基本善指标还是诺齐克的自由至上观点，都强调权利的相对重要性。罗尔斯的基本善指标难以测度，且其差异规则仍存在很大的争议，而诺齐克的权利至上理论则有可能损害人们的实质自由。因此在很多发展指数中，虽然都将各种权利，如选举权、言论自由等列入其指标体系，如由人口危机委员会制作的人类苦难指数HSI（Human Suffering Index）中，选取了10个指标，其中之一就是个人自由指数（Camp，S. L.，Speidel，J. J.，1987）。但是多数将权利因素考虑在内的发展的测度方法，都没有将权利指数置于优先的地位，而只是将其列为指标之一。因为在测度发展时给予权利以太高的权数并不能反映人们真实的发展状况。鉴于以上原因，在测度发展时，大部分发展指数要么没有直接将权利作为一个指标，而采用生活质量等各种更易度量的指标来间接反映权利，要么给予权利指标一个较小的权数。

注重权利的测度发展方法的局限性除了源于理论上的局限性外，还在于其过于依赖主观判断。如美国人权团体“自由之屋”（Freedom House）提出的自由指数就是将自由权分为政治权利与公民自由两个大类，8个子类（选举过程、政治多元化与参与、政府职能、言论与信仰自由、集会与组织权利、法治、自主权与个人权利），通过设计的一些问题进行问卷调查，根据结果评级、打分。显然，这种方法从设计问题到调查再到评级、打分都过于主观，其结果无法令人信服。

虽然注重权利的测度方法不适于测度发展，然而，考虑将权利因素作为测度发展的一个标准却有着非常积极的意义，它打破了传统测度方法只考虑商品、收入因素或是只从经济方面考虑发展的局限，人类的发展离不开对权利的发展。

四、森的可行能力发展观

1. 可行能力与发展。阿马蒂亚·森将社会选择理论、个人自由与帕累托最优结合起来分析，在伦理标准与经济福利及发展、贫困的度量、饥荒等理论研究方面都有许多非凡的成果。由于对社会底层人们的关注，森被誉为“经济学的良心”。森对于伦理道德的关注始终贯穿于他的经济学学术生涯，他将经济学与伦理学结合起来讨论，将伦理价值纳入经济学的分析之中，在福利经济学的很多方面取得了突破性的进展。下面将主要论述森的能力观点。

森指出，传统发展经济学的主要缺陷之一是集中于国民产品、总收人或某种商品的总供给的研究，而不是人们的“权利”以及这些权利所产生的“能力”（Capabilities）。森认为，经济发展最终应该归结到人们“是什么”和“做什么”，例如人们是否长寿、健康、能否读书写字、相互沟通等。这些直接与他们的“权利”相关联，而不是与经济的总供给和总产出相关联。

森在《以自由看待发展》一书的“导论”中明确地提出，发展可以看作扩展人们享有的真实自由的一个过程。人类的发展观是指人类自由的发展，与狭隘的发展观形成了鲜明的对照。森把发展的目标等同于判定社会上所有人的福利状态的价值标准。财富、收入、技术进步、社会现代化等固然可以是人们追求的目标，但它们最终只属于工具性的范畴，是为人的发展、人的福利服务的。森认为，以人为中心，最高的价值标准就是自由。

森在此提出的“自由”是在“实质的”（Substantive）意义上定义的，即享受人们有理由珍视的那种生活的可行能力。更具体地说，“实质自由包括免受困苦——诸如饥饿、营养不良、可避免的疾病、过早死亡之类——基本的可行能力，以及能够识字算数、享受政治参与等的自由。”它还包括法治意义的自由，但不限于权利。自由是人们能够过自己愿意过的那种生活的“可行能力”。因此，自由还包括各种“政治权益”，比如说，失业者有资格得到救济，收入在最低标准线之下者有资格得到补助，每一个孩子都有资格上学受教育。

在此基础上，他提出了“功能性活动”（Functionings）与“可行能力”（Capability）这样一组概念。“功能性活动”是指一个人在生活中的活动或存在的状态（Doings and Beings）；“可行能力”指的是个人有可能实现的、各种各样功能性活动的集合。

功能性行动和可行能力紧密联系但又有区别。功能性行动是人类生活的各个方面。举例来说，这些活动可以包括吃、穿、住、行、读书、看电视、社会参与（投票选举、在公共媒体发表言论观点、上教堂做礼拜）等。把这些活动列成一个清单，一个人的“可行能力”，就是对于此人是可行的、列入清单的所有活动的各种组合。

而可行能力是一个人在日常生活中可以选择的机会（森，1987）。如果不同的选择有可能导致不同的生活，能力则反映了人选择不同生活的自由度。在这个意义上，能力就是一种自由：能过有价值的生活的实质自由。这样的自由观既意味着个人享有的“机会”，又涉及个人选择的“过程”。

按照“可行能力”的分析思路，森主张，经济发展过程应该被看作是人们个人“能力”扩展的过程，而贫困就是指缺少最基本能力的状态。若给定个人对商品的权利与他们能力之间的函数关系，则“权利”的扩展就成为经济发展、社会进步的衡量指标。

森认为全面描述“发展”的概念是很困难的，主要在于“发展”概念中的价值判断问题，即什么被看作是发展或什么不是发展。发展的定义涉及的价值判断表现在两方面，一是“价值的异质性”（Value - heterogeneity），即不同的人所接受的价值函数各不相同；二是“价值的内生性”（Value - endogeneity），即与发展进程有关的变化会调整相关个人的价值取向。

在评价发展的本质时，森特别强调“选择的自由”这一功能的重要性。能够自由选择，对自身权利而言是极为重要的。如果一个人没有选择任何其他功能组合的权利，而另一个人拥有这种权利，那么，两个拥有同样功能的人，不应该被看作享受同样水平的福利。例如，一个节食的富人，就摄取的食物和营养量而言，其实现的功能性行动也许与一个由于贫困而不得不挨饿的人相等，但前者与后者具有不同的“可行能力集”（前者可以选择吃好并得到充足的营养，而后者无法做到）（森，2001）。

2. 森的能力观点模型。森认为，效用和基本善都不适合作为评价性目的的空间，而应以一个人有理由珍视的生活的实质自由——即可行能力作为评价性目的的“空间”。下面给出森的可行能力——功能性行动空间来判断个人福利水平的理论模型：

$$Qi(X_i) = \{b_i b_i = f_i(c(x_i), z_i) \forall f_i \in F_i, \forall x_i \in X_i\} \quad (2.5)$$

Qi 为第 i 个人的可行能力集。可行能力空间 Q 是潜在功能性行动的空间。b_i 为第 i 个人潜在的行动或存在状态，功能性行动空间 b 是行动和存在状态的空间。f_i 是第 i 个人可以选择的功能性行动之一，由个人及其所拥有的商品的特征决定，它将商品特征映射到行动或存在状态 b_i 上。功能性行动空间通过个人转换函数 f 与商品和特征空间联系起来。可行能力空间 Q 则因包括了各种功能性行动和个人的潜在成就而与功能性行动空间联系起来。x_i 为第 i 个人所选择的商品向量。森的商品向量 x_i 直接包括了不在市场上交易的商品和服务。因为它考虑到了非市场交易的商品和服务以及非货币约束，因此个人的选择集可以被解释为扩大了的预算集。$c(\cdot)$是将商品映射到商品特征空间的函数。z_i 是个人特征及社会和环境状况的向量。F_i 为第 i 个人可以将各种商品转化成功能的可能性。X_i 为给定资源约束。同样的，资源 X_i 也包括了可获得的非市场交易商品和服务。

一个人的功能性活动集反映了此人实际达到的成就，而可行能力集则反映此人可实现的自由。假定每个人都在可行的各种“活动”组合中，按自己的标准选择最优组合，那么一个人能够实现的能力就可以通过他的实际选择表现出来。在理论讨论中，可以假定有一个足够全面的清单来表现人的能力。在实践中，哪些活动应该列入这个清单，是一个社会选择的问题，需要通过适当的过程来解决。从实际出发，这个清单可以首先包括最基本的功能性活动，再逐步扩展到有统计资料的更多项目。森提出过生存、健康、安全、自由移居、自尊以及尊重他人、参与社会生活等有价值的功能性行动。联合国自 1990 年以来每年发表的《人类发展报告》，就包含了森帮助设计的、评价各国发展状态的、从高度概括的到更加详细的若干清单。

3. 对能力观点的测度方法及其评价。森的可行能力观点诞生以来，越来越多的研究者采用了可行能力观点来测度发展。相较于其他方法，可行能力观点具有更广的信息基础，有着更大的包容性，因而适于研究者们从不同的出发点对发展进行测度。并且，可行能力观点直接关注于人的发展，较之关注收入、商品或是关注权利的方法更接近发展的本质。UNDP 的人类发展指数（HDI）是第一个使用能力观点来测定人类发展的指数。在森和联合国开发计划署的研究中，可行能力方法被应用于研究各国的发展问题（森，1985；UNDP，2002）。森还使用印度的数据对妇女的发展问题作了研究。

与以功利主义及权利优先或权利至上为基础的测度方法不同，森放弃了功利主义的效用指标和罗尔斯的基本善指标，而采用具有更广泛信息基础的可行能力来进行评价。从而避免了功利主义过分忽视权利和罗尔斯正义论过分重视权利的两种极端倾向。采用能力观点的测度方法改变了传统测度方法一维的特性，而采用了多维的观点来测度发展，有了更大的包容性。由于发展的过程是多维的而不是一维的，从这一点来说，采用能力观点的测度方法无疑具有较强的优越性。同时，随着对发展过程关注点的不同，能力观点也较容易采用不同的方法来测度发展。这些优点是以效用为中心或以权力为中心的传统测度方法所无法比拟的。基于功利主义的方法最大的缺陷在于其不重视分配及忽视如权利等这些不直接影响效用的因素，而对于基于权利优先或是权利至上的方法来说，其过度重视权利，而不重视后果则是其最大缺陷。对于使用能力观点的测度方法来说，它既注意了分配、权利等问题，也关注于实质自由，从而综合了传统方法的优点而克服了传统方法的缺点。

但是由于能力方法中的可行能力包容面太广，不同的测度方法选取不同的可行能力作为关注点，从而会得出差异很大的结果。而如何按其标准选取功能性行动也没有一个很正规的方法。极端情况下，同一个国家用某种方法测度是发展最好的国家，而用另一种方法测度却成了发展最差的国家。

由于各国价值观、文化传统方面存在很大差异，所以，对于各种测度世界各国发展状况的指数来说，按基本可行能力来测度似乎更为适合。

第三节 人类发展的测度方法

前面介绍了人类发展理论的形成和演进过程，并简要介绍了基于各种理论的测度方法。本节旨在对人类发展理论各个阶段的测度指标作一详细综述。首先从经济测度角度和贫困角度介绍了测度人类发展的各种指标，这些指标大部分都是单维指标，它们主要关注于发展的单一方面，这里是指经济绩效或是贫困问题。它们中有一些指标本身也是复合指标，但仍然只反映发展的一个狭小的领域，属于复合型的单维指标。

然后对物质生活质量指标（PQLI）、社会进步指数（ISP）、可持续经济福利指数（ISEW）、真实进步指数（GPI）和 ASHA 指数等比较重要的多维综合指数的特点和缺陷进行了较详细的阐述，并将这些多维指数与 HDI 进行对比分析。这些多维指数不仅仅从经济和贫困等单方面来反映发展问题，而是属于多维的指标体系，这一点与 HDI 本质上相同。但是，HDI 是测度发展水平应用最广泛、影响最大的指数，它能够比现有其他多维指数更恰当地反映人民生活真实状况和人类发展状况。因此，HDI 指数是多维指数的最典型代表，其不足之处也是其他多维指数所共有的，这也解释了为何关于人类发展测度的最新研究成果大多集中在针对 HDI 的批判、修正和扩展上。

一、经济的测度

（一）GDP 指标及其缺陷

1. GDP 的概念和构成。在传统的经济理论中，发展一般是指一国经济每年以一定速度增长的能力。国内生产总值（GDP）是衡量这种能力最常见的一个指标，它衡量的是一国经济总量的增长。但是由于世界上的国家大小不一，人口多少不等，因此，人们又采用人均国内生产总值来表示一国的福利水平和发展水平。20 世纪 50 ~ 70 年代，人均 GDP 或人均国民产量一直是经济学家们衡量一个国家福利和发展状况的最重要的指标。GDP 衡量的是一定时期（通常为一年）内经济体中所生产的全部最终产品和劳务的价值总和。在政策分析和实践中，GDP 往往不仅被用来衡量生产了多少产量，而且也常被用来衡量一个国家（或地区）居民的福利。经济学家和政治家们趋向于把实际 GDP 的增加看作人们境况的改善（Dornbusch & Fischer，1994）。例如，刘易斯（1955）认为，尽管发展的目标是扩大人们的选择范围，但是由于产出的增长使人们拥有对所处环境的更多控制力，从而增加了人们的自由。因此他集中关注人均产出的增长（Anand & Sen，2000）。追求GDP总量和人均水平的快速增长在世界各地（尤其是广大发展中国家）成为一种主流（森，1999）。

2. GDP衡量发展的缺陷。这一指标只计算了生产经营活动的最终产品的价值，中间产品价值都没有计算进来；对于许多非价格化、非市场化产品的价值也没有予以考虑。因此，仅用GDP来衡量社会福利水平是不充分的。实践证明，如果以GDP指标作为发展评估的唯一标准，则会对发展产生明显的负面影响，综观国内外文献，大致认为以GDP（GNP）来衡量社会的发展水平存在这样几个问题：

（1）没有包含对资源利用效率和环境成本的考虑。传统的发展观以追求GDP的增长作为国家经济发展的唯一动力和目标，对于既定目标的GDP增长，完全可以在资源使用效率没有得到提高甚至有下降的情况下通过扩大资源投入来实现。因此，资源耗竭和环境恶化对生产率和经济增长的负面影响是显而易见的。此外，由于在通行的GDP核算中，环境污染和退化的成本并没有反映在GDP的核算中，因此，单一的以GDP增长为目标的发展策略也无须考虑环境因素，从而削弱了对环境可持续的需求，造成大量的环境污染与资源耗竭。而这些降低社会福利水平的负产出没有计入，就会高估社会福利水平。

例如，在UNDP在《人类发展报告1998》中，评估了部分亚洲国家环境退化的代价。在1990年，中国因土壤侵蚀、砍伐森林和土地退化导致生产率的降低、水资源短缺和湿地破坏等环境问题造成的经济损失约139亿~266亿美元，占当期GDP的3.8%~7.3%。此外，在该年度中国因城市环境污染和生产力下降造成的损失在63亿~93亿美元，约占GDP比重的1.7%~2.5%。在巴基斯坦，20 世纪 90 年代初期因为空气与饮水污染对健康的影响和因砍伐森林与土壤侵蚀造成的生产率降低带来的经济损失约为 17 亿美元，占当期 GDP 的 3.3%。由此可见，这种以 GDP 为导向的范式对环境所造成的压力是相当惊人的。

（2）没有考虑经济的不平等分配。在现有的 GDP 核算中，并没有考虑经济财富在社会中的分配问题。以中国为例，改革开放以来，中国的人均国民收入保持了 9% 以上的年均增长率，但是与此同时，经济不平等也在迅速恶化。收入分配的基尼系数已经超过 0.45，超出了国际公认的 0.40 的警戒线。经济不平等扩大的直接后果是，社会中不同阶层和群体之间的冲突空前加剧，会减少经济体中社会资本的存量，有可能会增加经济增长所带来的资源和环境压力。

（3）没有完全涵盖反映社会福利的所有产出。由于 GDP 的计量是利用市场价格作为权重的，只有在市场上生产和销售的产品和服务才能被包括在 GDP 中，没有进入市场的商品（和服务）就不能被计入。但是由于各个国家的经济体制和市场化程度不同，许多商品和劳务没有在市场上进行交换或交换的比例不同，因而 GDP 这种统计所得到的结果不够准确。比如家庭主妇的劳动、自我雇佣等都没有包括在内，它们都能提高居民和家庭的福利水平。地下经济如赌博、吸毒等非法活动都是秘密进行的，这些活动也经过市场交换，并且有价格，但交易收入不公开，虽然满足 GDP 核算要求的活动，但 GDP 在核算时并未包含这些犯罪活动。地下经济的另一种形式是逃税，经济主体不通过销售产品和服务，而是采用以物易物，以劳易劳和现金的方式实现交易，这种交换的价格也是无法计入 GDP 的，因此社会福利水平常常被低估。

（4）不能从本质上衡量社会福利水平和人民的幸福程度。GDP 是一个侧重于物质方面的量化指标，对于衡量社会福利水平和幸福程度来说并不完整。在很多情况下，GDP 的增长可能隐藏了人们福利的下降，因为健康的身体、愉快的心情很难被简单地包含在一个数字中。GDP 并不是衡量我们的生活有多好的完美指标。

需要指出的是，考虑到地球并非是一个封闭的物质—能量交换系统，技术进步在提高资源使用效率上的潜力，以及在自然资本、人造资本和人力资本之间存在的替代性，实现 GDP 或者是单纯的物质财富可持续发展仍是有可能的。但是，由于以 GDP 为目标的发展范式对资源利用效率和环境成本的漠视，以及核算的片面性，使其实现可持续发展的资源和环境成本更高，而且以 GDP 为目标的发展指标没有把人和人的生活质量的改善置于发展研究的中心地位。

（5）货币计价问题。用 GNP 或 GDP 进行国际比较是经济分析研究的重要内容，也是行政决策的主要依据。这就存在一个计价货币的问题。联合国有关组织提出了采用购买力平价（Purchasing Power Parity，PPP）方法进行 GDP 国际比较，并通过国际比较项目（ICP）活动在世界范围内付诸实施。

购买力平价就是能够使得国家间进行 GDP 比较而采用的一种通用方法。国际上，一般习惯于用美元作为计价货币来计算国内生产总值。购买力平价理论的主要不足在于其假设商品能被自由交易，并且不计关税、配额和赋税等交易成本。另一个不足是它只适用于商品，却忽视了服务，而服务恰恰可以有非常显著的价值差距的空间。因此，使得美元在穷国的购买力要大于在富国的购买力，这就使得穷国的人均国内生产总值往往被低估。

用国际货币计价虽然在一定程度上解决了购买力问题，但仍没有改变人口整体平均计算的问题，因而不能全面说明一国的贫困状况。例如，1995 年以国际货币计价的人均 GDP，巴西和突尼斯分别为 5400 元（国际货币）和 5000 元（国际货币），但是巴西人口中有 28.7% 生活在每日 1 元（国际货币）的贫困线下，而突尼斯只有 3.9% 的人口生活在同一贫困线下。

（二）绿色 GDP 和福利 GDP

1. 绿色 GDP。绿色 GDP 指标是在对 GDP 指标进行修正的基础上提出来的。以往的 GDP 核算忽略了自然资源的价值，将环境、资源与经济活动割裂开来（邱东等，2002；邱东、宋旭光等，2003；高敏雪，2000）。为了体现可持续发展战略，在计算 GDP 时不仅要考虑到一些有形成本，还应考虑到自然资源的损耗和环境的破坏。1993 年，联合国统计局公布了以环境资源核算作为附属体系 SNA 框架即 SEEA，继此之后对绿色 GDP 展开了讨论，很多学者提出了构建绿色 GDP 核算指标的设想。

目前，学术界对绿色 GDP 尚无一个权威的定义。多数学者都是从对 GDP 的修正来进行定义的，这一点非常一致，但是在“具体应如何进行修正”的内涵上尚未达成一致。整理起来，目前学术界大致有三种观点：

观点一：绿色 GDP 是指在原有 GDP 的基础上考虑资源与环境因素，对 GDP 指标作某些计算而产生的一个新的总量指标，又称生态 GDP。相应的计算公式如下：

绿色 GDP = 国内生产净值 - 固定资产损耗 - 生产中使用的非生产自然资产，或者

绿色 GDP = （净出口 + 最终消费 + 资本形成净额 + 固定资产损耗）- 非生产经济资产净耗 - 自然资产降级与减少

观点二：绿色 GDP 是指从 GDP 中扣除自然资源耗减价值与环境污染损失的剩余国内生产总值。其计算公式为：

绿色 GDP = GDP - （自然资源耗减价值 + 环境污染所造成的损失的价值）

观点三：从投入产出的角度认为绿色 GDP 是国内生态产出

EDP。其计算公式为:

EDP = GDP - 生产资产折旧 - 环境投入，以此表达考虑环境投入后的经济产出。

以上观点的共同之处在于，绿色 GDP 是在已有的 SNA 体系核算出的 GDP 的基础上，减去 GDP 的获得对自然资源、环境所造成的降级与损失。

绿色 GDP 指标虽然在原有 GDP 的测度中纳入了“资源环境”这一概念，但与 GDP 一样没有考虑经济的不平等分配，没有考虑非市场经济和地下经济，也不能从本质上衡量人们的幸福程度。

2. 福利 GDP。福利 GDP 的观点是建立在西方经济学家庇古的福利经济思想基础上的。庇古认为福利有广义、狭义之分。狭义的福利指经济福利，广义的福利指社会福利，经济福利与国民收入是对等的。福利 GDP 的学者认为，如果仅谈经济福利的话，现有 GDP 没有修正的必要，因此福利 GDP 既要反映一国经济福利，也要反映一国社会福利（非经济福利）。

由于 GDP 没有考虑一些外部因素的影响，如没有计算地下经济活动，没有对闲暇活动进行统计（闲暇活动的核算具体包括活动内容、活动次数、活动场所、活动支出、活动的同伴、满足情况）。而它们分别代表本期所产生的经济福利与社会福利。

最早关注福利测算方法的是诺德豪斯和托宾（1972），他们在 GDP 的基础上加入了家庭劳动所产生的经济收益和休闲所带来的福利，同时减去交通费用、基础设施建设投资、道路维护以及防御性支出等项目之后得到经济福利的测算指标。Zolotas（1981）在此基础上增加了对环境污染的考虑，从而形成了改进的指标体系。世界银行资深研究人员戴尔和库伯（Daly 和 Cobb，1989）综合前面的理论成果，提出了从个人消费作为基点进行研究的 ISEW（Index of Sustainable Economic Welfare）指标体系。

福利 GDP 的计算公式被定义为“福利 GDP = 现行 GDP + 外部影响因素”，这种外部影响因素包括外部经济因素和外部不经济因素。例如环境污染等问题就是外部不经济因素，应予以扣除。持福利 GDP 观点的学者认为福利 GDP 也可以看成是广义的绿色 GDP，因为他们认为前面论及的绿色 GDP 扣除了不经济的环境污染等影响因素，但是没有考虑与此同时还存在的、也是未经市场体系而形成的、对非经济福利有益的外部经济因素，也就是说前面的绿色 GDP 修正后没有纳入有益于 GDP 增值的部分。

综上，绿色 GDP 和福利 GDP 都是对 GDP 进行的加项或减项，只是 GDP 的变形而已，并没有真正解决 GDP 作为衡量发展致命的缺陷和不足，对于衡量社会福利水平和人类发展程度来说并不完整，健康的身体、愉快的心情很难被简单地包含在一个数字中。由此可见，以 GDP 为代表的单维指标并不是衡量我们的生活有多好的完美指标，只将着眼点放在可衡量的产出上是错误的，至少是不合理的[①]。实践证明，很多第三世界国家虽然达到了联合国制定的总体发展目标，但多数人的生活水平并没有改变，一些国家尽管实现了国民生产总值的快速增长，然而这种增长的利益并没有惠及社会的所有群体和阶层，贫困人口的数量仍在快速增加，这一切都说明了测量发展的指标太狭窄，仅以单维指标来测量人类发展是远远不够的。

因此，随着“发展”内涵的不断拓宽，以人均 GDP 为代表的各种单维指标已远远不能满足测量的需要，而应该寻找一个能综合

---

① 国内学者蒋萍指出，“任何指标都不是万能的，每个指标的功能也是不同的。GDP 忽略了闲暇，没有反映居民的健康状况和平均寿命，不能反映净经济福利等，这确实是事实。因为这不属于 GDP 的“职能范畴”。如果为了“闲暇、健康状况、平均寿命”而修正 GDP 的话，GDP 就不是 GDP 而成为其他指标了”（蒋萍：“也谈 GDP 的口径与算法”，《统计研究》，2008 年第 8 期）。

反映人类发展的多维指标体系。

二、贫困的测度

自从人类进入文明社会以来，贫困便一直困扰着当今世界各国的发展，被联合国列为社会发展的三大问题之首。贫困是经济不发达的集中表现，它正在世界上某些发展中国家和地区蔓延。消除贫困是经济发展的一个主要目标。如何科学地界定贫困，如何有效和方便地测度贫困一直是贫困理论研究和反贫困实践的热点和难点。

国内外学者主要是从经济层面上来理解贫困的，把贫困看成是不能满足居民基本生活需要的一种状态。早在 1901 年，朗特里（Seebohm Rowntree）就认为："如果一个家庭的总收入不足以维持家庭人口最基本的生存活动要求，那么，这个家庭就基本上陷入了贫困之中。"这里提出的基本生存要求实际上就为以后确定贫困线奠定了理论基础。后来的经济上的贫困是依据一个人维持生计所需的最低收入或消费水平即贫困线（阈值）作为是否贫困的标准。如世界银行曾根据 33 个发展中国家贫困状况的研究结果，规定一天一美元作为极端贫困（Extreme Poverty）的标准和一天两美元作为贫困（Poverty）的标准。

社会学家则把贫困认为是个人能力（如受教育的程度和健康水平等）缺乏而难以维持人类基本福利水平的一个表现。在能力方面，阿马蒂亚·森在其《商品和能力》（Commodities and Capabilities）一书中就提出了人类剥夺贫困（Human Deprivation Poverty）的概念。森认为已有的收入贫困和基本需求贫困仅仅考虑了人类物质福利方面的需求，而忽视了作为社会人的其他非物质方面的需求。在该书中他提出了三个重要概念：商品（Commodities）、能力（Capabilities）和功能（Functionings）。他认为生活是由一系列相关的功能组成的，如获取足够的营养、避免早死、幸福；商品是一个人可使用的物品，它用以实现个人的各种功能；而能力是个人获得福利的机会（森，1985）。

基于此，理论界有人提出贫困应该表现为福利的缺乏。一些福利的获得决定于其收入水平，而另一些福利的享用，如一些公共产品的享用、在存在配给制的社会里的住房供给等，都与货币变量无关。因此福利是个多维概念，除由收入水平决定外，还可能包含公共产品的提供、住房供给、扫盲和平均寿命等。相应的，贫困也应是一个多维概念，在多维贫困的测度上，是通过设计一个综合指标或指数来涵盖福利的几个主要方面，就这个指标或指数确定一个贫困线作为测度贫困的标准。目前多维的贫困测度指数较著名的有联合国开发计划署于 1999 年提出的人类贫困指数，在后面章节介绍 HDI 家族时有详细阐述。国内学者邱东（1996）曾提出了贫困的三维测度观①。本节主要阐述单维的贫困指标。

1. 贫困程度度量指标。

（1）贫困发生率（Head - count Ratio）。衡量一国贫困程度的最简单方法就是计算穷人在总人口中所占的比例，贫困发生率又称人头指数（head - count index），指的是低于贫困线的人口占全部人口的比例。该方法首先由朗特里于 1901 年提出，其公式为：

$$H = q/n \tag{2.6}$$

其中，H 表示贫困发生率，q 为收入水平低于贫困线的贫困人口数，n 为全部人口数。

贫困发生率的特点是，只要确定了贫困线，它就可以比较简单地说明一个国家或地区贫困相对范围的大小。缺陷是无法对贫困程

① 参见邱东："贫困的三维测度观：贫困测度准则的再思考"，《统计与信息论坛》，1996 年第 1 期；邱东："从增量的分解看贫困测度指标的性质"，《统计与信息论坛》，1996 年第 2 期。

度进行衡量，无论贫困人口的收入水平是靠近贫困线还是远离贫困线，只要不超过贫困线，贫困发生率就不会改变，它不能准确地反映出贫困的大小和强度。因此，无法进行地域间跨时期的比较。

（2）贫困差距指数（Poverty - gap Index）和收入差距比率（Income - gap Ratio）。贫困差距（Poverty - gap）是指贫困人口收入与贫困线之间的差距的总和。贫困差距指数又称贫困缺口率、贫困差距比率或贫困深度指数（用 I 表示）。它是基于贫困人口收入水平（或消费水平）相对于贫困线的累加贫困差距，是建立在贫困人口收入水平相对于贫困线的距离基础上。该方法是由 Batchelder 于 1971 年提出的，其表达式为：

$$I_G = \sum_{i=1}^{q} (z - y_i) \tag{2.7}$$

其中，I_G 表示贫困差距指数，z 表示贫困线；q 表示贫困人口数量；$z - y_i$ 表示贫困差距。

I_G 越小，说明贫困人口的平均收入越接近于贫困线，其贫困程度就越轻；反之，贫困缺口率比值越大，贫困程度越重，减贫的难度相对更大。该指标可以为确定消除贫困可能需要的资源提供参考依据。这是联合国“千年发展目标”监测统计指标之一，可以用来衡量贫困的深度。

贫困差距经过适当的修正和标准化后，即为贫困人口与贫困线差距的百分比，称作收入差距比率（Income - gap Ratio），通常用 I 表示。

假设有 n 个收入分别为 $y_1, y_2, \cdots, y_n$，并且按照收入大小给予升序排列；z 表示贫困线；q 表示贫困人口数量；g_i 表示贫困差距（即 $z - y_i$），可以得到：

$$I = \frac{1}{qz}\sum_{i \leqslant q} g_i = \frac{1}{q}\sum_{i \leqslant q}\left(\frac{g_i}{z}\right) = \frac{1}{q}\sum_{i \leqslant q}\left(\frac{z - y_i}{z}\right) \tag{2.8}$$

如果以 m 表示穷人的平均收入的话，则有：$I=\frac{z-m}{z}$

（3）森指数。世界著名的贫困研究专家森早在 1970 年就已指出，在测量贫困程度时应该考虑贫困人口之间的收入分配。他认为，上述几种指数均不能反映贫困人口之间贫困程度的差异，即不能反映贫困人口间收入转移效应。理想的指数应能包含和反映贫困的广度、深度和强度，后者揭示收入在贫困人口间的分配。为此，他构建了一个公式：

$$P = H[I + (1 - I)G] \tag{2.9}$$

这就是著名的森指数公式，式中 P 是贫困度量，H 是贫困人口比率，I 是收入缺口比率，G 是穷人之间收入分配的基尼系数。该指数值在 0～1 之间，值越大，说明贫困程度越深。当贫困人口的收入完全相同即基尼系数为 0 时，森指数就等于贫困缺口率。当两个国家贫困发生率相同时，指数值的大小取决于贫困人口的收入分配状况。与贫困缺口率不同的是，该指数引入基尼系数，考虑贫困人口之间的收入分配状况。

（4）加权贫困距指数（FGT 指数）。森提出贫困指数之后，有不少学者对其原则和指标进行了质疑和修正，最具代表性的是由 J. Foster、J. Greer 和 Thorbecke（1984）三位经济学家在此基础上提出的反映贫困规模和程度的 FGT 指数：

$$P_\alpha = \frac{1}{nz^\alpha}\sum_{i=1}^{q} g_i^\alpha \tag{2.10}$$

其中，$g_i = z - y_i$；系数 $\alpha \geqslant 0$，表示不同贫困阶层对指数值的敏感度，α 越大，贫困人口的收入对指数值的影响就越大。

①当 $\alpha = 0$ 时，$P_0 = \frac{q}{n}$，即为贫困发生率，反映贫困的广度；

②当 $\alpha = 1$ 时，$P_1 = \frac{1}{nz}\sum_{i=1}^{q} g_i$，即为收入差距比率，反映贫困的

深度；

③当 $\alpha=2$ 时，$P_2=\frac{1}{nz^2}\sum_{i=1}^{q}g_i^2$，这是贫困强度指数，在权重分配上偏重于更贫困的人口，反映了贫困的强度，可以分析贫困人口内部的贫困差异。

2. 相对贫困与不平等度量指标。

（1）恩格尔系数。恩格尔系数是根据恩格尔定律确定的衡量贫困的数量指标，即在家庭的全部支出中食物支出所占的比例。其结论是：家庭收入越少，支出中用于购买食物的费用所占的比例越大；同样，一个国家越穷，每个国民平均支出中用于购买食物的费用所占比重越大；随着家庭收入或人均国民收入的增加，支出中用于购买食物的比重将会下降。公式为：

$$\text{恩格尔系数}=\frac{\text{食物支出额}}{\text{消费支出总额}}\times 100\% \tag{2.11}$$

联合国应用恩格尔系数确定贫富的标准是：凡恩格尔系数大于60%的为赤贫；50%～60%为勉强度日、类似温饱（绝对贫困、勉强度日均属于贫困）；40%～50%为小康水平；20%～40%为富裕；小于20%为极富裕。

（2）洛仑兹曲线与基尼系数。洛仑兹曲线，是由美国统计学家洛仑兹首先提出的。洛仑兹把社会各个居民依其收入的多少分成若干个等级，分别在横坐标和纵坐标上标明每个等级的人口占总人口的百分比和每个等级人口的收入占社会总收入的百分比，连接各个等级的这两个百分比所确定的坐标点形成的一条曲线，即为洛仑兹曲线，它是一条反映社会总收入分配平均程度的曲线。

通过洛仑兹曲线的比较，可以看出不同阶层、不同国度的收入差别状况，或同一阶层、同一国家在不同时期的收入差别变动状况。

基尼系数是意大利经济学家科拉多·基尼根据洛伦兹曲线图而建立的测量分配不平等程度的指标。公式为：

$$G = \frac{A}{A + B} \tag{2.12}$$

其中，G为基尼系数，A为实际收入分配线与绝对平均线之间的面积，B表示实际收入分配曲线与绝对不平均曲线间的面积。

基尼系数越大，表示收入分配差别越大，反之则越小。基尼系数最大为1，最小为0。前者表示居民之间收入分配绝对不均，即100%的收入被一个人占有；而后者表示人与人之间收入完全平等，没有任何差别。

按照国际惯例，基尼系数在0.2之下，表示居民之间收入高度平均，0.2~0.3表示相对平均，0.3~0.4比较合理。同时，国际上通常把0.4作为收入贫富差距的警戒线，认为0.4~0.6为差距偏大，0.6以上为高度不平均。

（3）收入不平等指数。贫困发生率解决了贫困人口的比例，但是没有解决贫困的程度（即贫困人口收入水平与贫困线的差距）；收入差别比例虽然解决了这一问题，但是仍然没有说明收入在贫困人口中是如何分配的。这就需要建立一种贫困指数来反映贫困人口收入分配的不平等。基于这个考虑，洛仑兹和基尼相继提出了收入不平等指数，其表达为：

$$G = \frac{1}{2q^2 m} \sum_{i=1}^{q} \sum_{j=1}^{q} |y_i - y_j| \tag{2.13}$$

通过式（2.6）~式（2.9）我们可以看出，H、I、G分别说明了贫困人口数、贫困人口的平均收入与贫困线的差距和贫困人口的收入不平等状况，即阐明了贫困的广度（Extent of Poverty）、贫困的强度（Severity of Poverty）和贫困人口的收入分配（Distribution or Incidence of Poverty）。

（4）分解的收入不平等指数（Decomposed Income Inequality Index）。近来，国际上在分析贫困问题时对收入不平等的分解讨论也比较激烈。流行的观点认为，收入不平等可分解为：穷人之间的不平等（Inequality Among the Poor），富人之间的不平等（Inequality Among the Non－poor）以及穷人与富人相比较的不平等（Between－groups Inequality）。

假设社会共有两个组别：第一组是穷人，指收入（用 y 表示）在贫困线（用 z 表示）以下的人，即要求 $y \leqslant z$；第二组是富人，指收入在贫困线之上的人，即要求 $y > z$。根据上述对收入不平等的分解方法，基尼系数可分解为相应的三个部分，用公式表示为：

$$G_{ya} = P_p S_{yp} + P_r S_{yr} G_{yr} + G^b \qquad (2.14)$$

其中，G_{yi}表示收入 y 的基尼系数，并且 $i = a$ 表示全部人口；$i = p$表示穷人；$i = r$ 表示富人，P_i 表示各组人口比例；$S_{yi} = P_i \mu_{yi} / \mu_{ya}$，表示第 i 组收入分配占总收入的比例；$G^b$ 表示组间不平等。易知，$S_{yr} = 1 - S_{yp}$，并且 $P_r = 1 - P_p$。

三、多维指数及其评价

前面所阐述的指标大部分都是单维指标，它们主要关注于发展的单一方面，只反映发展的一个狭小的领域。自 20 世纪 60 年代中期以来，传统的发展模式受到了人们的质疑。如何全面地评价人类的发展与社会的进步便成为人们普遍关注的问题。在这样的历史背景下，不同学科领域的研究者做了各种各样的努力与尝试，试图寻找一种能替代传统经济指标的更为全面的尺度，各种发展综合评价指数的提出，就是这一系列努力的成果之一。

（一）物质生活质量指标（PQLI）

1. PQLI 的提出。物质生活质量指数（Physical Quality of Life Index，PQLI）是在莫里斯（M. D. Morris）的指导下由美国海外发

展委员会（ODC）1975 年提出来的，旨在测度世界最贫困国家在满足人们基本需要方面所取得的成就。人的基本需要包括两个要素：首先是一个家庭用于满足个人消费的一些最低限度的需要，如食物、住房、衣着及必备的家庭设施等；其次是整个社会所提供的基础生活服务，如安全的饮用水、卫生的环境、交通、医疗卫生、教育和文化设施等。莫里斯认为，基本需要是一个国家所持有的、动态的概念，应把它放在一个国家的整个经济和社会发展中去考虑。

PQLI 是一个简明、综合和操作性强的综合指数，这一指数的出现受到广泛的关注和重视，并被用于衡量一个国家或地区的社会经济发展状况，特别是发展中国家的“发展程度”。莫里斯指明 PQLI 是为了衡量穷国的状态，它所关心的是发展政策能否成功地满足穷国人民的基本需要这一问题，因而其目的是有限的，它并不是力图测度所有的“发展”，也不测度自由、公平、安全或其他无形的东西。

2. PQLI 的指标构成及其计算。PQLI 由平均预期寿命、婴儿死亡率和识字率三个指标组成，能综合反映收入、营养、教育、卫生、环境和人的发展潜力、社会参与的可能和利益分配状况，而且这三项指标都有实现的上限，指标的提高就意味着穷人生活质量的提高和分配均等化，用以综合社会福利状况和民众教育、生活水平。测定的指标数值从 0 到 100，数值越高，表明生活质量越高。莫里斯指出，选择这三个指标的原因主要有三个：第一，这三个指标是一个社会普遍关心的问题，它们也是“需要”的基本构成要素，是人们必须得到满足的基本方面。第二，这些指标本身就是一个很好的综合指数，每个指标都反映了社会在满足基本需要方面的许多特征，是社会发展成就的综合体现。第三，这三个指标具有广泛的国际可比性。

PQLI 的计算首先将每个指标转化成为指数形式，然后取三个指数的算术平均值。计算总公式如下：

$$PQLI = \frac{1}{3}(\text{识字率指数} + \text{婴儿死亡率指数} + \text{期望寿命指数}) \tag{2.15}$$

其中，识字率是指 15 岁及 15 岁以上人口中识字人口占 15 岁及以上总人口的百分比，由于该指标本身就是一种指数形式，不必再作转换。

婴儿死亡率是指每千名新生儿中的死亡率，具体转化公式为：

$$\text{婴儿死亡率指数} = \frac{229 - \text{每千名婴儿死亡数}}{2.22} \tag{2.16}$$

婴儿死亡率既不可能为零，也不可能为 1000‰，所以将婴儿死亡率的最高尺度定为 0，最低尺度定为 100。根据联合国的有关记录，自 1950 年以来，婴儿死亡率最高的国家是加蓬，为 229‰，在尺度上定为零；最低的国家是瑞典，为 8‰。当时医学界认为到 2000 年，婴儿死亡率最低可降到 7‰。所以将 7‰作为最低者，在尺度上定为 100。从 229 到 7，婴儿死亡率指数每变动 1%，婴儿死亡率就将变动 2.22‰。

期望寿命指数指从一岁起平均每人可存活的年数。

$$\text{期望寿命指数} = \frac{\text{某国一岁期望寿命} - 38}{0.39} \tag{2.17}$$

上式中，二战后全世界最低的一岁寿命实际值是 1950 年的越南，为 38 岁，在这里把它作为指数的最低限，最高的是瑞典，为 77 岁，在尺度上作为 100，这样，预期寿命每变动 0.39 岁，预期寿命指数就将变动 1 个百分点。或者说，预期寿命指数每变动 1%，预期寿命就将变动 0.39 岁。其中 0.39 计算方法为：

$$0.39 = \frac{\text{一岁期望寿命最高值} - \text{该指标最低值}}{100} = \frac{77 - 38}{100} \tag{2.18}$$

最后将转化后的三个指数采用简单平均的办法求得平均值。之所以采用简单平均的方法，莫里斯认为，这三个指数不能说谁更重要，因而赋予它们相同的权数。

3. PQLI 的局限性。PQLI 的主要用途是测度一个国家在满足人民基本需要方面取得的成就。但 PQLI 也有其内在的局限性，一些实证分析表明 PQLI 是不健全的，因为它的三个独立变量紧密关联，它们中的任何一个都能得出同样的结果，而且大多数国家的数据表明，这一指数的排序与人均 GNP 的排序结果高度相近（Larson 和 Wellford，1979）；同时，一些人对它的理论基础提出了质疑（Hiscks 和 straiten，1979），甚至有人怀疑它对评价穷人生活福利状况的有效性。

这三项指标内容比较狭窄，在指标的选择上，过于偏重社会指标，而忽略了经济指标，因而不能反映一个国家的经济增长和经济发展状况，而经济发展是人们的基本需要得以满足的重要物质保证。而且仅用三个指标不能全面反映一个国家的福利水平和生活质量。按照广义的理解，生活质量还应包括政治决策参与、住房和环境质量等方面。

另外健康和教育这两个方面的指标选择上也似乎存在任意性。在计算方法上采用简单平均，将三个指标一视同仁而不是用权重加以调整以示区别，把每个指标对发展的作用视为相同，这也缺乏一定的理论依据。

（二）社会进步指数（ISP）

1. ISP 的提出与指标构成。社会进步指数（Index of Social Progress，ISP）是由美国宾夕法尼亚大学的埃斯特思（Richard J.

Estes）教授于1984年首次提出的。1988年埃斯特思又提出了加权社会进步指数（WISP），它旨在综合评价一个国家社会发展各方面的进步状况。它将众多的社会经济指标浓缩成一个综合指数，以此作为评价社会发展的尺度。埃斯特思（1988）曾利用未加权和加权社会进步指数，对世界上124个国家的社会经济发展状况作了广泛的分析评价。

社会进步指数的构成指标共有10个分类项目，45个相应的分项指标，每一项指标都根据其对社会进步贡献或破坏的程度多少设定一个“+”号或“-”号。详细见表2-3所示：

表2-3 ISP指标构成

项　目	分项指标
教育	入学率（包括初等、中等和高等）、成人文盲率、教育支出占GNP的百分比
健康	婴儿死亡率、每千人的医生数量、1岁时预期寿命、5岁以下儿童死亡率、人均卡路里日摄取量、1岁儿童DPT免疫率、1岁儿童麻疹免疫率
妇女地位	女性出生时预期寿命、女性成人识字率、已婚妇女避孕率、每100万个母亲中生育死亡率、接受初级教育的女性与男性百分比、妇女中等教育入学率
防御性支出	军费开支占GNP的百分比
经济	以美元计算的人均GNP、GNP人均增长率、实际人均GNP、年均通货膨胀率、人均食物生产指数、对外公共债务占GNP的百分比
人口	总人口、出生率（‰）、死亡率（‰）、人口增长率（‰）、15岁以下人口占总人口的百分比、60岁以上人口占总人口的百分比
地理	可耕地占土地总面积的百分比、自然灾害的敏感指数、每百万人中因自然灾害的年均死亡人数
政治参与	政治权利被侵犯指数、综合人类苦难指数、公民自由被侵犯指数
文化	有同一基本宗教信仰人口占总人口百分比、有同一母语人口占总人口的百分比
福利	老年、残废、死亡、疾病、工伤、失业、家庭津贴

2. ISP 的计算。社会进步指数有加权与未加权两种，下面分别介绍其计算过程。

（1）未加权 ISP 的计算。未加权社会进步指数，实际上是将每个指标的权数均视为 1，假定各指标在描述国家发展水平方面具有同等重要性，其具体计算步骤如下：

①计算各指标的均值和标准差。

②将各指标标准化，以消除不同测量单位的影响。转化后的标准化值 Z_i 形成了一个新的变量，其均值为 0，标准差为 1。假定 Z_i 服从正态分布，它反映了一个国家某项指标沿正态曲线水平线的相对位置，即以均值 0 为中心，以标准差为单位的相对位置，比如 -3，-2，-1，0，1，2，3 等。

③调整指标方向。各指标影响方向不同，正指标用“+”号表示，数值越大，表明社会在这一领域越进步；逆指标用“-”号表示，数值越小，表明社会指标在该领域越进步。为使社会进步指数准确反映社会进步程度，需要调整指标方向，即将逆指标的标准化值 z 乘上常数 -1，从而使其数值的变化与社会进步的方向一致。这一做法只改变了指标的数学符号，而未改变其数值。

④计算各子领域的得分值和社会进步综合指数值。首先，按上述第三步提出的方法改变所有逆指标的数学符号；其次，加总各子领域所属指标 Z 值，再除以相应的指标个数；最后，将求得的各子领域指数值相加。

国内学者袁方（1995）曾给出了按上述步骤计算的中国 1983 年社会各子领域的指数值及 ISP 值，具体见表 2-4。

（2）加权 ISP 的计算。加权社会进步指数（WISP）是埃斯特思 1988 年提出的，它是在 ISP 的基础上，对各子领域的指数值作因子分析得到一组统计权数，然后对各子领域的得分进行加权，最后得到加权社会进步指数值。具体计算步骤如下：

表 2－4　　中国 1983 年各社会子领域指标数值及 ISP 得分表

子领域	教育	健康	妇女地位	国防	经济	人口	地理	政治参与	文化	社会福利	ISP 值
指数	12.1	14.2	8.9	5.5	15.7	－1.3	－3.3	1.5	15.8	5.6	74.7

资料来源：袁方：《社会指标与社会发展评价》，中国劳动出版社 1995 年版。

①通过因子分析得出统计权数。对未加权计算的社会进步指数的各子领域指数值作因子分析，找出影响社会进步的主要“因子”，由此得到统计权数来反映每个社会子领域对社会进步指数的影响。在因子分析中，采用方差最大正交旋转的主成分分析法，由此得到各子领域旋转后的因子负荷矩阵。中国 1983 年各子领域指数的因子负荷矩阵见表 2－5。

表 2－5　　ISP（1983）各子领域指数的因子负荷矩阵

子领域	因子 1	因子 2	因子 3
健康	0.94	0.04	－0.00
人口	0.88	－0.19	0.19
教育	0.88	－0.05	0.03
社会福利	0.75	－0.31	0.23
妇女地位	0.83	－0.06	0.02
政治参与	0.62	－0.52	－0.16
经济	0.65	0.14	0.12
文化	0.60	0.21	－0.36
国防	－0.09	－0.92	0.04
地理	0.15	0.02	0.93
特征根	4.89	1.32	1.12
因子所解释的总方差百分比	48.88	13.23	11.20

资料来源：袁方：《社会指标与社会发展评价》，中国劳动出版社 1995 年版。

②对子指数进行加权。用上面得到的各子指数的因子负荷对相应子指数加权。

由此得到：

$WISP_1$ =（0.94×健康子指数+0.88×人口子指数+0.88×教育子指数+0.75×福利子指数+0.83×妇女地位子指数+0.62×政治参与子指数+0.65×经济子指数+0.60×文化子指数）

$WISP_2$ =（0.92×国防子指数）

$WISP_3$ =（0.93×地理子指数）

通过加权计算的中国1983年各子领域指数如表2-6所示。

表2-6　中国1983年各子领域加权指数计算表

子指数	未加权子指数	因子权数	加权子指数
因子1：			
健康	14.2	0.94	13.3
人口	-1.3	0.88	-1.1
教育	12.1	0.88	10.6
社会福利	5.6	0.75	4.2
妇女地位	8.9	0.83	7.4
政治参与	1.5	0.62	0.9
经济	15.7	0.65	10.2
文化	15.8	0.60	9.5
因子2：			
国防	5.5	0.92	5.1
因子3：			
地理	-3.3	0.93	-3.1

资料来源：袁方：《社会指标与社会发展评价》，中国劳动出版社1995年版。

由表2-6可以得出：

$WISP_1$ = 13.3 +（-1.1）+ 10.6 + 4.2 + 7.4 + 0.9 + 10.2 + 9.5 = 55

$WISP_2$ = 5.1

$WISP_3$ = -3.1

③计算加权社会进步总指数（WISP）。

首先，计算出每个因子的权数（W）。由于每个因子对社会进步指数总方差解释的比重不同，因而赋予每个因子以不同的权数。具体计算方法是：将每个因子的特征根除以三个因子特征根之和，即得到每个因子的权数：

$$W_1 = \frac{4.89}{7.33} = 0.667 \quad W_2 = \frac{1.32}{7.33} = 0.180 \quad W_3 = \frac{1.12}{7.33} = 0.153$$

其次，用 W_1，W_2，W_3 分别对 $WISP_1$，$WISP_2$，$WISP_3$ 进行加权。

最后，得出加权社会进步总数：

$$\begin{aligned} WISP &= W_1 \times WISP_1 + W_2 \times WISP_2 + W_3 \times WISP_3 \\ &= 0.667 \times 55 + 0.180 \times 5.1 + 0.153 \times (-3.1) = 37 \end{aligned}$$

（3）ISP 的局限性。社会进步指数是评价社会发展状况的一个有效工具，它不仅可以用于不同国家、不同地区间社会发展状况的比较，也可用于一个国家内部不同地区间社会发展水平的横向比较，还可以用于一个国家不同时期发展水平的动态比较。与 PQLI 相比，社会进步指数的计算在社会经济领域及指标的选择上也比较广泛，因而能在一定程度上全面反映一个国家的社会进步状况。

但该指数也存在一些局限性。首先，在发展领域及指标的选择上，未进行详细的理论说明，如，为什么选择这些领域作为评价社会进步的依据，这些领域是否包括了社会发展的所有方面，这些领域及相应的指标是否适合于对所有国家社会发展水平的比较等。其次，在各子领域指标的选择上也极度不平衡。比如，国防子领域仅选择了军费支出占 GNP 比重一个指标，而人口子领域则选择了六个指标，这势必影响加权指数中权数构造的准确性。再次，在子领域和社会指标的选择上，未包括一些重要的社会发展领域（陈立新，2005）。比如，缺乏反映社会秩序与安全、闲暇时间的利用以及反映财富分配方面的指标。正因为这样，ISP 也受到了持续不断的批评。例如，在最近的调查中,ESTS排列了世界上几乎所有国家(占了世界人口的98%)从1990年到1999年的ISP情况。其中,丹麦的ISP值最高。但恰恰是这个结果受到了现实的讽刺,一些研究者指出,丹麦人比世界其他国家的人服用更多的镇静剂,有最严重的精神问题,暴力犯罪、滥用药物和酒精比过去10年翻了一番。

（三）可持续经济福利指数（ISEW）和真实进步指数（GPI）

1. ISEW和GPI的提出。由于GDP掩盖了有关人们生活质量和社会进步的许多真实方面：家庭和社会劳动经济、犯罪、其他的防御性开支、收入分配、资源耗竭和生态退化、休闲损失等。以美国为例，GDP显示，自20世纪50年代以来，它们的国内生产总值增长了一倍以上，生活质量进步了很多。这一现象在最近更加突出，当美国的政府官员、一些经济专家们正在为其所谓的“新经济”成就洋洋自得的时候，美国的普通民众却认为他们的生活质量在下降，而不是在提高，因为他们必须工作更长时间来保持他们的生活水准，而且美国的贫富差距从来没有像今天这样大，获得最高收入的270万美国人得到的税后收入与最低收入的1亿美国人的总收入相当。

1990年，戴尔和库伯在其著作《为了共同的利益》（For the Common Good）中提出了具有广泛国际影响的ISEW（Index of Sustainable Economic Welfare）。许多发达国家如美国、奥地利、澳大利亚、丹麦、意大利、荷兰、英国等开始运用ISEW来评估本国社会发展和生活质量的变化。1995年，Cobb、Halstead和Rowe又对ISEW进行了有关修正，并重新命名为GPI（Genuine Progress Indicator）。该指标已经受到许多经济学家和社会学家广泛的关注，并被认为是代表了一种全新的指标体系的方向。GPI的建立是基于人们生活在一个社会体系而不是简单的经济体系中，并且包括了对自然环境的认识。它仍以同GDP基本相同的消费数据为基础，但以很多方式将它进行修正，包括调整一些价值（如收入分配），增加一些价值（如家庭劳动和社会活动的价值），减去一些价值（如用于治理污染的费用），这样就构成了一个能够区分为一国经济增长的成本和收益的新平衡表。

2. GPI 包括的新因素。GPI 囊括了 GDP 所忽视的经济生活的二十多个方面，力图更接近经济和社会发展的本来面目。

这些新的因素包括：

家庭和社会劳动经济：社会上的许多重要工作（如照看小孩、维修家用设备、志愿者的劳动等）都是在家庭和城市社区中完成的。传统的 GDP 并不包括这些劳动所产生的价值，而 ISEW 则将其补充进去，按照一个家庭本应付给其他人的报酬来衡量家庭劳动的价值。

犯罪：GDP 账户将花在阻止犯罪和治理因其造成的损害上的费用表现为“进步”。然而，GPI 将这些费用看成是对社会犯罪下降进行必要防卫的成本。它包括了由于犯罪带来的医疗费用、财产损失以及人们为防范罪犯的支出。

防御性开支：GPI 增加了人们花在汽车事故、空气净化、水过滤等项目上的支出。居民为保护生命和财产免受侵害需要开支，GDP 将这些费用作为增加的财富。如发生交通事故所需的医疗费用、上下班的通勤费用、家庭为控制污染所需的开支等。GPI 则将这些防护性开支当作成本而不是收益，需要从经济福利中扣去。

收入分配：GPI 试图体现整个人口实际分享 GDP 增长的不平等程度。

资源耗竭和生态退化：对于资源的消耗，应该表现为国民账户的成本，而 GDP 却将其视为一种收入。GPI 对此做了修正。同时，GPI 还包括由于空气和水污染对人类健康、农业和建筑造成的损害，以及类似的娱乐性损失，例如海滩受到污水或细菌侵蚀所造成的损失等。

休闲损失：如果人们失去了同家人在一起享受生活的时间与进一步受教育的机会等，而去做两份工作或者工作更长时间，以和他人保持“平等”地位，那么实际上是不平等的。GDP 并不将其计算在内，但 GPI 按平均工资计算它们的价值。

3. GDP 和 GPI 的比较。表 2－7 是一些发达国家人均 GDP 和人均 GPI 的情况比较数据。通过比较可以看出，几乎在所有发达国家中都可以看到一个类似的过程：从 20 世纪 50 年代到 70 年代中期，生活质量伴随着人均 GDP 的增长而提高，而自那以后，GDP 虽然继续增长，生活质量却持续下降。

表 2－7　　一些发达国家 GDP 和 GPI 的比较情况 单位：年人均美元

		1950 年	1960 年	1970 年	1980 年	1990 年
美国	GDP（$）	8500	9400	11800	14000	16500
	GPI	6000	6100	7100	6400	5200
奥地利	GDP（SCH）	—	4100	58000	82000	100000
	GPI		3500	46000	60000	56000
英国	GDP（&）	3500	4300	5500	6600	8400
	GPI	1900	2100	2300	3000	2800
澳大利亚	GDP（AUD $）	9000	11000	15000	18000	21000
	GPI	9000	9500	12000	16000	15000

资料来源：陈立新：《社会指标与社会协调发展》，湖南大学出版社 2005 年版。

表 2－8　　英国的 ISEW

	1950～1996 年	1980～1996 年	1990～1996 年
GDP 增长/年	2%	1.9%	1.1%
ISEW	0.6%	－1.4%	－1.3%

资料来源：陈立新：《社会指标与社会协调发展》，湖南大学出版社 2005 年版。

表2－8说明了造成英国ISEW下降的两个重要因素是社会不平等和环境破坏的加剧，这种状况我们可以通过表2－9来进一步说明。

表2－9　　英国的ISEW下降的影响因素

因　素	UK&/人均1996年
消费支出	+6.402
补偿社会和环境成本的支出	－1.665
长期的环境损害	－3.754
收入分配的恶化	－917
家庭劳动的价值	2368
ISEW	+2.434

资料来源：陈立新：《社会指标与社会协调发展》，湖南大学出版社2005年版。

（四）ASHA指数

1. ASHA指数的构成与计算。ASHA是美国社会卫生组织（American Social Health Association）的英文缩写。该指数是美国社会卫生组织提出并以该组织命名的一个综合评价指标。它主要用来反映一个国家，尤其是发展中国家的社会经济发展水平以及在满足人民基本需要方面所取得的成就。

ASHA指数由六个分项指标组成：①就业率；②识字率；③平均预期寿命；④人均GDP增长率；⑤人口出生率；⑥婴儿死亡率。

ASHA指数的具体计算过程如下：

首先，将平均预期寿命指标转化为指数形式，其他五个指标直接采用指数形式计算。其公式为：

$$\text{预期寿命指数}=\frac{\text{平均预期寿命}}{70}\times 100\% \tag{2.19}$$

然后，采用乘除法合成方式计算指数：将正指标放在分子上连乘，将逆指标放在分母上连乘。具体计算公式为：

$$\text{ASHA} = \frac{\text{就业率} \times \text{识字率} \times \text{预期寿命指数} \times \text{人均 GDP 增长率}}{\text{人口出生率} \times \text{婴儿死亡率}} \tag{2.20}$$

该组织对这六项指标分别规定了目标值，具体见表 2－10。

表 2－10　　六项指标的目标值

指标	就业率	识字率	平均预期寿命	人均 GDP 增长率	人口出生率	婴儿死亡率
目标值	85%	85%	70 岁	3.5%	25‰	50‰

根据式（2.20）和表 2－10 计算，ASHA 的最高值为：

$$\text{ASHA} = \frac{85\% \times 85\% \times \frac{70}{70} \times 100 \times 3.5\%}{2.5\% \times 5\%} = 20.23 \tag{2.21}$$

因此，该组织将 ASHA 指标值 20.23 作为发展中国家 2000 年的奋斗目标。

根据式（2.20）计算，我国早在 1988 年，除识字率之外，其他各项指标都达到或超过了 2000 年的奋斗目标。我国 1988 年的各项指标分别为：就业率为 98%，识字率为 69%，平均预期寿命为 70 岁，人均 GNP 增长率为 5.4%，人口出生率为 22.37‰，婴儿死亡率为 31‰，则 ASHA＝52.66。

2. ASHA 指数的局限性。计算结果表明，我国 1988 年的 ASHA 值就已达到了 52.66，这一方面说明，尽管我国是发展中国家，经济发展水平还较低，但在满足人民基本需要这一问题上还是富有成效的；另一方面，也说明该指数在反映社会发展水平方面还存在不足之处。该指数的局限性主要表现在以下几个方面：首先，在指标的选择上，偏重于社会方面的指标，而经济指标相对较少；其次，在计算方法上，采用乘除法合成方式，从而使得指数值的变动对每个指标过于敏感，尤其是较小的指标值变动对指数的影响作用过于突出，使指数值缺乏相对的稳定性。当一个国家多数指标都较好，只有少数指标较差时，就会致使指数值偏低。所以，用ASHA 指数作为评价社会发展的尺度可能会与实际情况有较大误差。

（五）幸福指数（GNH）

1. GNH 的提出及发展趋势。GNH（Gross National Happiness）指数最早是在20 世纪70 年代由南亚的不丹王国的国王提出的，他认为政策应该关注幸福，并应以实现幸福为目标。他提出，人生基本的问题是如何在物质生活和精神生活之间保持平衡。在这种执政理念的指导下，不丹创造性地提出了由政府善治、经济增长、文化发展和环境保护四级组成的“国民幸福总值”（GNH）指标。不丹政府采用国民幸福总值 GNH 代替了 GDP。这是目前唯一一个把GNH 作为正式衡量国富标准的国家。

不丹刚刚提出 GNH 时并不引人注目，然而20 多年的实践已经引起全世界瞩目，世界上不少著名的经济学家开始认真研究“不丹模式”。GNH 的另一种提法是国民生活快乐指数（Gross National Cool，GNC），这是著名经济学家斯坦福大学青木昌彦教授在其《并非失落的十年——转型中的日本经济》一文中提出的新概念。他认为日本经济近十年来出现的深刻变化是难以用传统经济指标衡量的，事实上日本也开始采用另一种形式的国民幸福总值（GNC），更强调了文化方面的因素。美国的世界价值研究机构开始了“幸福指数”研究，英国则创设了“国民发展指数”（MDP），考虑了社会、环境成本和自然资本。获 2002 年诺贝尔经济学奖的美国心理学教授卡尔曼正和经济学家联手致力于“国民幸福总值”的研究。韩国大学崔尚咏教授在其《未来依赖于文化力量》的论文中也提出了与国民生产总值 GNP 不同的国民文化总值 GNC 的概念，他认为在未来不能只用 GDP 表明一国的收支，GDP 将依赖于

GNC。2005 年 6 月召开的第二届 GNH 国际研讨会，选择“重新思考发展：通向全球福利的地区途径”作为会议主题，倡导各国实行经济可持续发展，保护环境，注重人民幸福感的提高。

2. GNH 核算体系的指标构成和计量方法。GNH 所核算的是社会幸福总值，幸福是一个抽象的概念，很难用一个像衡量产出水平那样的 GDP 指标来对其加以度量，对于 GNH 的构建和计算，无论是学术界还是实际工作部门都没有一个统一的标准或模式，尚处于探索阶段。

目前，国际上最具权威的幸福指数的计算是由美国密西根大学教授罗纳德·英格哈特负责的世界价值研究机构公布的。这一指数是通过对被访问者的调查结果进行处理后得出的，问题只有一个，而且非常简单：把所有的事情加在一起，你认为你是非常幸福、比较幸福、不很幸福、还是不幸福？通过对访问者答案的统计处理，世界价值研究机构得出各个国家的幸福指数。这种构建方法过于依赖幸福的主观感受，其弊端显而易见。

国内学者李聪明（2005）提出可以用一种传递和替代的办法，从社会健康、福利、文明和环保的角度定义幸福，通过设置一些相关的社会指标对幸福加以间接的计量。其给出了 GNH 核算四大指数体系构成①：

（1）社会健康指数。包括儿童虐待率（-）、婴儿死亡率（-）、老年人中贫困比例（-）、医疗保险可得性（+）和健康保险普及程度（+）。

---

① 具体参见李聪明：“国富衡量新框架：GNH + GDP 模式”，《西安财经学院学报》，2005 年第 6 期。该文中假定：（1）人口总量一定，以某地区（社区）的抽样调查为基础，因此，所有指标数据均具有可获得性；（2）括号中的加减号表示该指标对幸福的影响方向，“+”表示幸福度增加，“-”表示幸福度降低；（3）指数的计算采用加权平均法。

(2) 社会福利指数。包括生活服务满意度（+）、可支付住房的用户比（+）、养老保险可得性（+）、参与文体和旅游的频率（+）、闲暇的分配与构成（大于1记为“+”，小于1记为“-”）、失业人口比率（-）、恩格尔系数（大于59%记为“-”，小于59%记为“+”）。

(3) 社会文明指数。包括非婚生育率（-）、离婚率（-）、吸毒人口比率（-）、犯罪率（-）、青少年自杀比率（-）、暴力事件发生频率（-）、参入宗教团体人口比（+）、政治与公益活动参与度（+）、政府信用水平（+）。

(4) 生态环境指数。包括地理条件满意度（+）、生存环境满意度（+）、自然资源利用率（+）、环保水平（+）、自然灾害发生频率（-）。

幸福指数并不是孤立存在的，它需要一定的物质条件，也就是说，幸福总值是以生产总值为基础的。因此，在GNH核算体系中，生产总值指数也是一个不可忽略的重要指数。因此完整的GNH核算指数体系包括生产总值指数、社会健康指数、社会福利指数、社会文明指数和生态环境指数。根据这些指数可以给出GNH的核算公式：

GNH=生产总值指数×a%+社会健康指数×b%+社会福利指数×c%+社会文明指数×d%+生态环境指数×e%

其中a、b、c、d、e分别表示生产总值指数、社会健康指数、社会福利指数、社会文明指数和生态环境指数所占的权数，具体权重的大小取决于各政府所要实现的经济和社会目标。

（六）HDI与各种多维指数的比较

这里将物质生活质量指标（PQLI）、社会进步指数（ISP）、可持续经济福利指数（ISEW）、真实进步指数（GPI）和ASHA指数等比较重要的多维综合指数与HDI进行对比分析。研究结果归纳在表 2－11 中。

表 2－11　　各种多维指数的对比

指数名称	指标构成	侧重点（特点）	适用范围	不足之处
HDI	预期寿命、成人识字率、综合人学率和人均 GDP	经济和社会；人类的基本方面	国家之间；国家内部层面分析	计算方法的技术问题；忽略了环境和可持续发展
PQLI	婴儿死亡率、预期寿命和识字率	社会方面	适于衡量最贫穷国家	计算方法的技术问题；忽略了经济指标；不适用于一般发展中国家，对富国更缺乏敏感性
GPI	GDP 中忽略的 20 多个经济方面	GDP 的修正，经济、社会和环境	对 GDP 的加项和减项	符号的调整具有主观性
ASHA	就业率、识字率、平均预期寿命、人均 GNP 增长率、人口出生率、婴儿死亡率	社会方面	适于衡量发展中国家	计算方法的技术问题；结果偏重社会指标
ISP	10 个社会经济领域的 36 项指标	全面评价社会发展状况	国家之间，国家内部不同层面的比较	指标的选择上未做详细的理论说明

资料来源：作者自行整理。

从表 2－11 可以看出，这些多维指数不仅仅是从经济和贫困等单方面来反映发展问题，而是属于多维的指标体系，这一点与 HDI 在本质上相同。但是，HDI 是测度发展水平应用最广泛、影响最大的指标，既利于国家之间展开健康的良性竞争，也可以用来评估国家内部的人类发展的地区差距；既适用于发达国家，也适用于发展中国家和不发达国家。HDI 已经成为各个国家实践中政策决策制定的重要参考依据。自20世纪90年代以来，世界上的许多社会公共政策都是在HDI方法的原则指导下思考、执行和衡量的。因此，它能够比现有其他多维指标更恰当反映人民生活真实状况和人类发展状况。

关于HDI包含的指标不够全面、主观赋予权重、计算方法等缺陷，是许多其他测度指标也都需要不断完善的共性问题。例如PQLI也同样存在主观赋予权重和简单算术平均的问题，ASHA指数存在计算方法上的技术问题。因此，HDI存在的问题具有很强的代表性。

由此可见，HDI是多维指数的最典型代表，其不足之处也是其他多维指数所共有的，这也解释了为何关于人类发展测度的最新研究成果大多集中在针对HDI的批判、修正和扩展上。

第三章

人类发展指数的演进脉络

联合国开发计划署在 1990 年首次出版的《人类发展报告 1990》中提出了测度人类发展成就的多维指数——人类发展指数 (HDI)，因此掀起了关于人类发展的测量指标和方法的争论。

从 HDI 诞生至今，UNDP 从指标和计算方法上在不断修改和完善人类发展指数。通过引入一些诸如经济和政治方面的指标，不断地扩大 HDI 的分析范围。例如，UNDP 在 1995 年公布了性别发展指数（GDI）和性别赋权指数（GEM），其中 GDI 关注性别差异，而 GEM 是妇女政治、经济以及职业参与度的一种测量方法。尽管细节不断发生变化，但是 UNDP 计算 HDI 的核心方法却没有根本性的改变。

本章试图对 HDI 的产生过程和计算方法的演进进行一个系统的梳理。首先回顾了人类发展报告的主题思想和 HDI 的诞生；接下来对 HDI 的成分和计算方法的演进历程进行了详细的介绍和评论；最后对 HDI 家族的各种指数（GDI、GEM、HPI）及其计算方法进行了较为细致的论述。

第一节
人类发展报告和人类发展指数的诞生

一、《人类发展报告》

1.《人类发展报告》简介。1990 年的第一份《人类发展报告》是在哈克的提议与指导下完成的。哈克强调发展的真正目的是为了扩大人类在各种领域里的选择权，包括经济、政治和文化领域。《人类发展报告 1990》中已经正确地认识到“发展不仅仅是收入、财富的增加”，强调一个国家的真正财富是它的人民，发展的目的是为了创造一个能使人民享受长期、健康和创造性生活的环境，并认为人类发展是一个“人们的需求不断增加的过程”（UNDP, 1990）。而且还指出，“一般而言，人们的需求是无限大的，并随着时间的变化而变化，但对任何一种发展水平来说，人们都有三个基本需求，即获得健康生活水平的需求、获得文化知识的需求以及提高生活质量的需求（UNDP，1990）”。这个报告通过阐述人类的三种基本需求，从而使其对人类发展的争论做出了与众不同的贡献。基于上述框架，UNDP 在三个维度上构建了测量人类发展的指数——HDI。

HDI 掀起了关于发展测量方法的争论，很快它又平息了争论，而且统一了“人类发展”的研究主题，并将人类发展定义为“人类不断扩大自身需求的过程”。因此，“它能使人们获得健康的生活、文化知识以及满足人们物质生活的需要”（UNDP，1990）。

自 1990 年以来，UNDP 每年出版一册《人类发展报告》，至 2007 年已经出版了 18 册。其内容主要讨论了人类发展的各个方面，始终强调探讨人类发展问题应以人们的需求、愿望和能力为中心，不断阐释着人类发展本身就是扩大人们选择过程这样一种理念。每个年度的人类发展报告都有不同主题（见表3-1），并提出新的概念，但是核心概念一直是作为发展目标的人及其参与发展过程的能力。这些报告将经济增长看成是一种手段，一种有利于实现人类各种目标的非常重要的手段，但其本身并不是目标。这些报告的主题分别涉及经济、环境、国家政策等，对国家和国际范围应采取的行动提出了许多强有力的政策建议。

编写《人类发展报告》的主要目的在于监测人类生活水平发展的进程以及人们获得所向往的生活的能力。HDR所关注的这种能力是使人们生活得更好、更富裕、更自由并拥有更多的机会的能力（Haq，1995）。就像成年人看待自由的意义那样，不仅尊重人类的实际作用，而且尊重人们选择或获得这种作用的能力（森，1980，1987；Nussbaum和森，1993）。

尽管由于数据的局限，HDR所能够关注的人类发展能力的范围受到一定程度的限制，但那些对生活质量起重要作用的部分都囊括其中，包括预防疾病、减少死亡率、提高教育、有舒适的生活、获得自尊或来自他人和社会的尊重，等等。

从根本上说，一系列《人类发展报告》中关于人类发展的讨论突破了传统的单一经济视角，而且HDI对人类发展的衡量在一定程度上考虑了可持续性，向人类的可持续发展迈出了重要一步。这一系列报告的最大贡献就是突出了人类发展的重要性，并揭示了它的科学性以及对国际政策制定的重要作用，而且每一年的报告都是针对人类发展的某些问题进行探究，包括选择人们参与度（1993）、性别（1995）、贫困（1997）、人权（2000）、新技术（2001）、环境（2007）等热点问题，从而使得每个议题都能够得到较为深入的讨论。

表 3-1 历年《人类发展报告》的主题

年 份	主 题
1990	人类发展的概念和衡量（Defining and Measuring Human Development）
1991	资助人类发展（Financing Human Development）
1992	全球范围的人类发展（Global Dimensions of Human Development）
1993	民众参与（People's Participation）
1994	人类安全新的方面（New Dimensions of Human Security）
1995	性别与人类发展（Gender and Human Development）
1996	经济增长与人类发展（Economic Growth and Human Development）
1997	通过人类发展消除贫困（Human Development to Eradicate Poverty）
1998	消费促进人类发展（Changing Today's Consumption Patterns for Tomorrow's Human Development）
1999	富于人性的全球化（Globalization with a Human Face）
2000	人权与人类发展（Human Development and Human Rights）
2001	让新技术为人类发展服务（Make New Technologies Work for Human Development）
2002	在破碎的世界中深化民主（Deepening Democracy in a Fragmented World）
2003	千年发展目标：消除人类贫困的全球公约（Millennium Development Goals：A Compact Among Nations to End Human Poverty）
2004	当今多样化世界中的文化自由（Cultural Liberty in Today's Diverse World）
2005	处于十字路口的国际合作：不均衡世界中的援助、贸易与安全（International Cooperation at a Crossroads：Aid，Trade and Security in an Unequal World）
2006	透视贫水：权力、贫穷与全球水危机（Beyond Scarcity：Power，Poverty and the Global Water Crisis）
2007	应对气候变化：分化世界中的人类团结（Fighting Climate Change：Human Solidarity in a Divided World）

2. 历年《人类发展报告》的主题。2002 年 9 月意大利《发展》杂志发表巴克利（Barkley）的文章，对联合国历年《人类发

展报告》进行了评论。本书参照此文，对历年《人类发展报告》的主要内容和主题进行了汇总和评论。

《人类发展报告1990》首先明确了人类发展的概念，并提出了测量指标HDI。该报告分析了过去30年里的人类发展记录，研究了14个国家在促进经济增长和人类发展方面的经验。同时指出发展的真正目的是为了扩大人类在各种领域里的选择权，包括经济、政治和文化领域。寻求收入增加是人们所做的多种选择中的一个，但不是仅有的一个。强调一个国家的真正财富是它的人民，发展的目的是为了创造一个能使人民享受长期、健康和创造性生活的环境，并将这些反映在人类发展指数上。

《人类发展报告1993》将人民的参与权作为它的中心主题，特别强调了三种参与形式，即在人类发展计划中人民的亲和度、竞争性市场、权力的非中心化及社区的组织化。大范围的参与权所带来的变化是深远的，体现在发展的每一个方面——市场需要改革以使每个人都有机会获利；政府的权力应当分散以使更多的人能参与到决策中来；社区组织应当发挥更大的影响。

《人类发展报告1994》进一步扩展了人类发展这个概念，主要聚焦在人们的安全及其所有分支上。它涵盖了保证普及基础教育、基本医疗设施、安全饮用水和卫生设施、最低营养标准和自我经营的机会等方面。

《人类发展报告1995》将主题定在妇女地位的提高上，并提出了一个全球战略。报告认为，历史将用一个主要的标准来评判下一个千年取得的成就。强调为了防止人类发展中的危险，必须减少性别之间的不平等。报告的中心信息十分清楚——人类的发展必须要性别平等。报告还应用了一套性别发展指数（GDI）来测量人的基本能力的差异。

《人类发展报告1996》揭示了增长与人类发展之间的复杂关

系，并试图在经济增长与人类发展之间建立起长期的联系。它强调人类发展应当被看作终极目标，增长只是手段而已。有三个参数被提了出来，即机会的平等性、机会的可持续性以及人民权力的增强。这三者被认为是任何层面上的发展都必不可少的。

《人类发展报告 1997》将注意力放在贫困问题上，贫困不仅指低收入，也指医疗与教育的缺乏，知识权与通讯权的被剥夺，不能履行人权和政治权力，缺乏尊严、自信和自尊。报告引入了人类贫困指数（HPI)，它认为人类的贫困远不止收入低下，还包括没有机会来选择过一种能够忍受的生活、没有人权。虽然在数据及概念上存在缺陷，人类贫困指数对测量贫困来说仍是一种有益的补充。消费被看作是人类发展的一种方式，它的意义在于使人们有能力活得更长、活得更好，如果没有消费所提供的各种机会，人们将会被置于贫困中。

《人类发展报告 1998》从人类发展的视角考察了消费问题。报告在 1997 年 HPI—1 的基础上，进一步使用了 HPI—2 的概念，以反映消费问题上的不平等，并建议设立一个行动日程表，把保证所有公民的最低消费需求作为所有国家一个明确的政策目标。

基础教育、医疗保健、住房及就业对于人的自由来说，和政治权利及人权一样至关重要。制定出一份能反映人类发展和人权之间复杂关系的研究报告已经被提上了议事日程。

《人类发展报告 1999》特别强调在当今全球化的世界上人类的相互依存性不断增强。主要内容包括五个方面：全球化时代人的发展；新技术与全球知识竞争；看不见的中心——保健与全球经济；各国对利用全球化促进人类发展的反应；重新建立人道和公正的全球管理模式。

《人类发展报告 2000》把人权作为发展的前提条件。人权与人类发展存在一些共同的理念和目标，如保卫所有人的自由、福利和自尊。人类的发展对于实现人权极为重要。同样，人权对于人类的全面发展也至关重要。2000 年的报告指出：需要在全球范围内改变态度，积极支持用人权替代惩罚性措施。报告指出了在政策制定的过程中，对于实现人类发展而言极为重要的那些因素。它包括追求支持经济增长的政策、调整预算、保护环境资源、消除歧视及从法律上保护人权等。

《人类发展报告 2001》主要关注新技术对人类发展的影响。报告认为新技术对于减少世界范围的贫困，对增加医药、农业、信息和通信及能源方面的公共研究资金极为重要。报告引入了技术成就指数（TAI），并指出，该指数将用于评估技术的创造及扩散，而非用来测量在全球技术发展中某个国家所取得的成就。报告分析了世界范围的技术不均衡扩散对人类发展的负面影响。

《人类发展报告 2002》的主要内容包括：人类发展的现状和进展；克服民主发展的民主治理；实现安全武装力量的民主化，预防冲突，建立和平。

《人类发展报告 2003》就“千年发展目标”这个主题，论述了改善人民健康与教育的公共政策、确保环境可持续性公共政策等问题。

“千年发展目标”是 189 个联合国成员国首脑在 2000 年 9 月联合国千年峰会上达成的。千年峰会展示了世界各国在改善全球贫困人口生活上的信念。UNDP 通过考察过去 10 年中发展的成功和失败，对这场全球行动的现状进行了分析，并且提出了 2015 年前把这些目标变为现实所需的具体政策措施和资金投入。第一次提供了完整的数据以说明各个国家在实现千年发展目标方面的进展。

《人类发展报告 2004》将多样化世界中的文化问题纳入人类发展思想与实践的范畴，包括文化自由与人类发展、建设多元文化民主国家、全球化和文化选择等论题。

《人类发展报告2005》讨论的是到2015年的10年倒计时之初世界面临的挑战。通过着重强调国际合作的三个支柱——发展援助、国际贸易与安全，阐明了一些亟待解决的问题和取得成功的几个关键因素：根除贫困，消灭分裂国家间和人民间团结的深刻的不均衡现象。在《千年宣言》签署后五年尚待解决的最根本问题就是各国政府是否有决心与过去决裂，并按照它们对所有穷人作出的承诺而行动，以最终实现千年发展目标。

《人类发展报告2006》记录了人类“水之权”遭到系统性侵犯的状况，水危机的根源在于贫穷、不均衡以及不平等的权力关系，水资源管理上的失误也使水资源的缺乏更加恶化。《报告》指出了水危机的深刻根源，并提出了改变这种状况的议事日程。

《人类发展报告2007》指出，国际社会应重点关注气候变化给发展带来的影响，气候变化虽然对全人类都是威胁，但本不应为“生态债务”承担任何责任的贫困国家，却为此付出了最直接和最严重的代价。全球变暖主要是发达国家历史上排放的温室气体造成的，发达国家应该率先进行温室气体减排。该报告认为，全球应该以共同但是有区别的责任为准绳，积极开展二氧化碳减排和气候变化的适应性工作。

二、人类发展指数（HDI）

1. HDI及其意义。1990年，UNDP的专家们在阐述人类三种最基本需求的基础上，构建了从健康、教育和收入三个维度综合测量人类发展水平的指数，即人类发展指数（HDI）。这三个维度源于森提出的人类能力的概念，并且被认为是提高人类能力的最基本的需求，正如“经济（人类）发展的过程可以被视为人类能力的发展过程”（森，1984）。对每一个维度来说，为了“平衡那些对人类发展敏感性的指标”，仅仅选择一个可替代指标（UNDP，

1990）。

如前所述，HDI 与森的关于能力的观点非常相近。按照森的观点，生活标准的重点不是物质、商品或其具有特征，也不是效用，而是个人能力。人类的发展包含两个方面：一是人类能力的形成，例如健康状况；二是知识和技术水平的提高（UNDP，1983）。HDI 是目前在世界范围内应用最广的衡量人类发展的工具。HDI 试图代表人类福利并能够在不同国家和地区间进行比较。从操作层面讲，HDI 是第一个在广域范围内对能力和基本需求方法的代表。

HDI 清楚展现了收入和人类福祉之间的区别。通过衡量在健康、教育和收入方面取得的平均成就，HDI 能提供一国发展状况的更为完整的画面，这是单靠收入指标所做不到的。例如 2002 年玻利维亚的人均 GDP 远远低于危地马拉，但 HDI 却更高，这是因为玻利维亚在把收入转化成人类发展方面做了更多的工作。坦桑尼亚是世界上最贫穷的国家之一，但它的 HDI 却与几乎有它四倍富有的几内亚相当。更具体地说，即使没有高水平的收入或经济增长，依靠设计完善的公共政策以及政府、地方社区和公众社区提供的服务，也能推进人类发展。当然，这并不是说经济增长不重要。经济增长是人类发展的一个重要手段，如果增长在相当长的一段时间里陷于停滞，人类发展持续前进也就难以实现。然而，尤其值得我们注意的是，许多同等收入水平的国家其 HDI 可能差别很大。例如越南的收入水平与巴基斯坦差不多，而 HDI 却高得多，原因是国民的预期寿命和识字率都更高。这些例子凸显了把财富水平真正转化为人类发展水平的重要性。

UNDP 的人类发展指数已经涵盖了全球绝大多数国家和地区。以《人类发展报告 2006》为例，其总共收录了 177 个国家的 HDI 及其相关指标，为社会提供了一个强有力的收入替代工具来衡量人类福祉。各个国家或地区 HDI 排名的演变，也反映了该国或地区人类发展的进步历程。

HDI弥补了传统测量方法诸如人均收入或总消费的不足，并提高了人们对物质进步的认识。正如Costa和Steckel（1997）指出的那样，HDI是一个回顾性福利指数，它能使我们知道“一个经济体要步入现代生活水平需要多远的距离”，因此它的出现很快得到了那些试图将想象付诸实践的经济史学家的支持（Crafts，1997、2002）。虽然HDI的主要目标并不是要蕴涵深刻的经济史意义，但却不约而同的被经济史学家接受。

2. HDI的指标构成及说明。HDI的构成反映了人类发展的三个主要维度：寿命、知识以及资源的获得。这三个维度代表了人类的三个基本的选择：长寿以及健康的生活、知识的获取和获得体面的生活所需要的资源。其中，寿命维度直接用出生时的预期寿命来度量；知识是通过教育的实现程度来表现的，而教育的实现程度可用成人识字率和小学、中学及高等学校的综合毛入学率作为可替代指标；获得体面的生活所需要的资源用购买力平价调整的实际人均GDP来计算。因此，HDI的构成实际上包括三个维度上的四个指标，即出生时的预期寿命、成人识字率、综合毛入学率和人均GDP。对每一个维度而言，指数值都在0~1，其中0代表最小，1代表最大。HDI就是这三个维度指数的算术平均值。具体形成过程如图3-1所示。

下面分别对这三个维度指标的来源和选取做进一步的说明①。

（1）预期寿命指数。预期寿命指数衡量的是一个国家人口出生时预期寿命方面的相对成就。人类发展指数中使用的出生时的预期寿命数据，是由联合国人口司两年一次根据各国人口普查和调查

① 参见联合国开发计划署：《人类发展报告2004》，中国财政经济出版社2005年版。

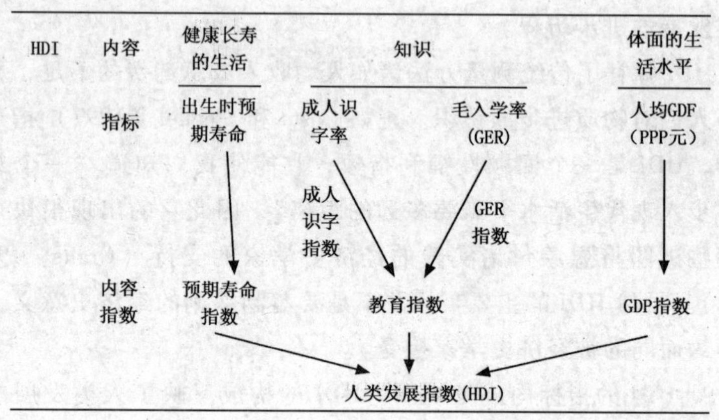

图3－1　人类发展指数的形成示意图

获得的数据编写的。例如，2004年的数据来自联合国2003年出版的《世界人口展望2002年》。

（2）教育指数。教育指数衡量的是一个国家成人识字率以及小学、中学和高等学校综合毛入学率两方面的相对成就。通过计算成人识字率指数和综合毛入学率指数的加权平均数得到综合指数。其中成人识字率指数的权重为2/3，综合毛入学率指数的权重为1/3。

首先是成人识字率。人类发展指数中使用的成人识字率定义为：15岁及以上人口中，能读懂并写出有关其日常生活的简短陈述的人所占的百分比。使用这个定义的识字率数据通常在5年或10年举行一次的全国人口普查中收集，或者从对家庭的调查中获得。

例如，2004年人类发展指数中使用的成人识字率的数据来自联合国教科文组织（UNESCO）统计研究所（UIS）2004年3月的评估报告，这项报告综合了各国直接的估计数据与统计研究所的估计数据，是从1995～2004年各国人口普查或调查中得出的。统计研究所的估计数据是 2002 年 7 月产生的，其依据是 1995 年之前收集的各国数据。

许多高收入的 OECD 国家已经实现了全民普及初等教育，在国家人口普查或家庭调查中不再搜集有关读写能力的统计数字。因此，它们没有被包含在 UNESCO 的数据中。在计算这些国家的 HDI 时，识字率一律采用 99%。

其次是毛入学率①。毛入学率是由 UNESCO 的统计研究所根据各国政府获得的入学数据和从联合国人口司处获得的人口数据计算出来的。入学率的计算是用初、中、高等学校的入学总人数除以按照官方规定的该级教育适龄总人口得到的。属高等学校年龄段的人规定为各国最近的五届高中毕业生。

（3）收入指数。收入指数是用调整后的人均 GDP（PPP 美元）来计算的。在 HDI 中，收入代表的是未被健康长寿的生活水平和知识的拥有程度反映的人类发展的一切方面。UNDP 认为实现体面的人类发展水平并不需要无限多的收入，所以对收入进行了取对数调整。

第二节 HDI 计算方法的演进脉络

自从 1990 年联合国开发计划署（UNDP）首次发布《人类发展报告》以来，人类发展指数被广泛用于测度和比较各国的相对

① 1990 年，在知识方面只有成人识字率指标。到了 1991 年，除原来的识字率外，引入了平均受教育年限，识字率占 2/3 权重，平均受教育年限占 1/3 权重，即：知识指标 = 2/3 识字率指标 + 1/3 平均受教育年限指标。1995 年以后用综合毛入学率指标取代了平均受教育年限指标。

人类发展水平。自从 HDI 诞生以来，人类发展指数的计算方法就在不断的修改和完善。尽管细节不断发生变化，但 HDI 的三个成分一直保持着一致性，HDI 计算方法的本质没有发生变化，核心方法未曾改变过，原因有两点：

（1）尽量保持方法的透明性和简便易行。

（2）能够进行跨时间比较。

以上两点是 HDI 的宗旨，事实上也是 HDR 的目的所在，即对政策起到引导作用，改善人类发展环境。我们能够理解 HDI 框架的基本愿望：保持清晰透明并能够跨年比较。

计算 HDI 首先通过将原始数据集转换成 HDI 的三个成分指数，进而在《人类发展报告》中提供 HDI 值。1990 ~ 1993 年的《人类发展报告》中，HDI 是通过“剥夺指数”来计算的。从 1994 年开始，UNDP 通过为每项指标设定最小值及最大值来直接计算 HDI 值。

一、HDI 的核心计算方法

1. 1990 年的 HDI。在《人类发展报告 1990》中，HDI 通过能力剥夺指数来计算，具体分为三个步骤：

第一步，计算一个国家三个指标变量中，每个变量的剥夺指数遭受的损失程度。通过定义三个变量的最大、最小值，计算出第 j 个国家第 i 项的能力剥夺指数。I_{ij} 代表第 j 个国家关于 i 指标变量的剥夺指数，定义如下：

$$I_{ij} = \frac{\max X_i - X_{ij}}{\max X_i - \min X_i} \tag{3.1}$$

其中，$MaxX_i$ 和 $MinX_i$ 是数据集中成分 i 的最大值和最小值。X_{ij} 是国家 j 的 i 成分值。该表达式测算的是国家 j 关于指数的三个指标成分的平均人类剥夺指数，指标值在 0 ~ 1。

第二步，定义 j 国的平均剥夺指数（I_j），它是三个指标的简单算术平均值：

$$I_j = (1/3)\sum_{i=1}^{3} I_{ij} \tag{3.2}$$

第三步，计算人类发展指数：

$$(HDI)_j = 1 - I_{ij} = \frac{X_{ij} - \min X_{ij}}{\max X_{ij} - \min X_{ij}} \tag{3.3}$$

HDI 指数值介于 0 ~ 1。就数值的意义而言，HDI 是一个“设定标准”的测度，等于 1 时代表最好。但由于人类发展是一个不断进步的过程，应该没有所谓的“最好”，因此该指数可被视为一种“能力”，代表人类活得长寿而且健康、能沟通及参与社会、有充分的资源获得文明生活的能力。

UNDP 用上述方法计算了 1990 ~ 1993 年的 HDI 的值。1994 年的人类发展报告中写到：“这种表示方法会产生令人挫败的结果，因为一个国家可能改进了预期寿命或者教育成就，但是其 HDI 值却表现为下降，因为排名在其前面和后面的国家做得更好”（UNDP，1994）。

这里以一个案例加以说明。假设 A 国某年在出生期望寿命方面的成就最低（35 岁），同年 B 国的出生期望寿命值为 45 岁，而该年最高出生期望寿命值是 80 岁。按照 HDI 的计算过程，B 国在健康方面的指数计算如下：

$\{(45 - 35)/(80 - 35)\} \times 100 = 22.22$

如果最低出生期望寿命值为 40 岁，则 B 国在健康方面的指数改变为：

$\{(45 - 40)/(80 - 40)\} \times 100 = 12.50$

由于成就最低的国家的指标值改变了，B 国的健康指数也随之发生变化，而 B 国本身的成就并没发生任何变化，同样，最高值的变化也会导致一个国家成就指数的变化。

2. 1994 年的 HDI。考虑到以上因素，为了方便各个国家在不同时期的比较，从 1994 年开始，UNDP 针对每项指标设定最小值及最大值，编制方法既简单又透明。对每一个维度而言，首先针对每项指标设定最小值及最大值，然后遵循公式（3.4）来计算三个维度的分项指数。指数值都在 0～1，其中 0 代表最小，1 代表最大。数值越大，代表越好的人类发展水平。HDI 就是这三个分项指数的算术平均值。

$$维度指数 = (x - F_0)/(F - F_0) \tag{3.4}$$

其中 x 是该维度的实际值，F、F_0 分别代表最大和最小值。

各国的 HDI 计算采用如下公式：

$$HDI = (1/3)\sum_{i=1}^{3}\frac{X_{ij} - MinF_i}{MaxF_i - MinF_i} \tag{3.5}$$

公式（3.5）中，X_{ij} 是国家 j 的关于 i 指标成分的实际值；$MinF_i$ 是 i 变量的最小设定值；$MaxF_i$ 是 i 变量的最大设定值。UNDP 关于不同指标的设定值如表 3－2 所示。

表 3－2　UNDP 关于不同指标的设定值

指　标	最小值	最大值
出生时的预期寿命	25 岁	85 岁
成人识字率	0%	100%
综合毛入学率*	0%	100%
人均收入	100 美元**	40000 美元

资料来源：《人类发展报告 2002》，中国财政经济出版社 2003 年版。

* 1994 年平均受教育年限的固定最大、最小值分别为 15 和 0。1995 年平均受教育年限指标便被综合入学率取代了。

** 1994 年以前，人均收入的最小固定值为 200 美元。

1990 年和 1994 年的计算方法都是将原始数据标准化至 0～1 的数值。最后在同一个表上列出所有国家同一年份的 HDI 值。并将所有国家按照 HDI 值分为三类：0.8～1 为高人类发展国家，0.5～0.8 为中等人类发展国家，小于 0.5 为低人类发展国家。尽管各个等级之间的分界线大致一致，但这种分类仍是主观的。

二、计算方法和指标的演化历程

1. HDI 计算方法和指标的演化。从 1990 年以来，尽管核心保持不变，HDI 的具体计算方法、指标选择和权重等细节变化还是很显著的。1990～2007 年 HDI 的详细变化见表 3－3。

表 3－3　　HDI 计算方法和指标的演化

年份	健　康	教　育	人均 GDP
1990	预期寿命（年）：最大值（78.4）和最小值（41.8）取自数据集	成人识字率（%）：最大值＝100%，最小值取自数据集	人均 GDP 的对数：最大值＝3.68（购买力平价的 4786 美元）；最小值取自数据集
1991	预期寿命（年）：最大值（78.6）和最小值（42.0）取自数据集	成人识字率（%）和受教育年限权重分别为2/3和1/3	Atkinson 公式调整的人均 GDP。公式的最小值设为人均 4829 美元：最大值和最小值取自观察调整的人均 GDP
1992	同 1991	同 1991	同 1991
1993	同 1991	同 1991	同 1991
1994	预期寿命（年）最大值＝85 最小值＝25	成人识字率（%）和受教育年限权重分别为2/3和1/3。识字率：最大值＝100%，最小值＝0；教育年限：最大值＝15，最小值＝0	同 1991；公式的最小值设为人均 5120 美元：最大值＝40000 美元，最小值＝200 美元

续表

年份	健康	教育	人均 GDP
1995	同 1994	成人识字率（%）和综合入学率 权重分别为 2/3 和1/3。 综合入学率：最大值 = 100%，最小值 = 0	同 1991；公式的最小值设为人均 5120 美元：最大值 = 40000 美元，最小值 = 100 美元
1996	同 1994	同 1995	同 1991；公式的最小值设为人均 5711 美元：最大值 = 40000 美元，最小值 = 100 美元
1997	同 1994	同 1995	同 1991；公式的最小值设为人均 5835 美元：最大值 = 40000 美元，最小值 = 100 美元
1998	同 1994	同 1995	同 1991；公式的最小值设为人均 5990 美元：最大值 = 40000 美元，最小值 = 100 美元
1999	同 1994	同 1995	人均 GDP 的对数：最大值 = 40000 美元，最小值 = 100 元
2000	同 1994	同 1995（成人识字率取自 15 岁以上人群）	同 1999
2001	同 1994	同 1995	同 1999
2002	同 1994	同 1995	同 1999
2003	同 1994	同 1995	同 1999
2004	同 1994	同 1995	同 1999
2005	同 1994	同 1995	同 1999
2006	同 1994	同 1995	同 1999
2007	同 1994	同 1995	同 1999

资料来源：Morse，S.，Indices and Indicators in Development，Earthscan，2004；作者整理。

2. 进一步说明。从表 3－3 可以看出，1990～2001 年 HDI 最基本的变化就是最大值和最小值标准的选择问题。起初最大值和最小值是从数据集中产生的，后来采取固定最大、最小值的方法。这两种方法曾应用于不同时间和不同的国家中。第一种主要是在 1990～1993 年，第二种从 1994 年起开始使用。设定最大、最小值固定不变，避免了仅仅是由于其他国家变化的好坏对本国造成的影响的存在。这样使得不同时期的国家比较成为可能（Noorbakhsh，1998）。

除了为三个成分设定最大、最小值标准外，另一个较显著的变化是围绕着教育成分如何计算的问题。1990 年教育成就仅仅是基于成人识字率计算的。1991～1994 年，教育成分变化为包含成人识字率和受教育年限两个指标。两个因素的权重分别为 2/3 和1/3。教育成就指数表达式如下：

教育指数＝2/3×成人识字率＋1/3×受教育年限

从 1995 年起有了进一步的变化，受教育年限被综合入学率取代。

教育指数＝2/3×成人识字率＋1/3×综合入学率

HDI 公式最显著的变化就是关于 GDP 成分的处理。三个成分中，收入成分是国家间最分散的数据。例如《人类发展报告 2005》中，人均 GDP 值最高的国家达到 62298 美元（卢森堡），而此值最低的国家仅仅为 548 美元（塞拉利昂）。在人均 GDP 的处理上，UNDP 始终如一地贯彻收益递减原则，这样可以避免很高的 GDP 值掩盖 HDI 的成就（Sagar 和 Najam，1998）。UNDP 在将 GDP 标准化之前首先对其进行变换。1990 年，采用人均 GDP 的对数形式对其进行变换。1991～1998 年，对数形式被更为复杂一些的 Atkinson 公式取代。这种方法是对高于某个国家目标值的人均 GDP 进行折扣。从 1999 年起至今，又回到了对人均 GDP 取对数的方法，原因是 Atkinson 公式对中等收入国家进行折扣过于苛刻[①]（UNDP，1999）。

三、HDI 收入成分的演化特征

1. 对数调整。《人类发展报告 1990》中指出："人类发展的第三个成分——为达到舒适生活可获得的资源——是最难测量的。它需要获得土地、信贷、收入以及其他资源的数据，如果这些变量的数据缺失，那么我们只有利用收入指标。最容易获得的收入指标是国际上通用的人均收入指标，但是由于存在某些货物或服务的非贸易性、扭曲的汇率、关税和税收问题，使人均收入数据只能用名义价格表示，这样就不能进行国家之间的比较。但是这种数据可以通过购买力平价调整的实际人均 GDP 来改进，这样就得到了评价一个国家购买商品或为达到体面生活的可获得资源能力的相对指标。

另外还要注意的是必须对人类发展中收入成分进行收益递减调整，换句话说，高收入并不一定带来舒适体面的生活水平。因此考虑通过对实际人均 GDP 取对数来对收入指标进行调整。"

《人类发展报告 1990》，将高于贫困线 y^*[②] 的收入定义为"高于贫困线的帽子"，并认为对 HDI 值没有贡献。因此在实际中，贫困线以上的收入都被缩减到贫困线收入以内，而且取收入的对数值来计算 HDI。这种计算收入成就的方法导致收入对于人类发展的边际贡献率是急剧递减的。

1990 年的 HDI 是通过每个指标取自数据集的最大值和最小值计算的。其中收入指标是对实际人均 GDP 取对数计算的。对经过

---

① 由于收入成分的计算和演化过程比较复杂，因此本书专门就其进行详细说明。

② y^* 是经过购买力平价调整后的 9 个工业国家的平均贫困线收入水平（$4861），这 9 个国家分别是澳大利亚、加拿大、德国、荷兰、挪威、瑞典、瑞士、英国和美国。

购买力平价调整的人均 GDP 而言，数据集中最小的国家是扎伊尔，为 220 美元（对数值为 2.34）。

2. Atkinson 公式调整。1991 ~ 1995 年的《人类发展报告》考虑到了更高的收入会给人们带来更多的选择机会，认为高于 y^* 的收入还是会对 HDI 值产生一些影响的。

《人类发展报告 1991》对 HDI 中的收入成分进行了重新提炼，并指出：

"……不再认为贫困线以上的收入对人类发展毫无意义，把对其设置的 0 权重变为了逐步递减的权重（p. 2）。通过赋予贫困线以上收入以递减的权重而不是 0 权重，能更好的反映收入递减规律。因为 0 权重是一个过激的调整，尤其对高收入国家而言，更是这样（p. 15）。"

《人类发展报告 1991》的技术条款 1，对新的 HDI 有一个明确的收入表达式，同时对高于或低于贫困线的收入分别设置不同的权重（p. 89）：

在 HDI 中，对低于贫困线（y^*）以下的收入给予全部的权重，而高于贫困线以上的则设置 0 权重（上述变化中，所有的收入都有相同的权重，在两个极端情况进行选择）。对小于等于贫困线的收入设置完全权重，对贫困线以上的收入部分设置部分权重，则新的变量 w 变为：

$$w = y \qquad y \leqslant y^* \tag{3.6}$$

$$w = y + 2(y - y^*)^{\frac{1}{2}} \qquad y > y^* \tag{3.7}$$

1991 年的 HDR 技术条款 2，对修正的收入变量描述如下：

最初的 HDI 的计算是基于人类发展（或人类福利）中收入的收益递减原则。1990 年是对收入取对数形式和对贫困线以上的收入设置 0 权重。最明智的方法就是用 Atkinson 收益递减公式来表述……

因此，对于 HDI 收入方面的成就，采用 Atkinson 公式代替人均 GDP 来测度收入的效用。Atkinson 的收入效用公式表示如下：

$$w(y) = \frac{1}{1-\varepsilon} y^{1-\varepsilon} \tag{3.8}$$

这里的 w（y）代表收入效用，参数 ε 代表收益递减程度，它是边际收入效用对总收入的弹性，反映收入效用弹性的离差程度。1 - ε 是收入效用弹性。随着 ε 趋近于 0，贫困水平以上收入的影响会更加显著。在 ε = 0 时，不存在收益递减，当 ε 接近于 1 时，方程变为：

$$w(y) = \log(y) \tag{3.9}$$

HDI 采用这种修正是为了让 ε 的值随着收入的增加缓慢上升。为了达到这一目的，把整个收入范围分为贫困线 y^* 的倍数，大多数国家都在 0 和 y^* 之间，有一些在 y^* 与 $2y^*$ 之间，很少一部分甚至在 $2y^*$ 与 $3y^*$ 之间。

对于所有的 $y < y^*$ 的国家，即贫穷国家，ε 设置为 0，这里不存在收益递减。对于收入在 y^* 与 $2y^*$ 之间的国家，ε 设置为 1/2。对于收入在 $2y^*$ 与 $3y^*$ 之间的国家，ε 设置为 2/3。总体而言，当 $ay^* \leqslant y \leqslant (a+1)y^*$ 时，$\varepsilon = \frac{a}{a+1}$。即有下列公式成立：

$$\begin{aligned} w(y) &= y & \text{其中 } 0 < y \leqslant y^* \\ &= y^* + 2(y - y^*)^{1/2} & \text{其中 } y^* \leqslant y \leqslant 2y^* \\ &= y^* + 2(y^*)^{1/2} + 3(y - 2y^*)^{1/3} & \text{其中 } 2y^* \leqslant y \leqslant 3y^* \end{aligned}$$

因此，相对于贫困线的收入越高，收益递减规律对人类发展的影响就越明显。高于贫困线以上的收入，对人类发展产生的影响是边际影响而不是直接（Full Dollar - for - dollar）影响。对比最初（1990 年）的 HDI 方程式：

$$w(y) = \log y \qquad \text{其中 } 0 < y \leqslant y^*$$

$$w(y) = \log y^* \qquad 其中\ y > y^*$$

这种边际影响在工业化国家之间是很显著的。例如，巴哈马群岛的人均实际 GDP 为$ 10590，当贫困线设定为$ 4829 时，那么在方程中有三项决定了巴哈马群岛的福利为：

$$\begin{aligned} w(y) &= y^* + 2(y^*)^{1/2} + 3(y - 2y^*)^{1/3} \\ &= 4829 + 2(4829)^{1/2} + 3(10590 - 9658)^{1/3} \\ &= 4829 + 139 + 29 = 4997\ (美元) \end{aligned}$$

随后几年，在 1992 ~ 1995 年的《人类发展报告》中，收入成分的处理都与 1991 年的人类发展报告类似（表 3 - 3 已经详细描述）。准确地说，在 1991 ~ 1995 年的 HDR 中，收入成分是 w(y) 函数转化或“折扣”成实际人均收入。另外，在 1994 年的 HDR 中，贫困线收入水平 y^* 的门槛值发生了变化：

“对工业化国家的最低贫困线水平是否可以作为发展中国家适当的收入目标一直存在争议，因此在 1994 年 HDI 中，y^* 被看作是实际人均 GDP 的全球平均值……在新的人均实际 GDP 基础上，门槛值（y^*）设定为$ 5120。”

1994 年的 HDR 中，HDI 三个成分的最大值和最小值也发生了变化。在 1990 ~ 1993 年早期的 HDR 中，被折扣后的收入成分 w(y) 对 HDI 的贡献表示为：

$$\frac{1}{3}\frac{w(y) - \min_i[w(y_i)]}{\max_i[w(y_i)] - \min_i[w(y_i)]} \tag{3.10}$$

其中 y_i 是第 i 国的实际人均收入，一国内部在 1990 ~ 1993 年的最大值 w（y_i）和最小值 y_i，见表 3 - 4 所示。然而这种方法并不适合测算给定国家在不同时期的人类发展绩效，因为这种构建方法容易受最好和最差国家的绩效影响，因此 Anand 和森（1993）建议使用固定值来表示 HDI 各成分的目标值。

在 1994 年的 HDR 中，收入成分的固定最小值为（以 1990 年美元购买力平价计）200 美元，最大为 40000 美元（HDR，1994）。对于 w(y) 函数而言，最小值为 W（200）= 200，最大为 W（40000）=5385。在 1995 年的 HDR 中，实际人均收入的最小值从 PPP＄200 调整到了 PPP＄100①。

基于同样原因，1995 年教育成分也发生了变化，因此 1995 年 HDI 值与 1994 年 HDI 值并不具有严格的可比性。1990～1995 年的收入最小值、最大值与收入门槛值如表 3－4 所示。

表 3－4　1990～1995 年收入最小值、收入最大值与收入门槛值

单位：美元

年份	实际人均收入(PPP＄)		折扣后的实际人均收入 w(y)		收入的门槛值 y*（PPP＄）
	最　小	最　大	最　小	最　大	
1990	220	4861	2.34	3.69	4861
1991	350	19850	350	5070	4829
1992	380	20998	380	5079	4829
1993	367	21449	367	5075	4829
1994	200	40000	200	5385	5120
1995	100	40000	100	5448	5120

注:1990～1993 年的 HDR 中的门槛收入 y* 主要来自于西欧工业化国家经过购买力平价转化的贫困线收入水平,而 1994～1995 年的 HDR 中的 HDI 主要来自于经过 PPP＄调整的全球实际人均 GDP 的平均值。

考虑到由于较高的生活水平不能仅靠无限增长的收入来体现，因此从 1999 年起至今，又采用了能够体现边际收益递减规律、经过对数调整的人均收入指标来计算收入指数，原因是 Atkinson 公式

① “之所以作出这种修订主要在于构建不同国家的性别发展指数（GDI），将女性收入的最小观测值 PPP＄100 作为最低目标值。为了保持 HDI 与 GDI 的一致性和可比性，有必要运用这一固定最小值来构建整体 HDI。”（HDR，1995，p.134）。

对中等收入国家进行的折扣过于苛刻。

3. 分配调整。《人类发展报告 1990》就已经指出："衡量人类发展的发展指数存在一些缺陷，因为它们都是平均数，从而掩盖在人口分配中的差异"。这说明专家们已经认识到要对收入成分进行分配调整，1991 年正式付诸行动。因此，除了上述的收益递减函数 w(y) 之外，《人类发展报告 1991》引入了另一个函数，并在技术条款 4 中进行了详细描述：

"调整后的收入 w(y) 乘以(1 - G)(G 为基尼系数）后，能够进一步对收入进行修正。因为这是作用于调整后的收入，而不是实际收入，收益递减的影响是在收入分配调整之前起作用。因此被调整的收入 w(y)[1 - G] 是除了寿命和教育之外的计算 HDI 分配调整的第三个变量。"

经过分配调整后的收入成分可以用下式表示：

$$\frac{1}{3}\frac{w(y)[1-G]-\min_i[w(y_i)]}{\max_i[w(y_i)]-\min_i[w(y_i)]} \tag{3.11}$$

1992 年和 1993 年的《人类发展报告》中采用了相同的收入成分调整方法。没有基尼系数的国家则利用收入分配方面的数据进行估计。《人类发展报告 1991》所描述的估计方法如下：

"45 个国家有位于前 20% 与后 20% 的收入数据的比值，在这 45 个国家中，其中 17 个国家有关于基尼系数的数据，并发现这两者之间存在很大的关系——比值的对数是基尼系数很好的预测值。这种回归结果接着被用于预测其他 28 个国家的基尼系数，这样 45 个国家的基尼系数的数据就都可以得到并可以利用了……但是基尼系数并不能真实的反映整个国家的状况，有时它仅仅代表一部分人口，如城市人口……"。

《人类发展报告 1991》对收入成分的分配调整结果描述如下：

"除了两个国家之外，对所有国家而言，对收入分配越敏感，

HDI 值就越会下降。其中有 1/3 的国家下降了 5% 还多。”

《人类发展报告 1994》中使用的方法有所不同。而从 1995 年起，《人类发展报告》停止了对收入成分的分配调整。但是与 1991 ~1994 年的《人类发展报告》相同的是，使用了收入成分的折扣函数 W(y)。

第三节 HDI 家族指数：GDI、GEM 和 HPI

一、HDI 家族指数概况

UNDP 不断地扩大 HDI 的分析框架，在 1995 年公布了另外两个人类发展指标：性别发展指数（GDI）和性别赋权指数（GEM），其中 GDI 关注性别差异，而 GEM 是妇女政治、经济以及职业参与度的一种测量方法。GDI 和 GEM 的标准都是在 0 ~1，较高的指数值代表着较高的人类发展水平。

GDI 除了衡量与 HDI 相同的三个基本方面外，还反映了这些方面男女之间的差异，是按性别差距向下调整的人类发展指数。GDI 是男女均匀分布的预期寿命指数（ELEI）、均匀分布的教育指数（EEAI）以及均匀分布的收入指数（EGDPI）的简单算术平均值。在计算平均值之前，每一个指数标准化在 0 ~1，均匀分布的成分考虑男女之间不同的寿命预期、教育水平、收入水平以及男女不同的人口比例。

性别赋权指数（GEM）是反映女性参与经济社会生活的指数，衡量在经济和政治参与及决策等关键领域中的男女不平等程度。GEM 是男女议会代表指数（PRI）、行政管理和职业技术指数（AMPTPI）以及均匀分布的收入指数（EGDPI）的简单算术平均值。在计算平均值之前，每一个指数标准化为 0 ~ 1。

1997 年的人类发展报告又提出了人类贫困指数（HPI），HPI 反映人类发展总体进展的分布情况，衡量依然存在的贫困程度。它主要关注人类发展的基本方面低于某个阈值的人口所占的比例。根据国家的发展程度又具体分为发展中国家的人类贫困指数（HPI—1）和部分 OECD 国家的人类贫困指数（HPI—2）。HPI—1 用来衡量发展中国家在三个基本方面（寿命、知识、政府和私人的总体经济状况）被剥夺的状况。HPI—2 除了衡量与 HPI—1 相同的三个基本方面的被剥夺状况，同时外加一个方面——社会排斥。表3 – 5 列出了具有相同指标的若干指数——HDI、HPI—1、HPI—2 和 GDI 各自不同的衡量方面。

表 3 – 5　HDI、HPI—1、HPI—2、GDI 的衡量指标

指数	长寿	知识	体面的生活水平	参与或被排斥
HDI	出生时预期寿命	成人识字率；综合毛入学率	人均 GDP（PPP 美元）	—
HPI—1	出生后不能活到 40 岁的概率	成人识字率	不能持续获得经改善的水源的人口百分比；五岁以下体重不足儿童的百分比	—
HPI—2	出生后不能活到 60 岁的概率	功能性识字障碍的成人百分比	生活在贫困线（调整后的家庭可支配收入的中位数的 50%）以下的人口百分比	长期失业率（12 个月或更长）
GDI	女性和男性出生时预期寿命	女性和男性成人识字率；女性和男性综合毛入学率	估算女性和男性劳动收入	—

二、性别发展指数（GDI）和性别赋权指数（GEM）

1. 性别发展指数（GDI）。HDI衡量一个国家的平均发展水平，但它没有把性别不平等的程度考虑进来。而GDI是对平均发展水平进行调整以反映在相同方面男性和女性间的不平等，其具体形成过程如图3－2所示。

两个成人平均识字率相同的国家（比如说都是30%），其男女识字率之间的差距可能不同（一个国家可能是女40%）。这种性别差距上的不同没有在两个国家的HDI中体现出来。《人类发展报告1995》中提出了性别发展指数（GDI），它使用与HDI相同的指标来衡量相同领域的成就，但反映的是男女之间成就上的不平等。简而言之，它是根据性别不平等程度往下调整后的HDI。人类发展中的性别差距越大，一个国家的GDI相对HDI而言就越低。以1995年HDR中的数据为例，GDI和HDI值差距最大的国家有沙特阿拉伯、阿曼、巴基斯坦、也门和印度，这表明它们需要提高对性别平等的关注。瑞士、丹麦、澳大利亚、拉脱维亚和保加利亚的HDI值和GDI值最接近。

GDI的计算分三步进行。

首先，根据下面的一般公式计算女性和男性在每一方面的指数（GDI各指标的阈值见表3－6）：

$$分项指数=\frac{实际值-最小值}{最大值-最小值}$$

其次，通过体现男女之间成就差距的方式，将每一分项女性和男性指数综合在一起，就得到平均分布指数。其一般公式如下：

$$平均分布指数=\{[女性人口比例（女性指数^{1-\varepsilon}）]+[男性人口比例（男性指数^{1-\varepsilon}）]\}^{1/1-\varepsilon}$$

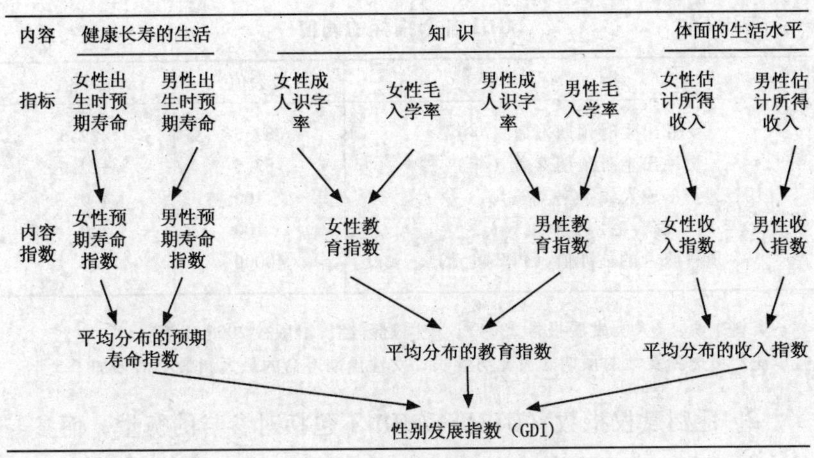

图 3－2 性别发展指数（GDI）形成示意图

ε衡量的是对不平等的厌恶程度。在 GDI 的计算中，ε＝2①。这样一般公式就变为：

平均分布指数＝｛［女性人口比例（女性指数$^{-1}$）］＋［男性人口比例（男性指数$^{-1}$）］｝$^{-1}$

该公式给出了女性和男性指数的调和平均值。

最后，将三个平均分布指数通过平均综合得到 GDI 的值。

---

① ε的值表示对性别不平等的惩罚程度的大小。该值越大，具有不平等的社会受到的惩罚越重。如果ε＝0，则性别歧视未被惩罚（在这种情形下，GDI 的值与 HDI 的值相同）。当ε值越大，成就较少的组别的权重越大。UNDP 在计算 GDI 时使用了数值 2（计算 GEM 时也是如此）。这个值给发展成就中的性别歧视施加了合适的惩罚。对 GDI 数学计算公式的更详尽的分析参见 Anand 和 Sen 合著的《人类发展的性别歧视：理论与计算》、Kalpana Bardhan 和 Stephan Klasen 合著的《UNDP 性别指数：批评分析》以及《人类发展报告 1995》和《人类发展报告 1999》的技术注释。

表 3-6　　GDI 各个指标的阈值

指　　标	最大值	最小值
女性出生时预期寿命（年）	87.5	27.5
男性出生时预期寿命（年）	82.5	22.5
成人识字率（%）	100	0
综合毛入学率（%）	100	0
所得收入的估计值（PPP 美元）	40000	100

资料来源：《人类发展报告 2004》，中国财政经济出版社 2005 年版。

注：考虑到女性的预期寿命比男性长，女性预期寿命的最大和最小值多加了 5 年。

2. 性别赋权指数（GEM）。HDI 不包括对参与的衡量，而参与是人类发展一个不可缺少的方面，对性别平等至关重要。性别赋权指数（GEM）揭示出女性在经济和政治生活中是否发挥积极作用。它主要关注经济和政治参与决策的重要领域中的性别不平等。它调查女性在议会中拥有的席位比例，女性立法人员、高级官员和管理人员所占的比例，女性专业人员和技术工作者所占的比例，也调查劳动所得中的性别差距，从中折射出经济独立程度。与 GDI 不同，GEM 暴露的是某些特定领域中机遇的不平等，它着重于妇女的机会而不是能力。GEM 主要关注三个关键领域的性别歧视：①政治参与和决策权力，用女性和男性占议会席位的百分比来表示；②经济参与和决策权力，用两个指标来表示：女性和男性占立法议员、高级官员和管理层职位的百分比以及女性和男性占专业和技术岗位的百分比；③对经济资源的支配权，用女性和男性估计所得收入（PPP 美元）来表示。这三个方面各自的平均分布百分比当量（EDEP）是以人口比例为权重进行的加权平均。

GEM 计算的一般公式如下：

EDEP = ｛［女性人口比例（女性指数$^{1-\varepsilon}$）］＋［男性人口比例（男性指数$^{1-\varepsilon}$）］｝$^{1/1-\varepsilon}$

ε衡量的是对不平等的厌恶程度。在 GEM 的计算中（如同计算 GDI 一样），ε =2，对性别歧视施加了合适的惩罚。这样，一般公式就变成：

平均分布指数 = ｛［女性人口比例（女性指数$^{-1}$）］ + ［男性人口比例（男性指数$^{-1}$）］｝$^{-1}$

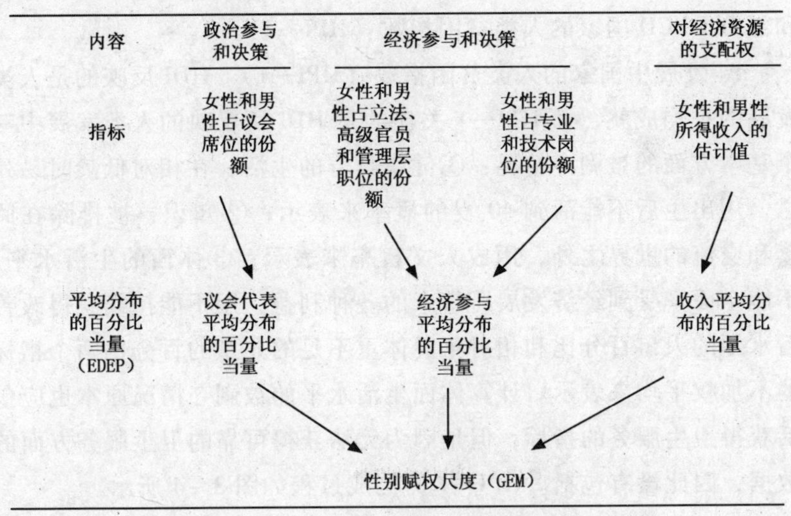

图 3－3　性别赋权尺度（GEM）形成示意图

政治和经济参与及决策指数用其对应的 EDEP 除以 50 得到。这种指数化方法的理由是：在一个理想社会中，性别具有相等的赋权，GEM 中的几个变量应等于 50%，也就是对于每个变量，女性和男性的比例应相等。

当男性和女性指数为零时，根据上述公式计算，则 EDEP 没有定义。但是，当指数趋于零时，EDEP 的极限为零。因此，在这些情况下，EDEP 的值被设定为零。

最后，对三个指数化的 EDEP 作简单平均得到 GEM。

三、人类贫困指数（HPI）

《人类发展报告 1997》提出了人类贫困指数（HPI），它主要关注在人类发展的基本方面低于某个阈值的人群所占的比例。其根据国家的发展程度具体分为发展中国家的人类贫困指数（HPI—1）和部分 OECD 国家的人类贫困指数（HPI—2）。

1. 发展中国家的人类贫困指数（HPI—1）。HDI 反映的是人类发展的平均成就，而 HPI—1 关注的是 HDI 所反映的人类发展中三个基本方面的被剥夺情况：①健康长寿的生活：在相对低龄时易死亡，用出生后不能活到 40 岁的概率来表示；②知识：被排除在阅读和交流的世界之外，用成人文盲率来表示；③体面的生活水平：不能全面享受到经济发展所带来的各种利益，用不能持续获得改善后水源的人口百分比和相对年龄体重不足的儿童的百分比两个指标的不加权平均来表示。计算体面生活水平的被剥夺情况原本也应包括获得卫生服务的指标，但是因为无法获得可靠的卫生服务方面的数据，因此没有包括。HPI—1 的构成过程如图 3－4 所示。

HPI—1 的计算比 HDI 的计算更简单。由于用来计算被剥夺情况的指标已经标准化在 0 到 100 之间（因为被表示成百分比），所以不用像计算 HDI 那样先生成分项指数。HPI—1 的计算步骤如下：

（1）体面生活水平被剥夺情况的计算。体面生活水平被剥夺情况是用两个指标的不加权平均来计算的：

剥夺指数＝1/2（不能持续获得改善后水源的人口）

＋1/2（儿童体重低于同龄标准指数）

（2）HPI—1 的计算。HPI—1 的计算公式如下：

$$HPI—1 = \left[\frac{1}{3}(P_1^\alpha + P_2^\alpha + P_3^\alpha)\right]^{1/\alpha} \quad (3.12)$$

其中，p_1 代表出生后不能活到 40 岁的概率（乘以 100）；p_2

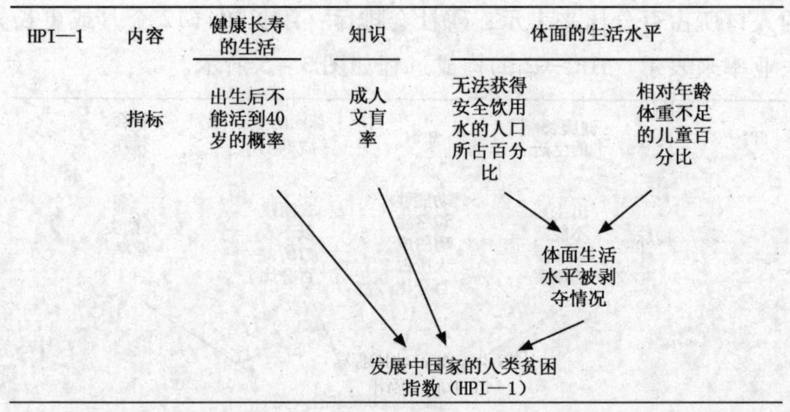

图 3-4　发展中国家的人类贫困指数（HPI—1）形成示意图

表示成人文盲率；p_3 代表不能持续获得改善后水源的人口百分比和相对年龄体重不足的儿童的百分比的不加权平均；$\alpha=3$①。

2. 部分 OECD 国家的人类贫困指数（HPI—2）。HPI—2 不仅像 HPI—1 那样关注三个方面的被剥夺情况，同时还关注社会排斥指标。因此 HPI—2 体现了四个方面的被剥夺情况：①健康长寿的生活：在相对低龄时易死亡，用出生后不能活到 60 岁的概率来表示；②知识：被排除在阅读和交流的世界之外，用功能性识字障碍的成年人（16～65 岁）所占百分比来表示；③体面的生活水平：用生活在收入贫困线以下（调整后的中等可支配家庭收入的 50%）

① α 的取值对计算 HPI 的值有很大影响。如果 $\alpha=1$，则 HPI 为其分项指数的平均值。当 α 增大时，被剥夺情况最严重的分项指数的权重就加大。因此，当 α 增加趋于无穷时，HPI 的值将被剥夺情况最严重的分项指数代替（如在计算 HPI 时使用的柬埔寨一例中，其值将为 57.5%，等于不能持续获得改善后水源的人口百分比和相对年龄体重不足的儿童的百分比的不加权平均）。$\alpha=3$ 意味着对被剥夺情况较严重的方面给予额外的但不是决定性的权重。对 HPI 数学公式的更详尽分析可参见 Sudhir Anand 和森著的《有关人类发展和贫困的概念：多维视角》，以及《1997 年人类发展报告》的技术注释部分。

的人口所占百分比来表示；④社会排斥：用长期（12 个月或更长）失业率来表示。HPI—2 的构成过程如图 3 – 5 所示。

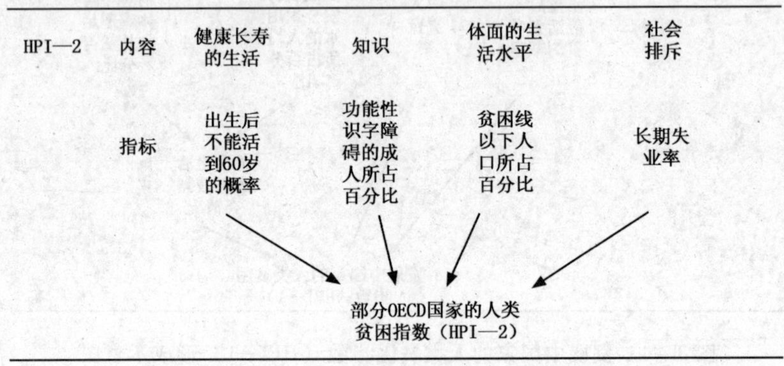

图 3 – 5　部分 OECD 国家的人类贫困指数（HPI—2）形成示意图

HPI—2 的计算公式如下：

$$HPI—2 = \left[\frac{1}{4}(P_1^{\alpha} + P_2^{\alpha} + P_3^{\alpha} + P_4^{\alpha})\right]^{1/\alpha} \tag{3.13}$$

其中，p_1 代表出生后不能活到 60 岁的概率（乘以 100）；p_2 表示功能性识字障碍的成人百分比；p_3 代表在收入贫困线（调整后中等可支配家庭收入的 50%）以下的人口百分比；p_4 表示长期失业率（12 个月或更长时间）；$\alpha = 3$。

HPI—1 和 HDI 一样，提供了关于贫困的更为完整的画面，因为它们并不仅仅衡量收入上的贫困。以《人类发展报告 2004》为例，在发展中国家，巴巴多斯、乌拉圭、智利、哥斯达黎加和古巴排在最前位，其人类贫困指数为 5% 或者更低。布基纳法索、尼日尔、马里、埃塞俄比亚和津巴布韦在所有列出的国家中人类贫困程度最高，全部超过了 50%。

对高收入的 OECD 国家来说，HPI—2 所呈现的画面与 HDI 所呈现的有所不同。这些国家的 HDI 值往往非常接近，因为总体来说它们的发展程度都很高。但是，当根据这些国家的国情使用了对贫困的不同定义（比如社会的排斥）而得出的变量和剥夺方面的情况之后，这些国家之间就有了显著的差异。同样以《人类发展报告2004》为例，在有数据的177个国家中，人类贫困指数HPI—2从瑞典的6.5%到美国的15.8%不等。另外，HDI排名和HPI—2排名之间的差别很大：澳大利亚的HDI排名为第3位，而HPI—2排在第14位。卢森堡HDI排在第15位，但HPI—2居第7位。这反映出这些国家在分配其实现的人类发展总体成果时，有的做得较好，有的做得不够。

第四章

对人类发展指数的批评与反思

HDI 在莫里斯的物质生活质量指数（PQLI）的基础上进行了明显的改进，获得了社会各界的高度认同并广为接受①。但 HDI 提出后，仍然遭到了来自不同方面的批判，学术界对其褒贬不一，争论非常热烈。一些学者批评 HDI 用概念性的、局限性的综合指数来计算人类发展，另一些学者批评 HDI 用质量不可靠的数据来计算人类发展是有局限性的（Murray，1993），还有部分学者批评 HDI 的技术属性（McGillivary，1991；Trabold - Nubler，1991；McGillivary 和 White，1993）。这些评论既有针对人类发展指标本身的（Kelly，1991），也有针对指标之间权重分配的（Noorbakhsh，1998；Luchters 和 Menkhoff，2000）。

当然，关于 HDI 包含的指标不够全面、主观赋予权重和计算公式有其局限性的批判，是许多其他测度方法也需要不断完善的共性问题。例如 PQLI 也同样存在主观赋予权重和简单算术平均的问题，ASHA 指数存在计算方法上的技术问题。因此，HDI 存在的问题具有很强的代表性。此外，关于 HDI 能否反映收入分配变化等

① 参见杨永恒、胡鞍钢等："基于主成分分析法的人类发展指数替代技术"，《统计研究》，2005 年第 7 期。

问题则是其所特有的问题。

本章对国内外学者和机构关于 HDI 的批评意见进行了归纳和分类总结。并针对四个主要方面的批评，从理论和实证两方面进行了分析评价，包括 HDI 是否多余、主观赋予等权重是否合理、简单算术平均的计算公式是否合适以及 GDP 的调整能否反映收入分配变化。

第一节 HDI 是个多余的指标吗?

HDI 的优势在于其比以往衡量尺度更能恰当地反映人类发展状况。但人类发展概念中存在的复杂性同样使之成为衡量过程中的众矢之的。本节综述国内外学者关于 HDI 各个方面的批评，将其归纳成四组，并重点针对“人类发展指数是个多余指标”这一致命批评观点进行讨论。

一、HDI 存在的问题

1. 基础数据问题。很多批评是针对 HDI 所依据的数据的可信度提出的。尤其是在最初几册《人类发展报告》，许多学者批评 HDI 数据的基础问题（Murray，1991；Loup et al.，2000）。这一点是可以理解的，现在很多文献都容易忽视数据的质量问题，这是许多研究工作普遍存在的问题。

Srinivasan（1994）认为 HDI 各个组成成分都存在数据质量问题，表现为没有说服力、覆盖不全面、存在计量错误而且还带有主观偏见。尤其是发展中国家的 GDP 存在内容覆盖不完整、衡量尺度存在错误和偏差的问题。国家间基础数据的质量问题其实很重要，而 UNDP 采用各个国家数据平均值的做法，很容易掩盖国家内部的不同。例如，使用人均 GDP 成分作为平均收入的代理指标是值得怀疑的，很多学者指出这没有考虑国家内部收入分配的差距问题（Sagar & Najam，1998）。此外，在各个国家的外向度不同的情况下，GDP 是否能准确地测量一个国家的经济绩效还是个值得商榷的问题。

Heston（1994）也指出使用人均 GDP 指标来评价不发达国家水平非常令人质疑，原因在于不被包含在国际比较项目（ICP）中的实际人均产品（以购买力平价和汇率把收入转化为以美元计量的收入标准）主要来自不可信任的历史数据（世界银行的发展指标），从而导致结果严重偏离现实。根据 Srinivasan（1994）的观点，使用购买力平价（PPP）和汇率进行的美元兑换程序也存在问题。

此外，一些学者认为 HDI 中预期寿命和教育指数也存在较为严重的数据问题。预期寿命数据主要来自生命表而不是直接估计得到的，而且对于一半以上的欠发达国家而言无法获得。五岁以下儿童死亡数据，在很多国家，是一个数学估算数字而非来自收集的数据。教育方面，在计算不发达国家的人类发展指数时，教育常常被重复计算。受教育程度的概念和衡量尺度随国家的不同而不同，而且这一数据自 1970 年以来在大多数国家无法获得。识字率和入学率不是同类数据，它们的年龄覆盖范围差别很大（7 岁，10 岁，15 岁以上的人口可同时应用），其中识字人口可以包括那些能读但不能写的人。同样，入学率数据也是不完全的，并不能反映教育成果的质量，它可能掩盖了国家之间的重大差异。按照定义，综合毛入学率没有把在其他国家入学的学生考虑在内。例如，卢森堡和塞舌尔的许多国民在海外接受高等教育，因此数据可能低估了该国的教育水平，而且那些私人办学机构也经常被忽视。

2. 不能准确、全面反映人类发展。“HDI 的各个成分的选择真的能衡量各方面的经济绩效吗？这些成分之间是高度相关的吗？”许多学者针对 HDI 的各个成分提出过这些尖锐的问题。McGillivray（1991）曾经强调 HDI 的各个成分之间正相关或各成分自相关，从而认为 HDI 是一个多余的发展指标。

更多的学者指出 HDI 仅选择教育、健康和收入三个方面的指标来评价一个国家的发展水平是不够全面的。人类发展是社会发展的综合表现，除上述三个方面以外，其他方面的发展均与人的发展密切相关，HDI 没有包含人类发展中起根本作用的很多方面。因此仅用三个方面的指标来反映一个国家的发展水平是不全面的。HDI 的成分应该扩大或变化，能够包含其他重要的维度。例如，有人指出，预期寿命过分单一，如果从非物质需求的角度考虑，贫困团体可能比富裕的人生活质量更好。有人认为用“幸福的预期寿命”与“预期寿命”相比是一个更好的成分（HLE & Veenhoven, 1996）。Carlucci 和 Pisani（1995）同样建议应该考虑人类发展的多属性衡量问题，而不仅仅是 UNDP 提出的三个方面。Dasgupta 和 Weale 指出这样的事实，HDI 是一个局限于人类生活中社会经济领域的指数，而政治和文明领域则被最大限度地分裂开来。Ram 指出，国家间存在一种对不平等的次级评估，而这一维度并没有受到恰当的考虑。再者，Hicks 指出，国家内部的不平等和性别间的不平等并未考虑在指数内。

甚至有人提出用完全不同的指数代替 HDI。Kakwani（1993）、Aturupane、Glewwe 和森（1994）提出了分别使用经济社会指数，而不是加总的指数来替代 HDI。而 Dasgupta 和 Weale（1992）则提出了包含民主、政治以及自由的序数福利测量方法。

对 HDI 至关重要的一点批评是：HDI 如果很好地反映了人类发展水平，那么在指标设计中就应该考虑到为此所付出的代价，即自然资源的损耗和对环境的影响，而事实上却没有。Qizilbash（2001）通过研究发现，国家的福利排名与环境指标的范围有一定的关系，福利较好的国家往往环境绩效较差。自从 1992 年联合国环境规划署（UNEP）组织的联合国里约热内卢地球峰会后，有人提出按照用绿色 GDP 的思路来构建绿色 HDI。其他一些国际机构曾呼吁 HDR 中应包括反映可持续发展进程的指标。HDR 数据中有一些代表着“可持续发展”和“可持续的人类发展”的表格，它们公开出现在《人类发展报告》（特别是 1992 年和 1994 年的《人类发展报告》）和相关的文献中（Sudhir 和 Sen，1994）。UNDP 还承诺要开展“环境敏感的 HDI”研究，但至今还没有这样的指数出现。20 世纪 90 年代中期，UNDP 曾筹资研究如何将 HDI 转化成“可持续 HDI（SHDI）”。尽管在全球的 HDR 中没有实现，但 1996 年亚美尼亚的人类发展报告受此影响，曾提出过可持续 HDI 的想法，并建议通过加入“环境指标（Pe）”来修正 HDI（Armenia，1996；Morse，2003）。

3. 各成分的权重分配问题。对 HDI 最主要的异议就是 UNDP 对各成分的等权重分配问题（Hopkins，1991；Booy Sen，2002）。持异议者认为这种等权重假设未能充分考虑三个分项指标之间可能存在的高度相关性，而且 HDI 主观认为三个分项指标对人类发展水平的贡献或影响总是恒定不变的，此举可能掩盖人类发展中存在的不协调现象。Dowrick（2003）认为 UNDP 对 HDI 各成分分配权重不是根据经济福利学，而是根据经验判断得出的，科学性值得怀疑。Lai（1991）也认为人类发展不是仅靠武断的计算就能反映出来的。

HDI 各成分之间的相互取舍关系虽然并不是很明显，但有时会产生惊人的结果。例如，多一年的预期寿命，HDI 隐含的货币价值也会增加，这种货币价值随着收入的急剧增加（从较低水平的贫穷国家到较高水平的富裕国家）而增加。人均收入与寿命之间的这种显著的取舍（Trade Off）是由于“HDI 中更长的寿命的边际效用是一个常量”，同时，“额外增加的收入的边际效用是随着收入的增加急剧下降的”（Ravallion，1997）。因此，贫穷国家 HDI 的寿命价值比富裕国家 HDI 的寿命价值要小。

一些研究者认为，由于收入的提高能够扩大人们的选择，而且能够改善其他成分的状况，所以应该赋予其较高的权重（Kelly，1991）。更有观点认为，不同国家、不同时期的 HDI 成分的相对值不必相同（Srinivasan，1994），关于人均收入和预期寿命之间关系的历史经验也支持这种说法（Preston，1975）。现代经济增长预示着预期寿命的提高，但预期寿命本身增长得更快（Easterlin，1999）。预期寿命的增长或是由于总健康生产函数的提高，或是源于科技进步引起生产函数的向上位移。

至今为止，许多学者针对 HDI 权重问题，提出了各种可供选择的权重分配方案。Lai（1991）提出应该对 HDI 各成分进行对数化从而限制各成分之间的可替代性。一些学者（Noorbakhash，1998；Lai，2001，2003）采用多元统计分析方法，如主成分分析法来估计这些指标的最优线性组合，确定各指标之间的相对权重。Lai（2001，2003）提出用人口加权主成分分析法来分析每个国家的 HDI 数据，以消除人口因素对 HDI 的影响，并专门分析了中国国内各省、市间的数据。还有些研究者认为，仅仅在 HDI 的每个成分都获得了较高的成就时，HDI 才能获得较高的成就。此外，Dowrick 等研究者（2003）还建议运用福利理论来估计包括 HDI 在内的一些综合指数的权重。

4. 关于计算方法问题。关于 HDI 计算公式的批评主要是针对“各个成分固定极值的选择”和“采用简单算数平均”两个方面。

HDI 值对它的各组成成分选择的固定极值范围的变化是很敏感

的。UNDP 认为这些固定的“标准化”值是经过长时期的考察才被作为极值的。但有人怀疑，这个被选取的期望指标值很可能只是一个主观的估计值，选取不同的极值导致每个成分的计算结果都是不同的。HDI 是三个同等权重的指数的简单平均值，这就导致每个成分的绝对值都将影响 HDI 的水平。因此，极值的选择会对 HDI 值产生影响，并导致 HDI 排名的变化（Noorbakhsh，1996）。

Noorbakhsh（1998）指出，对 HDI 的组成成分进行简单相加是不合理的。因为 HDI 的三个成分有着不同的均值和方差，用三个成分的简单平均值来构建一个综合指数的方法是值得怀疑的。另外，选择的极值不同，各个组成成分的平均值和方差也会随之变化。

如果说健康、生活质量、受教育是人类发展追求的最基本的三个目标的话，那么，用算术平均法计算的 HDI 则忽视了这三个目标的基础性和不可替代性，因为当采用算术平均方法时，就意味着各个指标之间可以互相替代。UNDP 为方便进行加权处理而视三个指数对人类发展的贡献相同，这是缺乏理论根据的。有人曾建议使用几何平均而不是算术平均，因为这样更能明确显示出“人类发展三个成分之间同等重要”（Sagar 和 Najam，1998）。还有学者指出，与对三个人类发展维度的每个指标进行简单平均的方法相比，多元统计分析中的主成分方法能够更好的将这些指标进行线性组合（Rao，1965；Anderson，1984）。

二、HDI 不是个多余的指标

1.“HDI 反映的大部分是人均 GDP 的信息”。McGillivray（1991）指出 HDI 和人均 GDP 指数的高度秩相关，HDI 并没有提供任何超出我们能从人均 GDP 中获得的新信息。他还曾经强调，UNDP 使用的 HDI 包括的三个代表指标（人均预期寿命、成人识字率、人均 GDP 的对数）与人均 GDP 之间均存在着显著的相关关系，并且 HDI 和它的某些成分有着相同的排名结果，所以 HDI 并未显示人均 GDP 单独所不能显示的东西，HDI 对国家内部的发展没有提供多少信息价值，因此 HDI 是一个“多余的复合指标”。McGillivray 和 White（1993）还提出了测量多余指标可供选择的标准，他们认为如果相关系数高于 0.90 则视为“一级多余”，在 0.90 和 0.70 之间为“二级多余”，“一级多余”和“二级多余”的变量都被视为多余的。

尽管这一观点有些武断，但也从另一个侧面说明，HDI 远非完美无缺，有待进一步发展和完善。国内学者金玉国和牟华芳（2000）通过实证分析，也得出“HDI 反映的大部分是人均 GDP 的信息，因此 HDI 是个多余的指标”的结论。

金玉国和牟华芳（2000）用 45 个样本做了 HDI 的四项原始指标（人均 GDP、成人识字率、综合入学率和出生时预期寿命）与各指数之间的相关系数矩阵，见表 4－1 和表 4－2。

表 4－1　　HDI 内部各组成指标之间的一致性

	Pearson 相关系数				Kendall 一致性相关系数				Spearman 等级相关系数			
	预期寿命	成人识字率	综合入学率	人均 GDP	预期寿命	成人识字率	综合入学率	人均 GDP	预期寿命	成人识字率	综合入学率	人均 GDP
预期寿命	1.000	0.673	0.803	0.738	1.000	0.597	0.614	0.769	1.000	0.786	0.788	0.906
成人识字率	0.670	1.000	0.760	0.586	0.597	1.000	0.610	0.593	0.786	1.000	0.799	0.747
综合入学率	0.803	0.763	1.000	0.759	0.614	0.610	1.000	0.654	0.788	0.799	1.000	0.847
人均 GDP	0.738	0.586	0.759	1.000	0.769	0.593	0.654	1.000	0.906	0.747	0.847	1.000

从表 4－1 和表 4－2 中可以看出，HDI 的排名和 GDP 的排名具有较高的相关度。尤其是 GDP 指数与 HDI 值的相关系数高达 0.955，一致性相关系数 0.846，等级相关系数高达 0.957，人均 GDP 对 HDI 的决定系数 R^2 在 83% 以上，各国 HDI 差异的 83% 能用人均 GDP 的差异来解释。这种高度一致性说明 HDI 尺度确实未

包括比 GDP 更多的信息，而且它们内部各指标及其指数之间的相关程度也比较高。因此金玉国和牟华芳得出结论：HDI 反映的大部分是人均 GDP 的信息。从这个角度上讲，他们是赞同 McGillivray 的"HDI 是一个多余的复合指标"这一观点的。

表 4-2　　HDI 内部各指数之间的一致性

	Pearson 相关系数				Kendall 一致性相关系数				Spearman 等级相关系数			
	寿命指数	教育指数	GDP 指数	HDI	寿命指数	教育指数	GDP 指数	HDI	寿命指数	教育指数	GDP 指数	HDI
寿命指数	1.000	0.754	0.877	0.933	1.000	0.630	0.780	0.834	1.000	0.821	0.908	0.956
教育指数	0.754	1.000	0.796	0.914	0.630	1.000	0.633	0.748	0.821	1.000	0.822	0.907
GDP 指数	0.877	0.796	1.000	0.955	0.780	0.633	1.000	0.846	0.908	0.822	1.000	0.957
HDI	0.933	0.914	0.955	1.000	0.834	0.748	0.846	1.000	0.956	0.907	0.957	1.000

注：样本单位数为 45，所有相关系数都通过 1% 显著性检验（双尾）。

2. 对上述观点的批判。本书根据《人类发展报告 2005》中公布的 177 个国家的数据，做 GDP 指数和 HDI 指数的折线图（图 4-1），从图 4-1 中可以看出二者呈强线性关系。

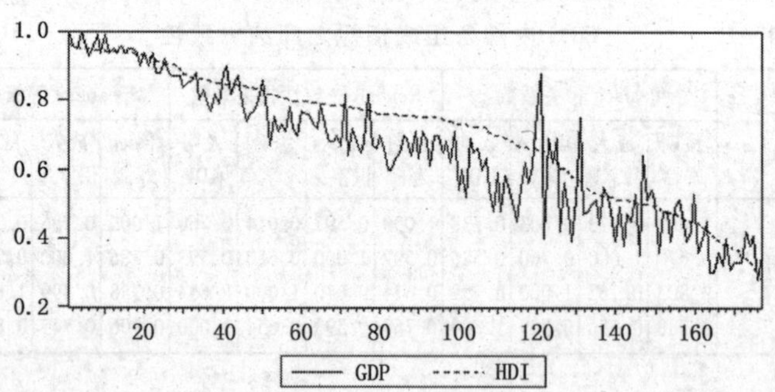

图 4-1　2005 年世界各国 GDP 指数和 HDI 的趋势图

本书进一步作了 HDI 和 GDP 指数（GDP）、HDI 和教育指数（EA）、HDI 和寿命指数（LE）的秩相关系数。从 Spearman 秩相关系数和 Kendall 秩相关系数[①]表也可以看出，HDI 与三者都呈很强的正相关关系。

表 4－3　GDP 指数和 HDI 的秩相关系数表

	Spearman 秩相关系数		Kendall 秩相关系数	
	GDP	HDI	GDP	HDI
GDP	1	0.936	1	0.804
HDI	0.936	1	0.804	1

表 4－4　教育指数和 HDI 的秩相关系数表

	Spearman 秩相关系数		Kendall 秩相关系数	
	EA	HDI	EA	HDI
EA	1	0.891	1	0.725
HDI	0.891	1	0.725	1

表 4－5　寿命指数和 HDI 的秩相关系数表

	Spearman 秩相关系数		Kendall 秩相关系数	
	LE	HDI	LE	HDI
LE	1	0.937	1	0.787
HDI	0.937	1	0.787	1

资料来源：作者根据《人类发展报告 2005》计算得出。

正如表 4－3、表 4－4、表 4－5 所示，HDI 与三个分项指数的正相关系数都在 0.70 以上，说明 HDI 也反映了教育指数和寿命指数的大部分信息。这并不表明 HDI 是多余的，恰恰说明 HDI 是收

① 由于 Pearson 相关系数不仅衡量数据间的相关关系，还要求数据呈大致正态分布。作者根据 2005 年《人类发展报告》的数据做了二者的 Q－Q 图检验，发现两列数据基本上符合正态分布。但对数据进行 Kolmogorov－Smirnov 正态检验，发现 HDI 指数双尾检验的显著性 P 值 0.001 小于 0.05，拒绝正态分布的原假设，说明 HDI 指数序列不严格服从正态分布，不适合计算二者的 Pearson 相关系数，所以只计算 Spearman 秩相关系数和 Kendall 秩相关系数。

入指数、教育指数和健康指数的综合反映。HDI 是综合了 GDP 指数、预期寿命指数和教育指数三个维度的指标。HDI 反映人均 GDP 指标信息的同时，也反映了“健康长寿的生活”和“知识拥有程度”两方面的信息。因此“HDI 只是重复反映了人均 GDP”的看法是片面的。出现上述看法的原因主要是这三类指标本身就存在相关性，包含着重复信息，是指标本身的特点造成了这种情况。

综上所述，以上论证并不能说明 HDI 是个多余的指数，恰恰说明它能够反映收入、预期寿命和教育三个维度的综合信息。但通过实证分析看出，这三个维度所选取的指标存在相关性，这是 HDI 在指标选取和计算方法上的一个缺陷，UNDP 选用简单的加权平均方法计算 HDI 的做法是值得商榷的，关于这一点下一节会有详细论述。

第二节
主观赋予等权重合理吗?

前一节已经指出对 HDI 最主要的异议就是对各成分（寿命、教育以及收入）的主观权重分配问题。很多学者建议通过对数据的分析来证实这些指标的相对重要性，以检验主观为各个指数赋予相同权重的做法是否合理，并从实际检验中得出合理的权重分配。

目前学术界已经提出了各种可供选择的权重，本书就影响较大的 Lai（2002）的人口规模权重法和 Noorbakhsh（1998）的因子分析法进行了分析和讨论，并结合 2005 年人类发展报告的数据采用主成分方法进行了实证分析。实证结果与 UNDP 采用的三个成分等权重法是一致的，这证明了 UNDP 为 HDI 的各个成分赋予等权重有一定的合理性。

一、对任意赋予权重的批判——人口规模权重

Lai（2002）应用《人类发展报告 1999》中公布的中国数据，运用加权的主成分分析法，使用 Spearman 秩相关系数，对中国各省的数据进行了分析，并将 PCA 方法得出的结果与各省的 HDI 值进行了对比分析。在构建主成分时，没有为各个变量赋予权重，而是使用各省的人口规模作为权重，因为他认为很难为这些变量找到一个普遍接受的先决权重。

1. 数据和方法。UNDP1999 年公布的中国人类发展报告包括了中国大陆各省（自治区、直辖市）关于人类发展的三个维度的数据。Lai（2002）选择预期生命值、成人识字率和经美元购买力平价调整的人均 GDP 来进行主成分分析。1990 年和 1999 年都采用 1990 年人口普查公布的预期生命数据。

对比各省份的多维度人类发展指标，必须将多维度变量综合成单一维度的变量，而且不能损失过多的数据信息。Lai 应用主成分方法分析的中国的人类发展情况如下：

令 $X = (X_1, \cdots, X_p)$ 为中国各省（自治区、直辖市）的 p 个衡量标准。例如，我们可以令 X_1 为预期寿命，X_2 为成人识字率，X_3 为人均 GDP，则主成分是 $X_1, \cdots, X_p$ 的线性组合。第 q 个主成分的系数向量是协方差矩阵第 q 个最大特征值（标准化的）的特征向量（Anderson，1984）。Lai 认为人类发展的各个指标度量尺度不同，所以使用的是相关矩阵。对于加权的主成分分析，使用基于加权均数和加权方差的加权相关矩阵。在本书中，将 1990 年各省的人口规模作为权重。

2. 结果分析。分析结果表明，中国各省（自治区、直辖市）人类发展指标的加权均值，1990 年分别为 68.66（年龄）、78.08（百分比）、1730.63（$ PPP），1997 年分别为 68.66（年龄），

83.77（百分比），3249.82（$ PPP）。1990 年与 1997 年的预期寿命使用的是同一年的数据，因此它们的加权均值相同，预期寿命 68.66 非常接近生命表中的 68.96。虽然使用生命表中的预期寿命作为均值更好，但为了与其他两个指标和计算相关系数的经典公式一致，选择了加权均值来进行主成分分析。值得注意的是，在 UNDP1990 的人类发展报告中，中国 1990 年出生时的预期寿命是 70 岁，而在 1997 年的报告中却为 68.9 岁。

中国 1990 年和 1997 年人类发展指数的第一个主成分公式：

$$P_{90} = 0.5819X_{1,90} + 0.5357X_{2,90} + 0.6119X_{3,90} \quad (4.1)$$

$$P_{97} = 0.6402X_{1,97} + 0.4345X_{2,97} + 0.6356X_{3,97} \quad (4.2)$$

其中 $X_{i,j}$代表第 i 个人类发展指标在第 j 年的标准形式的计算值。在 1990 年和 1997 年，第一主成分分别解释了三个人类发展指标总方差的 68% 和 64%。标准化的指标值是度量值减去加权均值后的差值再除以原度量值得到的。

HDI 和根据主成分来排序的结果是高度相关的，尽管两种顺序有一些差异。1990 年和 1997 年两者的 Spearman 相关系数分别是 0.9708 和 0.9730。Lai（2000）曾用这种方法分析了 UNDP 的发展报告中所有国家人类发展的进程。在全球国家的人类发展分析中，发现中国各省主要主成分和 HDI 也存在高度的相关性。

研究结论认为，虽然 HDI 和根据主成分来排序的结果是高度相关的，但主成分分析法的权重选择更为客观，而且含义非常清晰。HDI 采用等权重法，在权重选择上比较主观。而主成分分析法的权重来源于数据本身，其获得的权重是根据多维指标的协方差（或相关系数）矩阵，采用一定的优化标准提取的，在权重选择上是客观的。

二、对任意赋予权重的批判——因子分析法

Noorbakhsh（1998）的观点与Lai的观点有所不同，虽然他也不赞成为HDI各成分任意赋予权重，但他认为，HDI的各个组成成分表面上权重相等，实际上并不具有相同的权重，因为三个维度的阈值选择将会导致各成分的比例不同。HDI是这些具有不同比例的成分的平均值，事实上就等于赋予了这些成分不同的权重。但是他同时强调，UNDP任意赋予权重的做法并不能弥补赋予各成分相同权重所犯的错误。相反，HDI的正确性更加值得怀疑。

Noorbakhsh指出，先验的决定各种成分的权重意味着承认存在一个普遍可接受的人类福利（发展）函数，事实上并不是这样的。好的方法应该是从数据中得出权重，由于对人类发展还没有一个统一的定义，所以我们都是在一个假设的框架下进行处理的。从这个意义上说，人类发展指数的构建和心理学中的智能指标的构建有一点相似，都能从数据矩阵的特征值和特征向量得出数据组的权重。

Noorbakhsh首先对HDI进行了修正[①]，运用因子分析法将各成分与因子之间的相互关系及由因子解释的方差百分比结合起来，得出一组与各个成分对应的权重。然后利用1995年人类发展报告的数据，得出了表4-6中的三个因子。

修正后HDI的三个组成成分——调整后的教育成就（AEA）、美元购买力平价调整后的人均实际GDP（AGDP）以及预期寿命（LE）在因子1中有很高的负荷。特征值为2.55的因子几乎解释

---

① Noorbakhsh（1996）提出了一个修正的人类发展指数（MHDI）。用1995年人类发展报告的数据计算了调整后的成分和MHDI值。MHDI允许指数中的收入成分有较宽的变化范围，该指数还应用了教育成分收益递减原则。对于指数本身的结构，MHDI数据进行标准化以消除规模效应。标准化后的成分是多维向量空间中的三个向量，而且这些向量的长度是相等的。

了总方差（V_1）的 85%，而特征值为 0.34 和 0.12 的其余两个因子分别解释总方差的 11% 和 4%。

表 4－6　HDI 的因子分析结果

成分（因子）	因子 1	因子 2	因子 3
预期寿命（LE）	0.962	－0.024	－0.272
调整后的教育成就（AEA）	0.905	－0.394	0.159
PPP 调整后的人均 GDP（AGDP）	0.895	0.425	0.132
特征值	2.55	0.34	0.12
总方差百分比	84.9	11.2	3.9
总方差累积	84.9	96.1	100

所有成分与因子 1 都是高度相关的，即与因子 1 之间有较高的相关系数。事实上，预期寿命的 93% 的变化和因子 1 是一致的，且完全能够被因子 1 所解释，AEA 和 AGDP 分别为 82% 和 80%。这些成分在因子 1 上的高负荷表明为各成分赋予相同的权重并不是非常的不合适。在某种程度上，这一因子可以被认为是能够由这三个成分解释的人类发展因子。因为因子 1 在总方差中占很高的比例，可以认为它是最重要的因子。基于这个因子，就能计算出所有国家的所谓因子分数。

在 Noorbakhsh 文中，首先计算所有国家前两个因子的因子得分，然后将得出的因子分数根据它们对总方差的贡献程度进行标准化和加权，这样就得出了两套具有不同权重的因子分数。

三、基于主成分方法（PCA）的实证检验

本书根据 2005 年人类发展报告中的 177 个国家的 HDI 数据，运用 PCA 方法，以各分项指数的协方差矩阵作为输入，来验证

UNDP 为 HDI 赋予等权重是否合理①。

为了进一步观察 HDI 中每一个指数两两之间的相关度，表 4－7列出了它们的协方差、Pearson 相关系数、Spearman 秩相关系数。由表可以看出 HDI 的各组成部分之间都具有高度正相关性，Pearson 相关系数和 Spearman 相关系数几乎都在 0.75 以上，原则上可以用主成分方法进行分析。

表 4－7　HDI 各组成变量之间的协方差与相关性

发展指数	内部指标	协方差	Pearson 相关系数	Spearman 相关系数
HDI	LE 与 EA	0.028	0.727	0.756
	LE 与 GDP	0.029	0.767	0.835
	EA 与 GDP	0.027	0.762	0.785

注：LE、EA 和 GDP 分别代表预期寿命指数、教育指数以及经购买力平价调整过的人均 GDP 指数。

表 4－8 显示了对 HDI 进行主成分分析的结果。从表中可以看出，第一主成分解释了 HDI 中三个成分将近 85% 的方差信息，前两个主成分则解释了总方差的 93%。很明显，第一主成分包含了 HDI 的三个成分的大部分统计信息。表 4－9 是根据表 4－8 得出的 HDI 三个组成变量与第一主成分 P_1 的相关系数（因子负荷量）和特征向量。由表 4－8 和表 4－9 综合分析，第一主成分可表示为 HDI 三个组成成分的线性组合：

$$P_1 = 0.607LE + 0.558EA + 0.568GDP \quad (4.3)$$

各变量对应的系数代表该变量在形成 P_1 中所占的权重，系数越大，表示对 P_1 的影响越大，在人类发展中的影响越大。与 HDI

① 关于 PCA 方法对 HDI 家族指数的具体修正，详见第六章，本章只是通过数据来说明 HDI 任意赋予等权重的不合理性。

主观等权重的假设不同，各指标变量在 P_1 中的权重源于数据本身，并不一定是相等的。

表 4－8　运用协方差矩阵对 HDI 三个组成变量的主成分分析结果

	P_1（第一主成分）	P_2（第二主成分）	P_3（第三主成分）
特征根	0.095	0.011	0.008
单方差百分比	83.48	9.29	7.23
累积方差百分比	83.48	92.78	100

表 4－9　HDI 的三个组成变量与 P_1 的相关系数（因子负荷量）和特征向量

变　量	P_1 的特征向量	与 P_1 的相关系数（因子负荷量）
LE	0.607	0.926
EA	0.558	0.902
GDP	0.568	0.919

从公式（4.3）可以看出，第一主成分中 HDI 三个成分的权重几乎相等，这与 UNDP 采用的三个成分等权重法是一致的。这说明 UNDP 为 HDI 的各个成分赋予等权重与实证分析结果大致相符，是比较合理的。因此如果保留三个组成成分，那么就应该采用相等权重方案。

UNDP 的 HDI 采用等权重法，在权重选择上比较主观。而主成分分析法的权重来源于数据本身，在权重选择上是客观的。无论是什么样的权重结果，都应该来源于客观数据本身，而不是主观的赋予。

第三节
算术平均的计算方法合适吗?

UNDP 为 HDI 的各组成成分选择固定的极值，并采用算术平均的方法来计算 HDI 值。虽然 UNDP 认为这些固定的“标准化”值是经过长时期的考察才被作为极值的，但很多学者怀疑这个被选取的期望指标值很可能只是一个主观的估计值，而且指出对 HDI 的组成成分进行简单相加是不合理的。因为用算术平均法计算的 HDI 忽视了健康、生活质量、教育这三个目标的基础性和不可替代性，采用算术平均方法时，就意味着各个指标之间可以互相替代。

Sagar 和 Najam（1998）建议使用几何平均而不是算术平均来计算 HDI，他们认为这样更能明确显示出“人类发展三个成分之间同等重要”。Noorbakhsh（1996）则提出了计算 HDI 的距离向量法。

一、乘积法

Sagar 和 Najam（1998）认为，UNDP 对人类发展作出定义的最主要贡献就是确立了人类发展的三个方面同等重要这一原则。虽然人类发展报告受到来自各方面的批评，但事实上将人类发展的三个方面赋予相等的权重，是经过慎重考虑的。但他们却不赞成 HDI 的三个成分计算方法的隐含意义，虽然 HDI 三个成分的算术平均值在一定程度上能够揭示人类发展的本质。然而，三个变量相加就隐含着三个变量可相互替代，这样做似乎不妥。

由于变量之间的可替代性，Sagar 和 Najam 的研究在一些变量之间进行了简化，这种简化完全不同于 UNDP 的定义。他们认为如果一个国家的人类发展水平主要依据人类发展的三个维度，那么更好的测量 HDI 的方法当然是取三个维度指数的乘积，这样任何一个指数都能全面的反映 HDI。因此，只有人类发展各维度都有较高的发展水平，才意味着人类发展指数也较高。

此外，综合研究表明，这种乘积方法对低绩效指数的敏感性要强于高绩效指数。例如用 UNDP 现行方法计算的 HDI 中，任何一个指数成分提高 0.1，都会使 HDI 指数提高 0.033，不管这种改进结果是从 0.8 提高到 0.9，还是从 0.2 提高到 0.3。然而在乘积原则下，从 0.8 提高到 0.9，将会使 HDI 增加 12.5%(0.1 : 0.8)，而从 0.2 提高到 0.3，将会使 HDI 指数增加 50%(0.1 : 0.2)。

重要的是，这种乘积原则使得 HDI 对成就较低的指标比较敏感，受其影响最大。因此这就要求各国将提高低绩效指标的成就作为发展重点和研究重点，因为 HDI 对其变化更为敏感。但在乘积原则下，指标如果严重偏离其他测量值，则 HDI 度量难度很大，而且也不准确。

Sagar 和 Najam 提出应该重新设计 HDI 的组成成分，将三个指数利用乘积法重新组合为新的 HDI，称之为 RHDI，即，

$$\text{RHDI} = \text{寿命指数} \times \text{教育指数} \times \text{收入指数} \tag{4.4}$$

Sagar 和 Najam 根据 1997 年人类发展报告的数据，运用乘积方法计算了新的人类发展指数（见附表 1，附表 1 列出了所有国家的 RHDI 和 HDI）。表 4 – 10 反映了部分国家（30 个）RHDI 和 HDI 的对比情况。图 4 – 2 是 RHDI 和 HDI 的分布图。从表 4 – 10 和图 4 – 2可以清楚地看出，RHDI 低于 HDI，而且很多国家的 RHDI 的绝对值都相当低，但这并不表明这些国家是“不发展”国家。

图 4 – 3 和图 4 – 4 是从另一个角度对比了 HDI 和 RHDI 两个指数的分布情况，可以看出 HDI 的分布图向右上方（较高值）倾斜，只有一小部分国家看起来很穷。而 RHDI 的分布图则相反，向左下

方倾斜，图 4－4 显示，很多国家的成就都很低。图 4－5 显示了 HDI 和 RHDI 的排名变化分布，发现大多数国家在两种指数排名上变化不是很大。

表 4－10　　用乘积法计算的 RHDI

RHDI 排名	国　家	RHDI	HDI	HDI 排名
1	加拿大	0.802	0.96	1
2	美国	0.787	0.942	4
3	法国	0.76	0.946	2
4	挪威	0.759	0.943	3
5	日本	0.755	0.94	7
21	爱尔兰	0.682	0.929	17
22	西班牙	0.675	0.934	11
23	文莱	0.661	0.882	38
24	新加坡	0.656	0.9	26
25	以色列	0.646	0.913	23
64	爱沙尼亚	0.371	0.776	71
65	黎巴嫩	0.371	0.794	65
66	朝鲜	0.371	0.765	75
67	保加利亚	0.368	0.78	69
68	立陶宛	0.364	0.762	76
105	中国	0.243	0.626	108
106	格鲁吉亚	0.242	0.637	105
107	阿曼	0.24	0.718	88
108	马尔代夫	0.226	0.611	111

续表

RHDI 排名	国　家	RHDI	HDI	HDI 排名
109	摩尔多瓦	0.219	0.612	110
131	加纳	0.118	0.468	132
132	喀麦隆	0.117	0.468	133
133	肯尼亚	0.108	0.463	134
134	老挝	0.106	0.459	136
135	缅甸	0.104	0.475	131
171	马里	0.011	0.229	171
172	尼日尔	0.01	0.206	173
173	埃塞俄比亚	0.008	0.244	170
174	塞拉利昂	0.007	0.176	175
175	卢旺达	0	0.187	174

资料来源：作者根据 Sagar, A. D. and A. Najam, The Human Development Index, A Critical Review, *Ecological Economics*, 1998 (25) 整理。

表4－11中的数据能让我们对HDI值是否符合或偏离全球发展水平有一个初步了解。表4－11中给出了全球HDI和RHDI指数的平均值，其中HDI显示全球发展欣欣向荣，但有两点值得注意：①UNDP提供的全球HDI的均值为0.778，它并不能代表很乐观的水平；②最高成就国家与最低成就国家相比，差距不是很大，HDI似乎说明了全球发展水平大致相同，差距不大。但事实却是20%的低水平发展国家“每天仅有不足1美元用于生存”（UNDP，1997）。

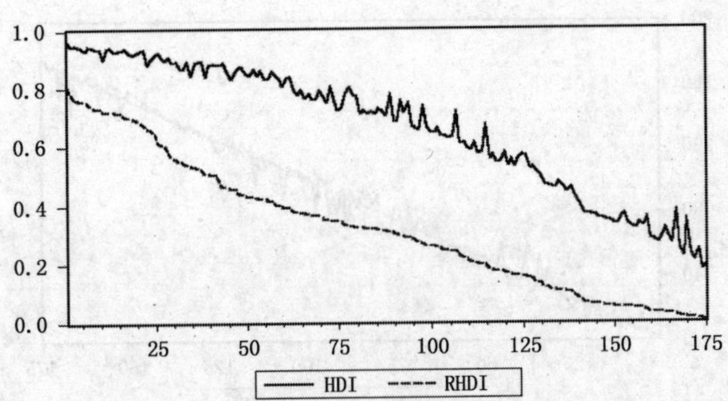

图 4－2　HDI 与 RHDI 折线图

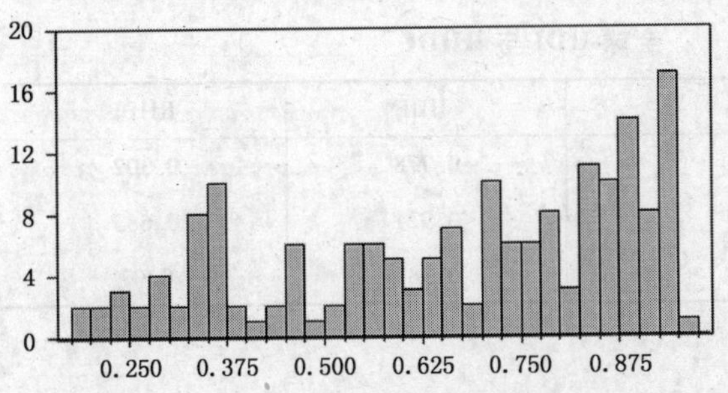

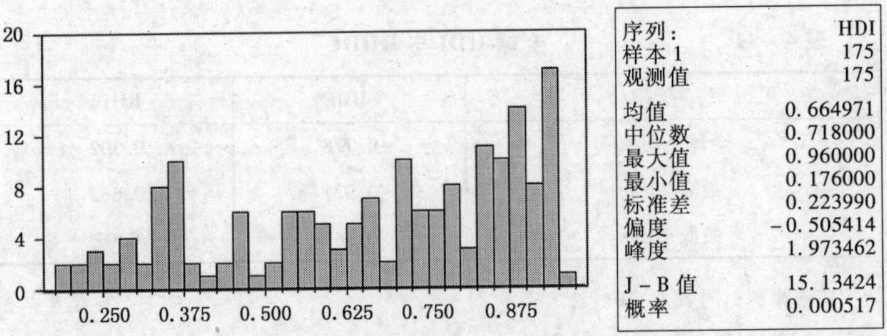

序列：	HDI
样本 1	175
观测值	175
均值	0.664971
中位数	0.718000
最大值	0.960000
最小值	0.176000
标准差	0.223990
偏度	－0.505414
峰度	1.973462
J－B 值	15.13424
概率	0.000517

图 4－3　HDI 分布图

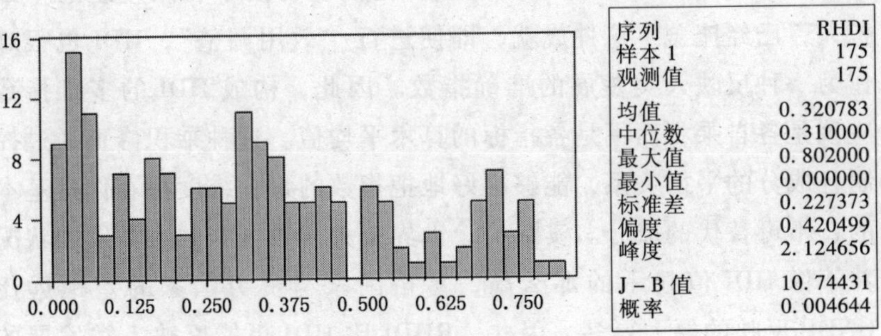

序列	RHDI
样本 1	175
观测值	175
均值	0.320783
中位数	0.310000
最大值	0.802000
最小值	0.000000
标准差	0.227373
偏度	0.420499
峰度	2.124656
J－B 值	10.74431
概率	0.004644

图 4－4　RHDI 分布图

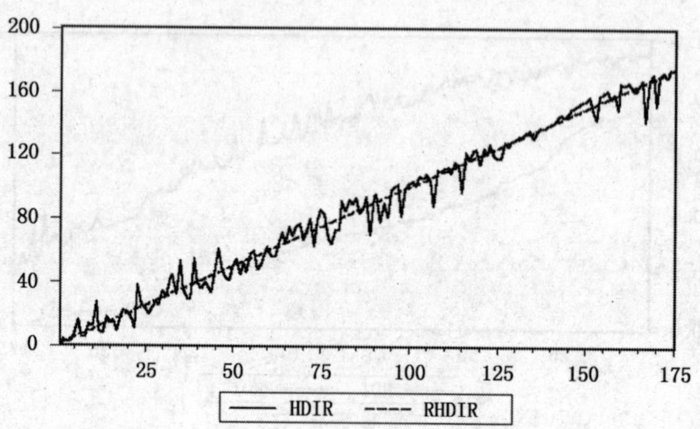

图 4－5 HDI 和 RHDI 的排名变化分布图

表 4－11 **全球 HDI 与 RHDI**

	HDI	RHDI
全球平均值	0.778	0.302
最高 20%	0.921	0.683
最低 20%	0.385	0.07

资料来源：同表 4－10。

UNDP 认为，近十年来教育、健康已经取得了很大的成就，但 Sagar 和 Najam 并不同意这一观点。他们认为由于收入差距的不断扩大，已经掩盖了这种成就，即使进行“效用调整”，HDI 也很难作为一种反映人类发展的准确指数。因此，构成 HDI 的多维指数应该是各自乘积而不是各指标的算术平均值。这种乘积修正通过控制各成分的平衡关系，能够更好地把指数的每个维度都看作是基本的、不可替代的成分。实际上，世界上大多数国家的人类发展状况并不像 HDI 值显示的那么高，富裕国家与贫穷国家的差距远比 UNDP 反映的要大得多。因此，RHDI 比 HDI 更能反映人类发展的真实情况。

二、距离向量法

Noorbakhsh（1998）结合关于HDI计算公式的质疑和批评，提出了一个修正的人类发展指数（MHDI）。

Noorbakhsh指出，UNDP关于HDI的计算公式（4.5）中，每个成分的分母对于所有的国家都是不变的。

$$HDI_i = \frac{1}{3}\sum_{j=1}^{3}\frac{X_{ij} - MinF_j}{MaxF_j - MinF_j} \tag{4.5}$$

对于每个成分j，HDI值的计算取决于这个国家的实际指标值和选择的极值 $MinF_j$ 之间的差值。HDI的结构方便单个国家不同时期内进行HDI趋势值的比较，固定的标准值使HDI的作用更加明显。但是标准值在不同的时期、不同的国家应该是变化的。例如，如果世界平均教育成就发展很快，则低于世界整体平均水平的国家会被忽视。同理，在收入增长方面低于世界平均增长水平的国家也应该在所定义的指数中反映出来，而不应该被忽视掉。从这一点来看，MHDI看起来是个更好的综合指数。因此，如果不考虑其他国家的变化情况，对于一个国家来说，每年的MHDI趋势值反映了这个国家（地区）相对于世界水平的年复一年的变化情况，而HDI的时间趋势值则反映了这个国家相对于固定值的变化情况（Noorbakhsh，1996）。

MHDI改进了指数的技术质量，能够测算一个国家随着时间推移，在人类发展方面取得的进展，并且可以和世界其他国家相比较。MHDI的计算思路和方法如下：

为了消除规模因素的影响，使指数的各个成分有着相同的均值和方差分布，首先需要标准化数据，标准化后的成分将构成多维向量空间的三个向量。Noorbakhsh指出，从概念上讲，在所有国家的范围内定义关于人类发展的各个指数才是有意义的，因此这些向量的长度是相等的，这一点很重要。

考虑向量（$X_{ij}-\bar{X}_j$），包括了成分 j 与均值分数的偏离程度。这个向量的长度由向量内积的平方根计算，计算公式如下：

$$|X_{ij}-\bar{X}_j| = [(X_{ij}-\bar{X}_j),(X_{ij}-\bar{X}_j)]^{1/2} = [\sum_{i=1}^{n}(X_{ij}-\bar{X}_j)^2]^{1/2} \tag{4.6}$$

从方差的定义，可以得出：

$$\sigma^2 = \frac{\sum_{i=1}^{n}(X_{ij}-\bar{X}_j)^2}{n} \tag{4.7}$$

或者 $$\sum_{i=1}^{n}(X_{ij}-\bar{X}_j)^2 = n\sigma^2 \tag{4.8}$$

由于标准化成分的方差等于 1，从等式（4.6）和（4.8），能够得出：

$$|X_{ij}-\bar{X}_j| = n^{1/2} \tag{4.9}$$

也就是说，标准化成分向量的长度等于有着相同成分的国家数量的平方根。因此，标准化成分向量的长度是相等的。

这些相同长度的向量构成一个空间的轴，在这个空间里，国家以向量的形式表示。在标准化数据矩阵中，行和列分别代表国家和指标成分的标准化数据，向量空间由行向量组成，矩阵列向量是与这个空间并列的系统。任何两个向量之间的距离可以通过所谓的“距离向量”来度量。

首先计算国家 i 和单个指标成分具有最大标准分值的国家（即有着理想值的国家）之间的距离向量 d_i。保持相同数量的指标成分，即国家 i 的距离向量 d_i 也有三个成分。距离向量 d_i 用下列公式计算：

$$d_i = \sqrt{\sum_{j=1}^{3}(Z_{ij}-Z_{0j})^2} \tag{4.10}$$

公式（4.10）中 Z_{0j} 是理想的国家 j 成分的标准分数。d_i 的值越小，国家 i 的状况越好。为了方便将这一指数和 UNDP 的 HDI 进行对比，上述计算可以用百分比的形式表示，这样就形成了修正的人类发展指数（MHDI）：

$$MHDI_i = 1 - \frac{d_i}{\bar{d} + 2s_d} \tag{4.11}$$

式中 $\bar{d}$ 和 s_d 是所有国家距离理想国家的平均值和标准差。公式（4.11）右侧的第二个表达式反映了平均值和两倍标准差之间的 95% 的置信区间。

为了检验 MHDI 的稳健性，Noorbakhsh 用 1995 年人类发展报告的数据计算了 174 个国家的 MHDI 值，并且将结果与指数 HDI 进行了对比。表 4－12 是部分国家 MHDI 与 HDI 的对比数据。根据统计计算可以得出 MHDI 与 HDI 的秩相关系数相对较高（0.97）。MHDI 改进了指数的技术质量，能够测算一个国家随着时间推移，在人类发展方面取得的进展，并且可以和世界其他国家相比较。根据各国的 MHDI 值，能够进行更明晰的分组和归类。尽管很多国家 MHDI 和 HDI 排名的相似程度很高，各组之间的差异证明了这些人类发展指数在排名结果上还是有很大差别的。

表 4－12　　部分国家（地区）MHDI 与 HDI 对比

名次	国家（地区）	MHDI	HDI	HDI 排名	HDI 排名—MHDI 排名	MHDI 的下降值
1	加拿大	0.965	0.950	1	0	—
2	荷兰	0.958	0.936	4	2	0.007
3	冰岛	0.957	0.933	6	3	0.001
23	中国香港	0.910	0.905	24	1	0.003
24	巴巴多斯	0.895	0.900	25	1	0.015
25	希腊	0.895	0.907	22	－3	0.001

续表

名次	国家（地区）	MHDI	HDI	HDI 排名	HDI 排名 - MHDI 排名	MHDI 的下降值
62	塞舌尔群岛	0.728	0.810	62	0	0.011
63	保加利亚	0.712	0.796	65	2	0.017
64	哈萨克斯坦	0.704	0.798	64	0	0.008
100	菲律宾	0.583	0.677	100	0	0.011
101	阿曼	0.564	0.715	91	-10	0.019
102	塔吉克斯坦	0.561	0.643	103	1	0.003
134	马达加斯加	0.354	0.432	135	1	0.005
135	巴基斯坦	0.331	0.483	128	-7	0.023
136	科摩罗	0.328	0.415	139	3	0.003
172	布基纳法索	0.046	0.228	169	-3	0.001
173	塞拉利昂	0.027	0.221	173	0	0.018
174	尼日尔	0.004	0.207	174	0	0.024

数据来源：Noorbakhsh，F.，Modified Human Development Index，*World Development*，Vol. 26，No. 3，1998，pp. 517～528.

第四节 GDP 的调整能反映收入分配问题吗？

收入成分在 HDI 中扮演了十分重要的、不可替代的角色。寿命和教育当然也是 HDI 的重要组成部分，否则就不能构建完整的人类发展指数。HDI 不能仅仅关注寿命和教育，因为收入成分提供了反映生活质量的其他一些方面，而这些正是预期寿命和教育所遗漏的部分。获得可利用资源的能力能使一个老人生活得快乐和自由，而这些恰恰间接地反映了对人类发展具有重要意义的其他一些东西。

作为UNDP提出的衡量人类发展的一个维度，又出现了一个新问题，即有关收入成分的要素使用问题。HDI中，收入成分的代理指标是人均GDP。而GDP是个综合性指标，它衡量了除教育和卫生之外的其他方面，如果没有这个指标，将需要补充很多其他指标来描述人类发展的基本方面，这样就丧失了HDI的简洁性。但在HDI的三个成分中，遭受异议和指责最多的就是收入成分，收入成分也是自HDI诞生以来修改次数最多的一个。学者们对收入成分的批判多是针对人均GDP的调整问题和未反映收入分配问题。

一、人均GDP的武断调整

1. 调整的弊端。Joel Emes和Tony Hahn（2001）指出，HDI最基本的弱点就是人均GDP的武断调整。UNDP假设当人均收入超过一定限度时，人均GDP应该按照其对发展的最低贡献来折扣，但UNDP并没有提供任何实证分析来支持这种做法和观点，尽管1999年的HDR中陈述了下列理由：

> 收入作为除了反映健康长寿生活和知识以外的所有人类发展维度的代理指标，它代表了体面的生活，对收入处理的基本方法基于下列事实：获得高质量的生活水平不需要无限的收入，为了反映这一点，计算HDI时需要对收入进行折扣（UNDP，1999）。

图4-6列出了人均GDP指数的五种不同的调整方法。一个是没有任何调整的人均GDP（线性），其余四种代表能够用来调整人均GDP的可能函数。HDI武断地使用对数（log）函数，这种函数

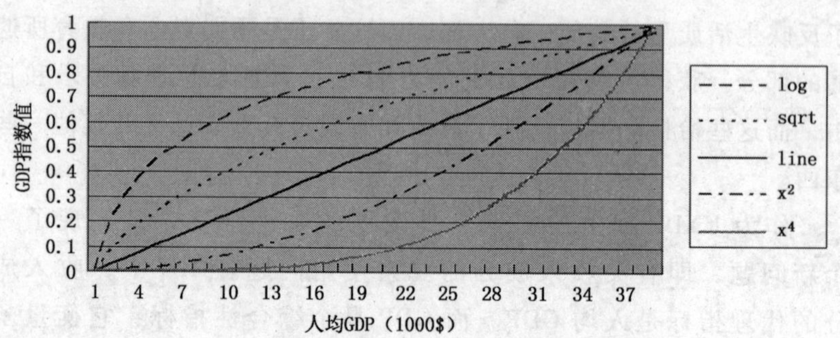

图 4－6　GDP 指数可选择的几种调整方程

产生的影响就是给予低收入国家更高的分数，给予收入超过人均 5000～7000 美元的国家非常少的分数。例如，调整表明，如果 1999 年加拿大的人均 GDP 为 26521 美元（以 1995 年的美元计），需要增加 5621 美元才能等于美国的人均 31872 美元，如果加拿大的人均 GDP 增加 5621 美元，GDP 指数相应地会从 0.93 增加到 0.96。如果用 HDI 来表示这种发展水平的提高程度，则仅仅表现为 HDI 增加了 1.1%。另外，应用这种调整表明，刚果 1999 年的人均 GDP 为 727 美元（以 1995 年的美元计），如果增加 5621 美元到 6348 美元，它的 GDP 指数从 0.33 上升到 0.69，增加 109.2%。用 HDI 测算的话，刚果的发展水平上升了 27.8%。如果刚果的人均 GDP 进一步增加 25524 美元，即从 6348 美元到美国的人均水平 31872 美元，它的 GDP 指数仅会上升 38.9%。

以上说明 GDP 的调整对 HDI 的分数会产生显著的影响。表 4－13是 Joel Emes 和 Tony Hahn 根据《人类发展报告 2001》计算的 20 个国家调整前后的对比情况。如果没有进行 GDP 调整，加拿大则排名在第 5 而不是第 3，卢森堡排名第 1 而不是 12，瑞典排名 13 而不是第 4。表 4－13 中的例子表明使用调整的 GDP 指数会使得各国间的 HDI 差距发生显著变化。

表 4 - 13　　20 个国家 GDP 指数调整前后的对比情况

国　家	实际人均 GDP（PPP 美元）	GDP 指数（UNDP）	HDI（UNDP）	HDI 排名（UNDP）	GDP 指数（未调整）	HDI（GDP 未调整）	HDI 排名（GDP 未调整）	排名变化
卢森堡	42769	1.00	0.924	12	1.07	0.95	1	11
美国	31827	0.96	0.934	6	0.80	0.88	2	4
挪威	28433	0.94	0.939	1	0.71	0.86	3	(2)
冰岛	27835	0.94	0.932	7	0.70	0.85	4	3
加拿大	26251	0.93	0.936	3	0.66	0.84	5	(2)
比利时	25443	0.92	0.935	5	0.64	0.84	6	(1)
瑞典	27171	0.94	0.924	11	0.68	0.84	7	4
澳大利亚	24574	0.92	0.936	2	0.61	0.83	8	(6)
日本	24898	0.92	0.928	9	0.62	0.83	9	0
荷兰	24215	0.92	0.931	8	0.60	0.83	10	(2)
丹麦	25869	0.93	0.921	15	0.65	0.83	11	4
奥地利	25089	0.92	0.921	16	0.63	0.82	12	4
瑞典	22636	0.90	0.936	4	0.56	0.82	13	(9)
爱尔兰	25918	0.93	0.916	18	0.65	0.82	14	4
芬兰	23096	0.91	0.925	10	0.58	0.81	15	(5)
德国	23742	0.91	0.921	17	0.59	0.81	16	1
法国	22897	0.91	0.924	13	0.57	0.81	17	(4)
英国	22093	0.90	0.923	14	0.55	0.81	18	(4)
意大利	22172	0.90	0.909	20	0.55	0.79	19	1
新西兰	19104	0.88	0.913	19	0.48	0.78	20	(1)

注：排名变化一栏中括号内的数字表示为排名下降的程度。

资料来源：Emes, J. and Tony Hahn, Measuring Development - An Index of Human Progress, *Public Policy Sources*, No. 36, 2001.

以 2001 年加拿大的数据来对比调整的和没有调整的人均 GDP 指数，结果如下：

（1）使用联合国调整的方法计算的 1999 年加拿大的 GDP 指数

为 0.93。

$$0.93 = \frac{\log(26251) - \log(100)}{\log(40000) - \log(100)}$$

（2）没有调整的 1999 年加拿大的 GDP 指数为 0.66。

$$0.66 = \frac{26251 - 100}{40000 - 100}$$

同理，美国分别为 0.96 和 0.80。

使用对数公式显著地压缩了中等收入国家和高收入国家之间人均 GDP 的差距。按照对数调整的人均 GDP 计算加拿大与美国的差距是 0.03（3.5%），而如果不对收入进行对数调整，二者的差距则扩大到了 0.14（21.5%）。也就是说，取消调整将增大国家之间的差距和可变性。例如，没有调整的加拿大的 HDI 值是 0.84，美国是 0.88。

加拿大：0.84 = （0.89 + 0.98 + 0.66）/3

美国：　0.88 = （0.86 + 0.98 + 0.80）/3

加拿大 HDI 排名第 3，尽管它的人均 GDP 仅为它的邻国（美国）的 82.4%，而美国却排名第 6。

2. GDP 指数与健康指数、教育指数的关系。如前所述，UNDP 将收入定义为没能反映健康和教育的人类发展的其他维度。如果将它作为健康和教育的代理指标，联合国对人均 GDP 的调整可能是合理的。图 4－7 是根据 2005 年人类发展报告数据做的预期寿命和人均 GDP 的散点图，图中的曲线大致呈图 4－6 中对数曲线模式。按照 UNDP 的逻辑，人均 GDP 应该是反映健康指数的很好的代理指标。同理，人均 GDP 也应是教育指数的代理指标。然而，联合国将人均 GDP 作为没能反映健康和教育的人类发展的其他维度的代理指标。可见，UNDP 对人均 GDP 采取的对数形式是值得商榷的。

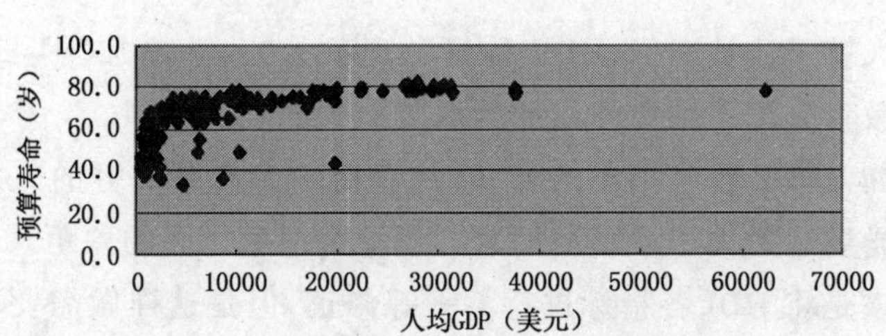

图 4－7　人均 GDP 与预期寿命散点图

二、收入分配问题

从 HDI 的一般表述中不难看出，HDI 并不能反映一国国内不平等状况。UNDP 的第一份报告中已经强调“测量人类发展的三个指标维度都有一个明显的缺陷——它们隐藏了人类发展中的不平等问题”，而且还认为“这种情形必须进行分配调整”①。随后第二份报告选取了几个国家进行 HDI 的分配调整，以期提高测量世界分配不平等指数的精度。遗憾的是，后来的报告（从 1994 年开始）又放弃了原来那种经过分配调整再计算 HDI 的方法。更令人吃惊的是，虽然平等和分配差异都是每一个报告关注的问题，但 UNDP 至今仍然没有改进测量 HDI 的方法。

Sagar 和 Najam(1997)认为,平等在 HDI 的三个指标成分中扮演着很重要的角色,但最受关注的是收入要素的分配不平等。教育和健康水平分配的不平等能够改变机会的获得,因而对国家间的经济不平等会产生严重的负面影响。例如对那些更健康、更高教育水平的人来说,就意味着更多的雇佣机会,而且这种分层状况在全世界也很明显。而现实也是越来越需要高学历、高技能人才,那些不受市场

① 参见联合国开发计划署：《人类发展报告 1993》，中国财政经济出版社 1993 年版，第 12 页。

欢迎的人就无法被雇佣，HDR称这种现象为“失业增加”[①]。这种现象只是教育分配不均衡的内部因素被放大的现实写照。

正如UNDP曾经指出的那样，最富裕的人与最贫穷的人之间的收入差异要远远大于最富裕国家与最贫穷国家之间的差距。完美的做法应该是将HDI各指标进行不平等修正，但是这样做需要的计算数据超出了目前可获得的范围。

Sagar和Najam(1997)首先用乘积法代替算术平均法对HDI进行修正，得到了一个修正的HDI(称之为RHDI[②])，然后利用其修正得到的RHDI值对各国的收入数据进行了“平等调整”[③]，得出了经过平等调整的E-RHDI值。部分国家调整前后的值见表4-14。

表4-14　部分国家（地区）经平等调整的数据

国家(地区)	RHDI	收入比率R(前20%/后20%)	修正因子ε	E-RHDI
加拿大	0.802	7.1	0.924	0.741
日本	0.755	4.3	0.976	0.737
挪威	0.759	5.9	0.946	0.718
荷兰	0.734	4.5	0.972	0.714
比利时	0.729	4.6	0.97	0.708
美国	0.787	8.9	0.891	0.701
瑞典	0.718	4.6	0.97	0.697
法国	0.76	7.5	0.917	0.697

① 参见联合国开发计划署：《人类发展报告1997》，中国财政经济出版社1997年版，第36页。

② Ambuj D. Sagar和Adil Najam(1997)利用连乘法代替简单算术平均的方法对HDI的计算公式进行了修正，得出了修正的人类发展指数RHDI，这在前文已有论述。

③ 这种修正是利用下述公式进行的：$\varepsilon=(1-R/R_{max})/(1-R_{min}/R_{max})$，这里$R\geqslant 3$。其中R是收入比率(前20%/后20%)；$R_{min}$是R的最小值(为了保证包含所有的国家，一般选为3)；R_{max}是R的最大值(R_{max}主观的设定原则为：$R=30$时，$\varepsilon=0.5$)。

续表

国家(地区)	RHDI	收入比率 R(前 20%/后 20%)	修正因子 ε	E－RHDI
芬兰	0.717	6	0.944	0.678
瑞士	0.751	8.6	0.896	0.673
丹麦	0.717	7.1	0.924	0.663
德国	0.699	5.8	0.948	0.663
西班牙	0.675	4.4	0.974	0.657
意大利	0.691	6	0.944	0.653
新西兰	0.706	8.8	0.893	0.63
澳大利亚	0.715	9.6	0.878	0.627
英国	0.708	9.6	0.878	0.621
以色列	0.646	6.6	0.933	0.603
新加坡	0.656	9.6	0.878	0.576
塞浦路斯	0.604	8.7	0.894	0.54
朝鲜	0.538	5.7	0.95	0.511
匈牙利	0.415	3.2	0.996	0.414
波兰	0.42	3.9	0.983	0.413
委内瑞拉	0.453	10.3	0.865	0.392
哥斯达黎加	0.462	12.7	0.82	0.379
智利	0.523	18.3	0.717	0.375
保加利亚	0.368	4.7	0.969	0.357
泰国	0.395	8.3	0.902	0.356
马来西亚	0.416	11.7	0.839	0.349
墨西哥	0.43	13.6	0.804	0.345
斯里兰卡	0.324	4.4	0.974	0.316
哥伦比亚	0.4	15.5	0.769	0.307
牙买加	0.339	8.1	0.906	0.307
俄罗斯	0.364	11.4	0.844	0.307

续表

国家(地区)	RHDI	收入比率 R(前 20%/后 20%)	修正因子 ε	E - RHDI
约旦	0.317	7.3	0.92	0.292
秘鲁	0.318	10.5	0.861	0.274
菲律宾	0.286	7.4	0.919	0.263
突尼斯	0.288	7.8	0.911	0.262
多米尼加	0.312	13.2	0.811	0.253
阿尔及利亚	0.27	6.7	0.931	0.249
中国	0.243	6.5	0.935	0.228
巴拿马	0.425	29.9	0.502	0.214
南非	0.293	19.2	0.7	0.205
玻利维亚	0.204	8.6	0.896	0.183
越南	0.161	5.6	0.952	0.153
巴西	0.331	32.1	0.461	0.153
博茨瓦纳	0.192	16.4	0.752	0.144
尼加拉瓜	0.158	13.2	0.811	0.128
洪都拉斯	0.199	23.5	0.62	0.123
加纳	0.118	6.3	0.939	0.111
津巴布韦	0.132	15.6	0.767	0.102
印度	0.101	4.7	0.969	0.098
巴基斯坦	0.096	4.7	0.969	0.093
危地马拉	0.177	30	0.5	0.088
莱索托	0.099	20.7	0.672	0.066
尼日利亚	0.074	9.6	0.878	0.065
孟加拉国	0.062	4.1	0.98	0.061
尼泊尔	0.051	4.3	0.976	0.05
毛里塔尼亚	0.058	13.2	0.811	0.047
赞比亚	0.048	8.9	0.891	0.043

续表

国家(地区)	RHDI	收入比率 R(前 20%/后 20%)	修正因子 ε	E - RHDI
乌干达	0.042	4.9	0.965	0.041
塞内加尔	0.046	16.7	0.746	0.035
坦桑尼亚	0.039	26.1	0.572	0.022
几内亚	0.028	28	0.537	0.015
埃塞俄比亚	0.008	4.8	0.967	0.008

数据来源：Sagar, A. D. and A. Najam, The Human Development Index, A Critical Review, *Ecological Economics*, 1998, 25, pp. 249 ~ 264.

从表 4 - 14 可以看出，应用平等调整，指数的绩效和排名都会发生显著的变化。实际上第一份报告（UNDP, 1990）已经表明了这种观点，但后来的报告（1994 年以后）却没有反映出这种影响。

表 4 - 14 中的修正是对 HDI 进行不平等调整的一个可行的方法，另一个可能的方法就是比较一国内部和国家之间 20% 的穷人与 20% 的富人之间的发展状况——这应该是比较有意思的，因为它能够更好地观察敏感人群的三个发展维度之间的关系。

既然意识到考虑平等在人类发展测度中的重要性，当数据适合，并允许所有国家进行不平等程度的测度时，人类发展报告就应该予以采用。在没有考虑不平等的情况下，HDI 仅仅是对一个“国家或世界”的片面描述。必须进一步进行数据收集技术的改进，只有这样才能更好地将其适用于人类发展的三个维度。

第五章

对人类发展指数的修正研究

HDI并不是一个完美的指标。实际上自从HDI诞生起，就遭到了各种观点的批判。关于各种批评文献，本书第四章已经作了分类和总结。其大致可以分为四类：基础数据可信度问题、人类发展指标本身问题（不够全面和各指标的处理问题）、指标之间权重分配以及HDI的计算方法问题。本章试图从三个主要方面对HDI存在的问题进行全面的修正，包括基本成分的修正、多指标综合方法的修正以及结构修正。

第一节 HDI基本成分的修正

一、无量纲化方法的修正

HDI是人类发展三个维度、四个指标的综合指数。从前文论述可知HDI的各项指标分别具有不同的量纲和量级，例如，平均预期寿命的单位是岁，成人识字率则是百分比，两者不能进行直接加减运算。如果直接使用原始指标，会使结果偏重于具有较大方差或数量级的指标。为了消除量纲和数量级的影响，需要对原始指标进行标准化处理，这对于综合指数 HDI 的评价和比较是很关键的。

HDI 分项指数的计算办法本身就是一项简单的 0 ~ 1 标准化技术，UNDP 采用的是简单的 0 ~ 1 方法，旨在将具有不同量纲的指标调节到 0 ~ 1，赋予相同的量纲和数量级。本节讨论 HDI 中各分量指标无量纲化存在的问题，并提出不同于 UNDP 采用的无量纲化方法，使得各指标综合时更具合理性。

从理论上讲，无量纲方法归结起来有三大类：直线型无量纲化方法、折线型无量纲化方法和曲线型无量纲化方法。无量纲化处理方法在客观性的基础上应该简便易行、便于推广，所以多数多指标综合评价案例往往用直线型无量纲化公式来代替可能曲线型公式。由于无量纲化的结果即评价值本身就是对被评价事物的一种相对描述，因而在不影响被评价对象间相对地位的前提下，允许用近似的、简化的直线性关系来代替曲线关系①。并且，从国内外多指标综合评价的案例应用经验来看，线性公式所得的综合评价结果与复杂得多的非线性公式往往相近，而方法却容易使用。所以本节主要讨论几种直线型无量纲化方法。

无量纲化，也叫数据的标准化、规格化，它是通过数学变换来消除原始变量（指标）量纲化影响的方法。直线型无量纲化方法在将指标实际值转化成不受量纲影响的指标评价值时，假定二者之间呈线性关系，指标实际值的变化引起指标评价值一个相应的比例变化。直线型无量纲化方法主要有极差正规化法、标准化法（也称 Z - score 法）和均值化法。下面对这三种方法进行比较分析。

1. 基本公式。

（1）极差正规化法的主要公式为：

---

① 邱东：《谁是政府统计的最后东家》，中国统计出版社 2003 年版。

$$y_i = \frac{x_i - \min\limits_{1 \leq i \leq n} x_i}{\max\limits_{1 \leq i \leq n} x_i - \min\limits_{1 \leq i \leq n} x_i} \tag{5.1}$$

（2）目前使用最普遍的无量纲化方法是标准化法，标准化法的公式为：

$$y_i = \frac{(X_i - \bar{x})}{s} \tag{5.2}$$

y_i 也可化成百分数的形式，如：

$$y_i = 50 + \frac{(X_i - \bar{x})}{10s} \times 100 \tag{5.3}$$

$\bar{x}$ 和 s 分别代表指标 x_i 的均值和标准差，经过标准化后，指标 y_i 的均值为 0，方差为 1，消除了量纲和数量级的影响。

（3）均值化方法公式为：

$$y_i = \frac{x_i}{\bar{x}} \tag{5.4}$$

均值化后各指标 y_i 的均值都为 1，其方差为：

$$\mathrm{var}(y_i) = E[(y_i - 1)^2] = \frac{E(x_i - \bar{x})^2}{\bar{x}^2} = \frac{\mathrm{var}(x_i)}{\bar{x}^2} = \left(\frac{s}{\bar{x}}\right)^2 \tag{5.5}$$

均值化后各指标的方差是各指标变异系数的平方，它保留了各指标变异程度的信息。

2. 各种方法特点比较。选用无量纲化公式，除了注意各个方法自身的特点外，还要根据被评事物的特点，才能确保转化的可行性。

一般来说，极差法有四个特点：①对指标数据的个数和分布状况没有什么要求；②转化后的数据都在 0～1 区间，便于进一步数学处理；③转化后的数据相对数性质较明显；④就每个 x_i 的转化而言，无量纲转化所依据的原始数据信息较少，顶多是指标实际值中的几个值，如 $\max_{1\leq i\leq n} x_i$、$\min_{1\leq i\leq n} x_i$ 和 x_i 等。

极差法公式中的分母仅与原始指标的最大值和最小值有关，而与指标的其他值无关。当 x_i 的最大值与最小值之差很大时，y_i 值就会过小，相当于降低了第 i 个指标的权重；相反，当 x_i 的最大值与最小值之差很小时，y_i 值就会过大，相当于提高了第 i 个指标的权重。即指标的两个极值对指标的权重产生了很大影响，所以在多指标综合评价中，用极差正规化法作为无量纲化的方法是不可取的。

对比来看，标准化法的特点有：①在被评价对象个数较多时适宜应用，因为标准化法在原始数据呈正态分布的情况下，转化结果才是可靠的；②标准化法的 y_i 与每个 x_i 都有关系，利用的原始数据信息多于极差法。

标准化法消除了量纲和数量级的影响，同时标准化法也消除了各指标变异程度上的差异，因此经标准化后的数据不能准确反映原始数据所包含的信息，导致综合评价的结果不准确。相比而言，均值法是一种改进的无量纲化方法，即均值化后各指标的方差是各指标变异系数的平方，它保留了各指标变异程度的信息。因此，均值化方法是一种较好的无量纲化方法。

在实际问题中情况是复杂的，指标的无量纲化方法的选择要具体问题具体分析。由于极差法对极值的过分依赖，因此在多指标综合评价中，作为无量纲化的方法是不可取的。那么，标准化法和均值化方法应如何选择呢？这也要具体问题具体分析。有时需要保留指标的变异信息，有时需要消除指标的变异信息。根据以上分析，当综合评价的指标值都是客观数值时，一般来说应该用均值化方法对指标进行无量纲化；而当综合评价的指标值是主观分数时，则用标准化方法更好。

3. HDI 无量纲化中存在的问题及其修正。

（1）存在的问题。HDI中每个指标是采用极差法来进行无量纲化处理的，三个指数的阈值和计算公式分别见表5-1和下述公式：

表5-1　　计算HDI的阈值

指　　标	最大值	最小值
出生时的预期寿命（岁）	85	25
成人识字率（%）	100	0
毛综合入学率（%）	100	0
人均GDP（PPP美元）	40000	100

$$预期寿命指数 = \frac{X_1 - 25}{85 - 25}$$

$$成人识字率指数 = \frac{X_{21} - 0}{100 - 0}$$

$$毛综合入学率 = \frac{X_{22} - 0}{100 - 0}$$

$$教育指数 = \frac{2}{3}(成人识字率指数) + \frac{1}{3}(毛综合入学率)$$

$$人均GDP指数 = \frac{\log X_3 - \log 100}{\log 40000 - \log 100}$$

从以上公式可以看出，指数的大小不仅取决于数据X本身，而且取决于各指标阈值的选择。很明显，当阈值的上下限变化时，指标无量纲化后的值也会发生变化。最大值变化时，指标无量纲化后的值变化示意函数如图5-1所示。

x代表最大值自变量，a是假定不变的最小值，m是原指标值，y代表指标m无量纲化后的指标值。满足a≤m≤x。曲线呈递减形式，最大值变大时，曲线值变小，反之亦然。

相应的，当最小值变化时，无量纲化后的指标值变化函数如图

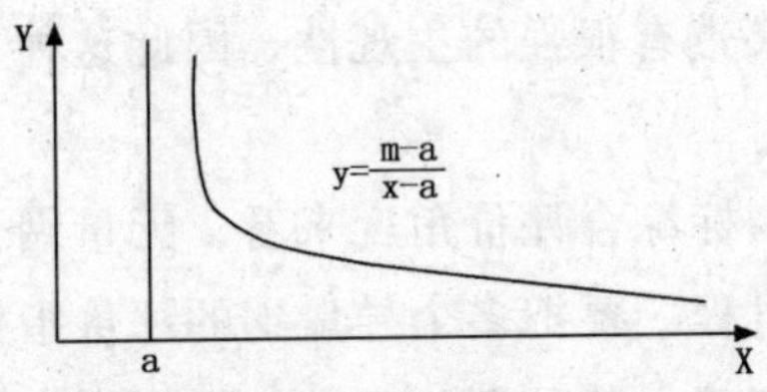

图 5－1　最大值变化时指数变化的曲线图

5－2 所示。

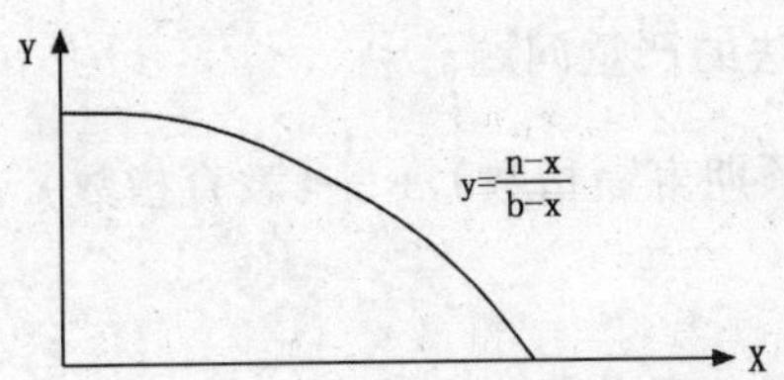

图 5－2　最小值变化时指数变化的曲线图

x 代表变化的最小值，b 代表假定不变的最大值，n 是原指标值，y 是 n 无量纲化后的指标值。

从以上两个图可以看出，当最大、最小值变化时，函数都呈递减趋势。也就是说，最大值变小时，无量纲化后的值变大；最大值变大时，无量纲化后的值变小。最小值的变化趋势也是如此。

而且，该方法选取的指数的上下限对 HDI 有规模影响。比如，若第 i 类指数的最大值和最小值之间的差异太大，则这一指数在加总时的分母值就偏大，导致它对 HDI 的贡献率下降。因此，在这一指数上取得较大进步的国家的 HDI 值将提高得很小，而且这种低估与该指数的权数大小无关，仅和设定的上下限相关。

由于每个指数的上下限是给定的，该方法虽然在测度单个国家向固定目标的发展状况上比较准确，但不利于将单个国家的发展状况放在不断变化的国际形势下进行国别比较。从以上分析可以看出，无量纲化的结果即评价值 HDI 明显受到阈值大小的影响，而这种阈值的确定又带有很强的主观性，因此这种无量纲化方法值得商榷。

另外，从多指标综合评价角度来看，无量纲化过程实质上就是评价函数的建立过程。要把多个异量纲的评价指标综合成一个总评价值，必须选取和建立某种评价函数，把不同尺度的指标值转换成评价值，这个评价值是一个相对数，表明各个指标值对评价对象的相对贡献程度。从这一点看，HDI这个综合评价指数的计算更存在缺乏无量纲化方法的严重问题。

$$\text{HDI} = \frac{1}{3}(\text{预期寿命指数}) + \frac{1}{3}(\text{教育指数}) + \frac{1}{3}(\text{人均 GDP 指数})$$

不同含义的相对数相加，通常是没有现实意义的。HDI中的预期寿命指数、教育指数和人均GDP指数是完全不同意义的相对数，直接相加得到的人类发展指数，从理论上说不通，破坏了综合指标的同质性原则，是完全不合理的。在用相对数指标进行综合评价时，也一定要作无量纲化处理，对相对数指数不作无量纲化处理就直接加以综合的方法不妥。例如，在PQLI中，识字率指标直接被设计为识字率指标本身，没有做无量纲化处理，就与婴儿死亡率指标、一岁期望寿命指标相加，是不妥的。不同含义的相对数直接相乘除也是不合适的。例如在ASHA指标中，把几个不同的相对数指标直接相乘除，这从指标综合方法上看也值得商榷①。

---

① 例如从AHSA的计算结果来分析，假定甲地区识字率60%，就业率61%；乙地区识字率61%，就业率60%，而其余四个指标甲乙两个地区相同。按照AHSA指标方法计算，甲乙两地区的ASHA值是相同的。这意味着：识字率1%的变动和就业率1%的变动对发展水平综合评价值的贡献是相同的。然而在现实生活中，不同国家（地区）为识字率的1%增长和就业率1%的增长所花费的努力很可能是不同的。所以，从指标计算角度看，不将相对数作无量纲化处理也是不妥的。参见邱东：《谁是政府统计的最后东家》，中国统计出版社2003年版。

（2）标准化法修正。鉴于 HDI 各个指标的实际情况，而且被评价国家的个数众多，且数据大致符合正态分布，因此可以使用标准化法将数据无量纲化。

为了消除规模因素的影响，使 HDI 各个成分有着相同的均值和方差分布，首先需要标准化数据。标准化后的成分将构成多维向量空间的三个向量。标准化法无量纲化的基本公式为：

$$y_i = \frac{(X_{ij} - \bar{X}_j)}{s} \tag{5.6}$$

考虑向量（$X_{ij} - \bar{X}_j$），代表了成分 j 与均值分数的偏离程度。这个向量的长度可以由向量内积的平方根计算，如下：

$$|X_{ij} - \bar{X}_j| = [(X_{ij} - \bar{X}_j),(X_{ij} - \bar{X}_j)]^{1/2} = [\sum_{i=1}^{n}(X_{ij} - \bar{X}_j)^2]^{1/2} \tag{5.7}$$

从方差的定义，我们有：

$$\sigma^2 = \frac{\sum_{i=1}^{n}(X_{ij} - \bar{X}_j)^2}{n} \tag{5.8}$$

或者 $\sum_{i=1}^{n}(X_{ij} - \bar{X}_j)^2 = n\sigma^2$　　(5.9)

由于标准化成分的方差等于 1，从等式（5.7）和（5.9），能够得出：

$$|X_{ij} - \bar{X}_j| = n^{1/2} \tag{5.10}$$

也就是说，标准化成分向量的长度等于有着相同成分的国家个数的平方根。因此，标准化成分向量的长度是相等的，从而使各个指数的国别分布以相同的方差围绕相同的均值分布。设标准化后的数据由下面的矩阵表示：

$$\begin{bmatrix} x_{11} & x_{12} & x_{13} \\ x_{21} & x_{22} & x_{23} \\ \cdots & \cdots & \cdots \\ x_{n1} & x_{n2} & x_{n3} \end{bmatrix}$$

其中，列向量 $x_{i1}, x_{i2}, x_{i3}, i = 1, 2, \cdots, n$ 分别表示 n 个国家的人均 GDP 指数、教育指数和预期寿命指数。经过标准化后，每个国家 3 个列向量有相同的向量长度和方差。

（3）均值法修正。由于 HDI 中各指标的原始数据都是客观数据，分析时应该保留指标的变异信息，均值法的公式为：$y_i = \frac{x_i}{\bar{x}}$，而标准化后数据的方差 $var(y_i) = \left(\frac{s}{\bar{x}}\right)^2$，它保留了各指标变异程度的信息，因此均值化方法是计算 HDI 时一种较好的无量纲化方法。

二、教育成分和收入成分的修正

解决了各指标无量纲化问题之后，还要对 HDI 各个成分中存在的具体问题进行修正，为了解决教育成分没有考虑收益递减原则的问题，需要对教育指标进行收益递减修正；为了解决收入成分没有考虑不公平分配的问题，需要对收入成分进行不平等修正。

1. 教育成分收益递减修正。前文已经阐述，1994 年以前的人类发展报告中，教育维度用成人识字率和平均受教育年限的加权和计算的教育指数来表示，即：

$E = a_1$ 成人识字率 $+ a_2$ 平均受教育年数

权重选择为 $a_1 = 2/3$，$a_2 = 1/3$。1992 ~ 1994 年的人类发展报告中，一直使用这些指标。为了避免不同规模对权数的影响，从 1995 年起，平均受教育年数由小学、中学、高中的综合毛入学率来替代，权重保持不变，即：

$E = a_1$ 成人识字率 $+ a_2$ 综合毛入学率

以上两种计算处理方法并没有体现出知识对发展贡献的递减性质。报酬递减原则不仅适用于收入维度，也适用于教育成就。关于这一点，可能会有争议，为了证明这一点，现举例说明：在制定政策时，成人识字率为30%的国家，提高识字率要比成人识字率为90%的国家更为迫切。另外，教育成就的收益递增比例可能因其他因素如工业化水平、资本积累以及生产率等产生两个方向的影响：或者增加，或者减少。生产率对教育成就的影响意味着可能根据对生产率的贡献来评价。这实际上也涉及HDI的两个不同维度的相互作用，即知识和资源的获取。根据HDI的概念，为了构建指数结构，假设HDI的三个维度是相互独立的。

为能反映报酬递减规律，要设置能够反映出教育指数虽然在连续上升但上升的幅度呈递减趋势的一系列权重值。假设递减的比率是保持不变的，这样，关键是找到一套保持相同的收益递减率的权重w，也就是说，找到一个函数 $w = f(x)$，有 $dw/dx = rw$，w是递减的，而r是不变的。在这种情况下，r反映了不变的收益递减率。而指数方程 $w = e^x$ 恰好有这样的性质，因为它的每一次导数仍是它的函数值。对收益递减修正后，重新计算的每个国家i的教育指数为：$\sum_{k=1}^{k} A_{ikp} e^x, p = 1, 2$。

p为教育指数中指标的个数，此外，x的每个函数值都是正的。特别是如果选择范围 $-\infty \leqslant x = 0$，将导致 $0 \leqslant e^x = 1$，那么可以利用这些权重来重新调整各个国家的教育指数。

设成人识字率为AL，综合入学率为ER，则两者的加权函数分别为：

$w_{AL} = e^{x(AL)}, w_{ER} = e^{x(ER)}$

两个指标的范围与x的对应函数值见表5－2。

教育指数 $=2/3ALw_{AL}+1/3ERw_{ER}$

表 5-2　　AL、ER 的范围与 x 之间的函数值

成人识字率范围 AL	综合入学率范围 ER	x	e^x
$0<AL\leq 40$	$0<ER\leq 40$	0	1.000
$40<AL\leq 50$	$40<ER\leq 50$	-0.1	0.905
$50<AL\leq 60$	$50<ER\leq 60$	-0.2	0.819
$60<AL\leq 70$	$60<ER\leq 70$	-0.3	0.741
$70<AL\leq 80$	$70<ER\leq 80$	-0.4	0.670
$80<AL\leq 90$	$80<ER\leq 90$	-0.5	0.606
$90<AL\leq 100$	$90<ER\leq 100$	-0.6	0.549

例如，2005 年人类发展报告中中国的成人识字率（AL）是 90.9%，综合入学率（ER）是 69%，应用教育收益递减原则计算如下：

$AL=40+9.05+8.19+7.41+6.70+6.06+9\times 0.549=82.35\%$

$ER=40+9.05+8.19+9\times 0.74=63.9\%$

与 UNDP 原来的处理相比，这种新方法的重要特点是考虑了知识对发展指标贡献的递减性质。特别是对于发展中国家，教育深化和知识过度已经成为一个普遍的现象，通过这种修正，可以更好地度量发展中国家的发展程度。

本书运用教育收益递减原则重新计算了 2005 年人类发展报告中所有国家成人识字率和综合入学率（用 RAL 和 RER 表示）以及教育指数（REI），具体见附表 2。从附表 2 可以看出运用教育收益递减原则计算的所有国家 REI 值都要小于 EI 值。

2. 对收入成分进行不平等调整。前一章的讨论已经指出，HDI 并不能反映一国国内的不平等状况。平等问题在 HDI 的三个指标成分中都很重要，对人类发展中分配不平等的敏感性要求我们调整HDI中三个成分的不平等因素，但最受关注的是收入要素的分配不平等，收入分配的不平等减少了由收入带来的人类发展成就。因此，本章只讨论对收入成分的不平等调整问题。

一般而言，收入指数是用调整后的人均GDP来衡量的。在UNDP关于收入指数的构造中，调整主要有两种，一是把各国的人均GDP对数化来进行计算（1990年及1999年之后的计算方法）；二是通过引入分段递减的效用函数Atkontion公式（1991年到1998年间的计算方法）进行计算。自1999年以来，人类发展指数就基本采用GDP的对数形式来测度生活标准。这两种方法主要考虑的都是收入的边际效用递减原则，而未考虑收入分配对人类发展的影响。如果两个国家的各项指标都相同，其中一国收入几乎全部集中于一人，而另一国收入分配非常平均，若按现在的计算方法会得出两国的发展水平相同的结论。这显然是荒谬的。而且，人类发展指数采用的是平均值形式，其目的是通过各国代表性的人类发展指标衡量各国的人类发展状况。而若不考虑收入分配的不平等，对于那些收入分配极不平等的国家来说，平均值显然不具有很强的代表性。因此，有必要对收入指数进行不平等调整，即考虑收入分配对人类发展的影响。在修正的指数中，收入指数用调整后的人均GDP来衡量。

（1）对Atkontion公式的不平等调整。实际上，1991年的HDR已经采用了对HDI进行收入分配调整的方法。1990年的人类发展报告指出，由于“衡量人类发展的发展指数存在一些缺陷，因为它们都是平均数，从而掩盖在人口分配中的差异，所以有必要对收入成分进行调整”。第一个对HDI的收入成分进行不平等调整的是1991年的HDR。这里是使用Atkinson收入效用公式对高于标准极限水平（即世界收入平均水平）的人均GDP数值进行折算

（UNDP，1997）。

具体做法是：将调整后的收入 w（y）（而不是实际收入）乘以（1－G）（G 为基尼系数，根据基尼系数定义，G＞0）对收入进行修正。公式为：

$$\text{收入指数} = \frac{w(y)[1-G] - \min_i w(y_i)}{\max_i w(y_i) - \min_i w(y_i)} \tag{5.11}$$

w(y) 是对高于贫困线收入进行折扣的收入函数。

由于这是作用于调整后的收入（对高收入进行折扣），收益递减的影响能够在收入分配调整之前起作用。因此，被调整的收入 w(y)[1－G] 是除了寿命和教育之外的计算 HDI 的第三个变量（UNDP，1991）。1991 年的 HDR 利用 53 个国家的基尼系数计算了经过收入分配调整后的人类发展指数。

1992 年和 1993 年 HDR 中采用了相同的收入调整方法。但从 1995 年以后 HDR 中就没有对收入成分进行分配调整。

根据公式（5.11），由于 $w(y)[1-G] \leqslant w(y)$，不难看出所有的国家经过不平等调整后的 HDI 值都会下降。而且收入分配越不平衡的国家，经过不平等修正的 HDI 值就越会下降。

本书认为这样做有些欠妥，如果目标值（收入成分的最大与最小值）是不变的，这也许是一种比较有意义的方法。但是，如果收入的最大和最小值发生变化，并且这一变化能够反映分配调整后的收入 w(y)[1－G]，那么收入成分对 HDI 的贡献就应该用下列公式表示：

$$\frac{w(y)[1-G] - \min_i[w(y_i)(1-G_i)]}{\max_i[w(y_i)(1-G_i)] - \min_i[w(y_i)(1-G_i)]} \tag{5.12}$$

其中 G_i 是第 i 个国家的基尼系数，这样经过分配调整后的 HDI 有可能高于也有可能低于原来的 HDI。这两个公式中，没有经过分配调整的 HDI 的基准值（令 G 等于零得到的）是不同的，公式（5.12）中，一个国家收入缩减的变化不仅会影响本国的基尼系数 G，而且会影响那些以 $w(y_i)[1-G_i]$ 为最大值和最小值的国家的基尼系数 G_i 和 $w(y_i)$ 的水平。

（2）对 GDP 对数化的不平等调整。1999 年以后，收入成分采用人均 GDP 对数来计算，并且为收入成分确定了固定的最大、最小值（分别为 40000 美元和 100 美元）。收入成分的不平等调整可直接采用乘以基尼系数的方法，公式如下：

$$\frac{\log(y(1-G))-\log100}{\log40000-\log100} \tag{5.13}$$

对任何一个国家而言，都不存在完美的收入分配。因此，对所有国家来说，调整的 HDI 收入成分将使其分值较少。

具体计算时，有基尼系数的国家直接采用基尼系数计算，对于没有基尼系数的国家则利用收入分配方面的数据进行估计，可以利用位于前 20% 人口与后 20% 人口的收入数据的比值。经过对有基尼系数的国家的研究发现，位于前 20% 与后 20% 的收入数据的比值与基尼系数有很强的相关关系——比值的对数可以作为基尼系数很好的预测值。这样没有基尼系数的国家的数据就都可以得到并可以利用了。

第二节
多指标综合方法的修正

前面讨论过 HDI 指标的无量纲化方法，但是如何将无量纲化后的各单个指标值综合在一起得到一个总评价值，仍是一个需要进一步探讨的问题。这实际上是一个多指标综合评价问题，即如何通过一定的算式将多个指标对事物不同方面的评价值综合在一起，以得到一个整体性的评价。

目前流行的多指标综合方法有常规多指标评价方法（包括加权线性和法、乘法合成法和加乘混合法）、模糊综合评判法和多元统计方法（包括主成分分析法、因子分析法和判别分析法）等。UNDP 采用的是常规多指标综合方法中的加权线性和法，如下式所示：

$$HDI = \frac{1}{3}(\text{预期寿命指数}) + \frac{1}{3}(\text{教育指数}) + \frac{1}{3}(\text{收入指数})$$

UNDP 采用的这一方法是否合适？我们知道，多指标综合方法较多，问题在于我们要根据被评事物的特点和要评价的目的来选择较合适的方法①。因此，要回答这一问题，我们首先需要对各种主要综合方法的算式、使用场合、特点等加以分析。

一、常规多指标综合方法的修正

1. 常规多指标综合方法。

(1) 加权线性和法（加法合成）。加权线性和法的基本公式为：

$$\chi = \sum_{i=1}^{n} \omega_i x_i \tag{5.14}$$

式中，χ 为被评价事物得到的综合评价值；ω 为各评价指标的权数；χ_i 为单个指标的评价值；n 为评价指标个数。

比如，美国海外发展委员会 1975 年提出来的生活质量指数 PQLI 就是对指标无量纲化处理后加总得出的指数，权数均为 1/3。

PQLI = 1/3（识字率指数 + 儿童死亡率指数 + 一岁期望寿命指数）

① 参见邱东：《谁是政府统计的最后东家》，中国统计出版社 2003 年版。

加权线性和法可以有不同的变形处理，比如总和法：

$$\chi = \sum_{i=1}^{n} x_i \tag{5.15}$$

这里相当于 ω_i 都取值为 1，即简单的算术平均。另外，还有约束的线性加权和法：

$$\kappa = \prod_{i=1}^{n} K_i \qquad \chi = \kappa \sum_{i=1}^{n} w_i x_i \tag{5.16}$$

这里 κ_i 为判别各评价指标是否达到最低要求的逻辑值，如达到最低要求，κ 取值为 1，否则 κ 为 0。

加权线性和法适用于各评价指标间互相独立的情况，即各指标对综合水平的贡献彼此是没有影响的。若各评价指标间不独立，和的结构必然是信息的重复，也就难以反映客观实际。

采用加权线性和法，各评价指标间可以线性补偿，即某些指标评价分数的下降可以由另一些指标评价分数的上升来补偿。因而这种合成方法对不同被评对象间指标评价值的差异反应不太敏感，从而使这种方法区分各评价对象的灵敏度相对乘法合成等其他方法低一些。

加权线性和法突出了评价分数较大且该指标权数较大者的作用，由此，加权线性和法是较接近于主因素突出型的评价合成方法，容易诱导评价者突出抓那些权数较大的评价指标。

（2）乘法合成。乘法合成有两种不同的处理。

一种是连乘法：

$$\chi = \prod_{i=1}^{n} x_i \qquad (x_i > 0) \tag{5.17}$$

另一种是乘除法：

$$\chi = \prod_{i=1}^{n} x_i \Big/ \prod_{j=1}^{m} x'_j \qquad (x_i > 0 \quad x'_j > 0) \tag{5.18}$$

式（5.18）中，x'_j 代表与 x 呈反向变化的另一类指标的评价值，若 x 为正指标，x′则为逆指标；m 代表 x′类指标的个数。

比如美国卫生委员会提出的指标 ASHA（American Social Health Association）：

$$ASHA = \frac{就业率 \times 识字率 \times 平均期望寿命/70 \times 人均 GDP 增长率}{人口出生率 \times 儿童死亡率}$$

一般来说，单个指标的评价值（即指标实际值经过无量纲化处理后的结果）多数是小于 1 的，小于 1 的数连乘之后，综合评价值就会变得很小，直观上容易给人以错觉。因此，可以将连乘法变形为乘方法（即几何平均法），即：

$$X = \left(\prod_{i=1}^{n} x_i\right)^{1/n} \quad (x_i > 0)（简单式） \tag{5.19}$$

或 $$X = \left(\prod_{i=1}^{n} x_i^{wi}\right)\frac{1}{\sum_{w}^{i}} \quad (x_i > 0)（加权式） \tag{5.20}$$

乘法适用于各评价指标间高度相关的情形，各指标的乘积表现为整个事物的综合水平。乘法合成强调被评价对象各指标评价值的一致性，也就是说，它要求被评价对象在各指标方面彼此间差异较小，任何一方面都不能偏废。

在乘法合成中强调的是各指标间的一致性，指标权数的作用不如线性加权和法明显，因而在有的乘法合成中不作加权处理。乘法合成的结果突出了指标评价值中较小数的作用，这是由运算的性质所决定的。乘法合成对指标评价值变动的反映比加法合成更敏感。

（3）加乘混合法。加乘混合法是将上面两种合成方法混合在一起，公式是：

$$\chi = \sum_{i=1}^{n} x_i + \prod_{j=1}^{m} x'_j \tag{5.21}$$

或 $$\chi = \sum_{i=1}^{n} x_i \Big/ \prod_{j=1}^{m} x'_j \tag{5.22}$$

或　$$\chi = \prod_{i=1}^{n} x_i \Big/ \sum_{j=1}^{m} x'_j \qquad (5.23)$$

加乘混合法兼有加法和乘法合成两个方法的性质，但在程度上不及两个独特合成方法，当对被评价事物的内部关系分析得较明确、有的部分需要用加法合成、有的部分需要用乘法合成时，可以用加乘混合法。加乘混合法比加法和乘法更麻烦些。

2. 常规多指标综合方法对 HDI 的修正。由前文分析可知，HDI 各个维度指标间的关联性很强，存在着信息的重复问题。而加权线性和法要求各评价指标间互相独立，从这一点看，UNDP 采用的加权平均公式是不合理的，不能客观反映人类发展的实际情况。另外一个尤其值得注意的问题是，加权线性和法突出了评价分数较大指标的作用，是主因素突出型的评价合成方法。采用这一方法容易误导各个国家在制定人类发展政策时采用倾斜发展战略来获取较高综合评价值，即突出抓那些权数较大的评价指标。这就违背了人类发展的初衷。

由此可见，假设暂且放下多元统计方法不论，仅就常规统计方法来说，根据上述介绍的加法和乘法的特性，UNDP 采用线性加权法来综合评价 HDI 也是不妥的。

由于乘法适用于各评价指标间有强烈关联的场合,从这点看 HDI 应采用乘法进行各指标的综合评价,这样 HDI 就表现为各指标的乘积,即人类发展的综合水平。此外,乘法合成还强调各个指标间的综合发展,不致偏颇,这一点也符合人类追求全面发展的初衷。

乘法合成的结果突出了指标评价值中较小数的作用，这是由运算的性质所决定的。两数间的差异越大（即意味着有较小数出现），则这个积就越小。这个特性可以推广到 n 项积上。用乘法合成综合评价人类发展，有助于政策制定者重视人类发展的各个方面，而不是靠重点倾斜的方法提高 HDI 值。

试用一个极为简化的例子来比较加权和法（算数平均法）和乘方法（几何平均法）哪种更适用于 HDI 的综合评价。设某个国家人类发展的三项指标中有两个为 1，另一个为 0.1①，用 UNDP 的加权和法算出的 HDI 值为 0.7，而用乘法算出的 HDI 值仅为 0.1。可见，当被评价对象各项指标发展不平衡时，乘法合成更有助于拉开被评判对象的档次，综合评价的效度更高些。

因此，本书认为，如果采用常规多指标综合评价方法，则应该采用乘积法来综合 HDI，公式应为：

$$HDI_j = \prod_{i=1}^{3} x_{ij}, j = 1, 2, \cdots, n \frac{1}{2} \tag{5.24}$$

其中，i 代表指数的个数，j 代表国家。HDI_j 表示 j 国家三个指数通过连乘得到的 HDI 值。

二、多元方法的修正——PCA 方法

前面我们考察了多指标综合方法中的常规多指标评价方法，并指出 UNDP 采用加权线性和法来计算 HDI 是不妥的，建议应采用乘法合成来修正 HDI。当综合考虑所有的多指标综合方法时（即将多元统计方法和模糊综合评判法考虑在内），我们可以看出多元统计方法有着常规多指标评价方法和模糊评判法不可比拟的优点（三种方法的比较具体见表 5－3）。多元统计方法主要有因子分析法、主成分分析法、模糊综合评判法等。它们的优点是可以解决指标间的相关性问题，缺点是不同年份结果不可比，即不可进行纵向比较。模糊综合评判法的优点是不需要专门的指标无量纲化处理。但这种方法的权数是人为估计的，也无法解决指标间的相关性导致

① 当然这只是为了更直观的说明问题，采取了一个较极端的数字。现实中如果一个国家人类发展的两个维度指数值都很高，则另一个发展程度也不会很差。

的信息重复问题。

表 5-3　　常规方法、多元方法和模糊方法的比较

比较项目	常规方法	多元方法	模糊方法
消除指标间相关影响	不能	能	不能
无量纲化处理	需专门处理，方法较多	只能用 Z-score 法	无需专门处理，体现在$\underline{R}$确定中
阈值和参数确定	根据无量纲化的要求确定	不需专门确定	根据$\underline{R}$确定要求确定
权数处理	1. 通常是估价权数和信息量权数 2. 专门生成权 3. 属可调整权	1. 通常是系统效应权数和信息量权数 2. 伴随生成权 3. 不可调整	1. 通常是估价权数 2. 专门生成权 3. 属可调整权
评价结果对评价对象的唯一性	有的具有唯一性	不保证	具有
评价结果表现	实数（点值）	实数（点值）	向量
合成方式	多种，可选择使用	通常用加法合成	可选用
应用领域	确定性现象	评价指标间相关度高，且被评价对象个数较多	模糊性现象

资料来源：邱东：《谁是政府统计的最后东家》，中国统计出版社 2003 年版。

当我们对国家（地区）的人类发展程度进行评价时，是通过一定的指标进行的（如预期寿命指标、识字率指标、综合入学率指标和人均 GDP 指标）。这四个指标构成一个多维（这里是三维）空间，被评价对象成为多维空间中的样本点。样本在某项指标上变差越大，说明样本在这一指标维度上的距离越大。对样本的人类发展指数进行综合评价时，则要以各项指标的总变差来说明样本在多维空间的相对地位。然而在将单项变差综合为总变差时产生了以下

问题：①评价指标量纲往往不同，变差不能直接综合[①]；②指标间往往存在一定的相关关系，由此即使消除量纲影响后再综合，也会有信息重复[②]；③在综合时如何确定各指标的权数。此外，如何尽量减少变差信息损失，用新的不相关变量来代替信息重复的变量，解决信息重复问题，恰恰是多元统计方法中主成分分析法所具有的优势特点。另外结合主成分分析法的适用范围（下文有具体说明）可以看出，其恰恰能够解决 HDI 中各指标存在的问题。因此本书拟采用多元统计方法中的主成分分析法（PCA）对 HDI 进行修正。

1. PCA 方法的基本思想和适用范围。

（1）基本思想。主成分分析（Principal Component Analysis）是分量分析的一种，也叫主轴分析。它是一种应用范围较广的多元统计分析方法，进行多指标综合评价是主成分法的主要应用场合之一。

主成分分析是通过恰当的数学变换，使新变量成为原变量的线性组合，并寻求主成分来分析事物的一种方法。数学上还证明，主成分分析中各分量是按照方差大小依次排列顺序的，这说明，第一分量代表的原变量变差信息最多，第二分量次之，最后一个分量代表原变量的信息最少，往往近乎于零。由此，我们在分析实际问题时，可以舍弃一部分分量，只取前 K 个分量来代表原变量，在满足分析问题精度要求的前提下，减少工作量。

对原变量实施适当的变量代换后，原来相关的 Z 可变成互相独立的 X，这样就有助于消除变量间相关对综合评价的信息重复影响。而且，在变换过程中，还为分量的综合提供了自身的权重系数，这些都有助于更科学地对事物进行多指标综合评价。

---

① 这一点在前面已经提到，并且进行了无量纲化的修正。

② 第四章有具体相关数据说明了 HDI 各项指标的高度相关关系。

主成分分析法是一种通过降维技术把多个具有一定相关性的指标约化为少数几个综合指标的统计分析方法，被广泛用于指标合成。一般来说，一种好的指标合成技术应尽可能少地丢失原始信息。因此，最终主成分（Principal Component）个数的选择，将取决于其对原始指标变量的解释程度。

假设有 p 个指标，用向量表示为 $X = (X_1, X_2, \cdots, X_p)$，其中 $X_i = (X_{1i}, X_{2i}, \cdots, X_{ni})$，$X_{ni}$代表第 n 个样本在第 i 个（i = 1，2，…，p）指标上的观测值。那么，第 i 个主成分就可以表示为：

$$P_i = a_{1i}X_1 + a_{2i}X_2 + \cdots a_{pi}X_p \tag{5.25}$$

并且满足 ① $a_{1i}^2 + a_{2i}^2 + \cdots a_{pi}^2 = 1$

② P_i 与 P_j 不相关，$(i \neq j,\ i,j = 1,2,\cdots,p)$

③ $Var(P_i) > Var(P_{i+1}) \quad \forall i = 1,2,\cdots,p-1$

第 i 个主成分 P_i 是 $X_1, X_2, \cdots, X_p$ 的一切线性组合中方差第 i 大的，而对应的系数向量 $(a_{1i}, a_{2i}, \cdots a_{pi})$，则恰好是 X 的协方差矩阵（Σ）的第 i 个最大的特征值所对应的特征向量。在进行主成分分析时，既可以使用协方差矩阵（Σ），又可以使用相关系数矩阵（R），二者既有区别又有联系，各有优缺点。

（2）适用范围。一般来说，指标数据间关系按其相关程度有以下几种情况：

第一种情况，n 个变量完全相关。此时将 n - 1 个变量删除，只剩下一个变量对评价对象作出排序，也就谈不上用主成分法了。比如两个变量 x_1 与 x_2 完全线性相关，即有 $x_1 = a + bx_2$，这时，对于任意一个 x_2 值，x_1 就有一个确定值，x_1 与 x_2 提供的信息是完全重复的，只要其中一个就可以对被评价对象作出说明了。

第二种情况是 n 个变量完全不相关。此时不可能将它们压缩为更少的变量，主成分分析的出发点通常是变量的相关矩阵，如果变量间完全不相关，相关矩阵为对角阵，主成分分析用来解决指标的相关作用也就无从谈起了。

第三种情况是 n 个变量间有一定相关关系（即不完全相关）。此时可以对变量进行主成分分析。一般来说，变量间相关程度越高，主成分分析效果越好，主成分分析的效果与变量间相关程度高低成正比。

以上三种情况可以归结如下：

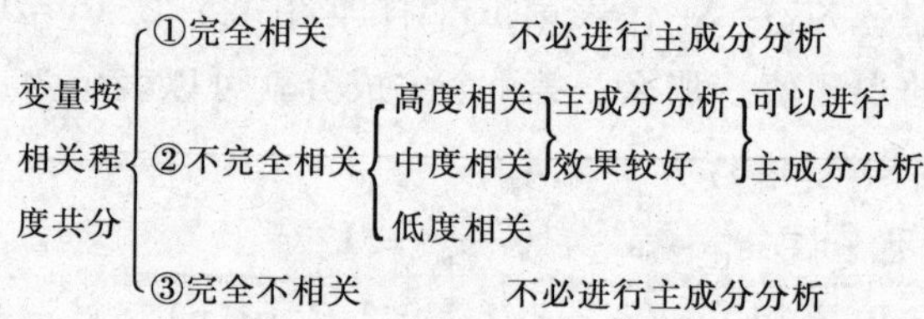

资料来源：邱东：《谁是政府统计的最后东家》，中国统计出版社 2003 年版。

（3）步骤和特点。用主成分分析进行多指标综合评价的基本步骤包括：①进行原始指标数据的标准化；②求指标数据间的相关系数矩阵 R；③求 R 阵的特征根、特征向量和贡献率等；④确定主成分的个数 K；⑤对主成分的社会经济含义作出解释；⑥合成各主成分，得到综合评价值。

主成分分析有以下特点：

第一，消除了评价指标间相关关系的影响。当两个相关的指标说明某个被评价对象时，指标间的相关表明它们反映被评价对象信息上的重复。当 $y = f(x_1, x_2)$ 且与 X_1、X_2 相关程度较大时，y 可以只用 X_1（或 X_2）来表示。相关指标不作转换处理直接合成，合成结果必定要包含重复的信息，这样有时就会歪曲被评价对象间的相对位置。

主成分分析将原来相关的各原始变量作数学变换，使之成为相互独立的分量，然后再对分量计算综合评价值。与其他直接综合各指标评价值的方法相比，这就消除了指标间相关对被评价对象的重复信息，这是主成分分析进行多指标综合评价的最大特点，也是它的最主要优点。

第二，主成分分析的突出特点在于它的权处理。由于主成分分析消除了评价指标间的相关影响，各分量是独立的，因而合成时采用加权线性和法最适宜。这里权数的确定对综合评价值有重要影响。

主成分分析进行多指标综合评价时的权处理与其他方法相比有很大的区别：主成分分析进行多指标综合评价，权数是从信息量和系统效应角度来确定的。

在数理统计中，信息量通常是用离差平方和或方差来表示的。主成分分析计算综合评价值时，用的权数 L_{ij} 和 $\sum_{j=1}^{p}\lambda_j$ 都是与方差有关的统计量，因而这里使用的是信息量权数。

信息量权数与平均数和指数中通常使用的权数不同，也与常规指标综合评价方法中使用的估价权数不同。

那么我们为何不采用因子分析法对 HDI 进行修正呢？因子分析与主成分分析相比，具有如下几点不足。

首先，因子得分和总因子得分都是估计值，不如主成分综合评价值准确。在因子分析中，综合评价值都是估计值。在主成分分析中，如果合成分数时包括所有分量，则可以得到精确的结果，100%地保留原变量提供的变差信息。即使舍弃若干分量，也可以保证将85%以上的变差信息体现在综合评价值中（这相当于因子分析中忽略不计独特因子的影响）。相比之下，这一点是因子分析在多指标综合评价应用中的不足之处。

其次，因子分析的综合评价值有可能包含重复信息。在因子分析中，由于可以使用斜交因子旋转，即允许因子之间相关，所以因子之间所提供的变异信息就有可能重复，这样再对因子得分求线性加权和，也就有可能包含重复的变量信息。

最后，因子分析进行多指标综合评价工作量比较大。

2. PCA 方法对 HDI 的修正。人类发展指数的三个维度四项指标，较好地概括了人类发展的目标和宗旨，其合理性和有效性已经获得了广泛的认同。本书认同 UNDP 人类发展指数设计的有效性，但也希望能探讨出一种更好的多维指标合成技术来反映人类发展差距和人类发展进程。

许多学者指出 HDI 的四个指标之间具有很高的相关性，前文已经指出，一些学者（Noorbakhash，1998；Lai，2001，2003）采用多元统计分析方法来估计这些指标的最优线性组合，确定各指标之间的相对权重。Lai（2001）提出了人口加权主成分分析法来分析每个国家的 HDI 数据，以消除人口因素对 HDI 的影响，并专门分析了中国国内各省市间的数据（Lai，2003）。不过，在主成分分析法中，Lai（2001，2003）分析的是各个分项指数的相关系数矩阵，即对三个分项指数进行正态标准化，可能会掩盖因不同指标离散程度的差异所带来的对主成分贡献的差异。

主成分分析既可以使用相关系数矩阵，也可以使用协方差矩阵。使用不同的矩阵，主成分线性表达式 $X_i(i = 1,2,\cdots,p)$ 的含义是不同的。如果使用协方差矩阵,则 X_i 指的是均值调整（mean－corrected）后的数据；而如果使用相关系数矩阵，则 X_i 指的是正态标准化（Z－score 法）后的数据，等同于均值调整后的数据除以标准差。为了消除因量纲不同所带来的影响，在使用协方差矩阵时，常常需要采用一定的技术对原始指标进行无量纲化，如极差法、标准化法、均值法等。如果对数据进行正态标准化后再使用协方差矩阵，就等同于直接使用相关系数矩阵。

一般说来，采用协方差矩阵，变量在主成分线性表达中的权重受该变量方差的相对大小的影响。因此，当变量的测度存在量级差异时，不宜直接采用协方差矩阵。但是，Sharma（1996）指出，当指标变量之间具有可比性，或者已经采用一定的标准化方法消除了量纲和量级差异，并且有理由相信变量的方差确实暗示着变量的重要性时，应该采用协方差矩阵。

前面已经阐述，HDI 的各项指标分别具有不同的量纲和量级，如果直接使用原始指标，会使主成分过分偏重于具有较大方差或数量级的指标。为了消除量纲和数量级的影响，需要对原始指标进行无量纲化处理。

本研究首先对 HDI 的原始数据用均值法进行无量纲化处理，然后用标准化后数据的协方差矩阵进行 PCA 分析。采用该方法，不仅可以获得数据标准化的好处，即消除量纲和数量级上的差异，还可以保留各个指标在离散程度上的特性，避免低估或夸大指标差异性对各地区人类发展差异的贡献①。

假设人类发展指数的四个指标原始数据值分别为 Z_1（预期寿命）、Z_{21}（成人识字率）、Z_{22}（综合入学率）和 Z_3（PPP 调整的人均 GDP），经过无量纲化后的值分别为 X_1、X_{21}、X_{22}、X_3，令 $X_2=\frac{2}{3}X_{21}+\frac{1}{3}X_{22}$。本书建议采用的是 HDI 标准化数据的协方差矩阵，因此在主成分指数的线性表达中 $PCI=a_1X_1+a_2X_2+a_3X_3$ 中，X_1，X_2，X_3 应该是对原始数据进行无量纲化处理后的变量。各变量对应的系数（a_i）代表该变量在形成 PCI 中所占的权重，系数越大，表示对 PCI 的影响越大，在人类发展中的影响就越大。各指标变量在 PCI 中的权重来源于数据本身，其获得的权重是根据多维指标的协方差（或相关系数）矩阵，采用一定的优化标准提取的，

① 参见杨永恒、胡鞍钢："基于主成分分析法的人类发展指数替代技术"，《经济研究》，2005 年第 7 期。

并不一定相等。因此主成分分析法的权重选择更为客观，而且含义非常清晰。相比之下，UNDP 的 HDI 采用等权重法，在权重选择上比较主观。

与 HDI 不同的是，PCI 的均值为 0，代表受试样本群的平均人类发展水平。因此，PCI 是相对于受试样本群整体平均水平的领先（或落后）程度，大于 0 表示该地区人类发展居于平均水平之上，小于 0 则表示居于平均水平之下。

在采用主成分法对人类发展数据进行分析，获得反映人类发展水平的主成分后，可以使用 Spearman 秩相关系数来估计获得的主成分与 UNDP 发布的 HDI 之间的秩相关性，以鉴别主成分排名与 HDI 排名之间的相关性。

Spearman 秩相关系数是 Pearson 相关系数的非参数形式，用于测量两组定序变量之间的相关性。在求秩相关系数之前，首先要将两组变量（假设为 X 和 Y）的测量值换成等级值（或秩），如果两组变量已经用秩表示的话，则可以直接计算。Spearman 秩相关系数的计算公式为：

$$\rho = \frac{\sum (R_i - \bar{R})(S_i - \bar{S})}{\sqrt{\sum (R_i - \bar{R})^2 (S_i - \bar{S})^2}} \quad (i = 1,2,\cdots,p) \qquad (5.26)$$

其中，R_i 为 X_i 的秩，S_i 为 Y_i 的秩，$\bar{R}$, $\bar{S}$ 分别是 R_i 和 S_i 的平均值。

三、PCA 方法对 HDI 家族指数的实证分析

本部分运用 PCA 方法，以各分项指数的协方差矩阵作为输入，对 HDI 家族指数 HDI、GDI 和 GEM 进行实证检验①。实证分析所

① 第 4 章中曾对 HDI 进行了简单的主成分分析，本章对三个指数进行比较详细的分析和对比。

用数据来源于2006年人类发展报告中的177个国家的HDI、136个国家的GDI和75个国家的GEM数据。

为了进一步观察每一个指数中的三个组成部分两两之间的相关度，表5－4列出了它们的Pearson相关系数和Spearman秩相关系数。由表5－4可以看出HDI和GDI的各组成部分之间都具有高度正相关性，Pearson相关系数和Spearman相关系数几乎都在0.75以上。而GEM中的三个组成部分之间的内部相关性较低，Pearson相关系数和Spearman相关系数全部小于0.5，但都大于0.3，原则上可以用主成分方法进行分析。

表5－5显示了对HDI进行主成分分析的结果。从表中可以看出，第一主成分解释了HDI中三个成分将近85%的方差信息，前两个主成分则解释了总方差的93%。很明显，第一主成分包含了HDI的三个成分的大部分统计信息。表5－6是根据表5－5得出的HDI三个组成变量与第一主成分P_1的相关系数（因子负荷量）①和特征向量。由表5－5和表5－6综合分析，第一主成分可表示为HDI三个组成成分的线性组合：

$$P_1 = 0.62LE^* + 0.54EA^* + 0.57GDP^* \qquad (5.27)$$

由于使用的是协方差矩阵，所以，LE＊、EA＊、GDP＊都是指均值调整（mean－corrected）后的数据，而如果使用相关系数矩阵，则等同于均值调整后的数据除以标准差。LE＊、EA＊、GDP＊是对均值调整后的分项指数，与HDI的对应分项指数是齐次的，只相差一个均值常量，因此P_1的系数与HDI的系数具有可比性。GDI和GEM主成分的结果也是同样的道理。

---

①　原始变量X_i与第k个主成分的相关系数称作因子负荷量。因子负荷量是主成分解释中很重要的解释依据，因子负荷量绝对值的大小刻画了该主成分的主要意义及成因。由统计性质得知，因子负荷量与系数向量成正比，与X_i的标准差成反比。绝不能将因子负荷量与系数向量混为一谈。

表 5-4 HDI、GDI 和 GEM 中各组成变量之间的相关性

发展指数	内部指标	Pearson 相关系数	Spearman 相关系数
HDI	LE 与 EA	0.730	0.768
	LE 与 GDP	0.756	0.831
	EA 与 GDP	0.761	0.781
GDI	ELE 与 EEA	0.787	0.794
	ELE 与 EGDP	0.815	0.881
	EEA 与 EGDP	0.764	0.779
GEM	PR 与 AMPTP	0.483	0.486
	PR 与 EGDP	0.443	0.346
	EGDP 与 AMPTP	0.421	0.429

注：LE、EA 和 GDP 分别代表预期寿命指数、教育指数以及经购买力平价调整过的人均 GDP 指数；ELE、EEA 和 EGDP 分别代表均匀分布的预期寿命指数、均匀分布的教育指数以及均匀分布的收入指数；PR、AMPTP 和 EGDP 分别代表议会代表指数，行政管理、技术职位指数以及均匀分布的收入指数。

各变量对应的系数代表该变量在形成 P_1 中所占的权重，系数越大，表示对 P_1 的影响越大，在人类发展中的影响越大。与 HDI 主观等权重的假设不同，各指标变量在 P_1 中的权重源于数据本身，并不一定是相等的。

从公式（5.27）可以看出，第一主成分中 HDI 三个成分的权重几乎相等，意味着世界各地区人类发展差距在三个维度上基本是平衡的，这与 UNDP 采用的三个成分等权重法是一致的。说明 UNDP 为 HDI 的各个成分赋予等权重与实证分析结果大致相符。因此，如果保留三个组成成分，那么就应该采用相等权重方案。

在解释主成分的成因或是第 i 个变量对第 k 个主成分的重要性时，应当根据因子负荷量而不能仅仅根据 P_k 与 X_i 的向量系数。因此，如果仅选择一个指标，那就是 LE（0.921）。基于 LE 测量 HDI 不仅非常方便，而且还不会丢失很多信息。LE 和 HDI 的

Pearson 相关系数与秩相关系数分别为 0.913 和 0.939。它们近似于一个指标，而且完全正相关。

表 5－5　运用协方差矩阵对 HDI 三个组成变量的主成分分析结果

	P_1（第一主成分）	P_2（第二主成分）	P_3（第三主成分）
特征根	0.095	0.011	0.008
单方差百分比	83.34	9.27	7.39
累积方差百分比	83.34	92.61	100

表 5－6　HDI 的三个组成变量与 P_1 的相关系数（因子负荷量）和特征向量

变　量	P_1 的特征向量	与 P_1 的相关系数（因子负荷量）
LE	0.62	0.921
EA	0.54	0.899
GDP	0.57	0.916

表 5－7 和表 5－8 是关于 GDI 组成变量的主成分分析结果，从表中可以看出，第一主成分解释了 GDI 三个组成变量总方差将近 86% 的信息，前两个主成分则解释了 94% 的信息。正如对 HDI 进行主成分分析的结果那样，GDI 的第一主成分也包含了其变量的大部分信息。第一主成分可表示为：

$$P_1 = 0.559ELE^* + 0.628EEA^* + 0.541EGDP^* \tag{5.28}$$

公式（5.28）中，从各变量对应的系数可以看出，三个变量在形成 P_1 中所占的权重大致相等，意味着世界各地区性别发展指数差距在三个维度上是基本平衡的，与 UNDP 采用的 GDI 的三个组成变量相等权重的做法基本相符。而且变量选择分析也证实仅仅选择一个指标的合理性。根据因子负荷量，这个指标即是均匀分布的教育指数（EEA）。因此，基于EEA的GDI的测算不仅容易操作，而且不会丢失大量有价值的信息。而且GDI和EEA的Pearson相关系数与秩相关系数分别为0.938、0.915，它们也近似于一个指标，且具有强正相关性。如果选取ELE指标测算GDI，会得到更多国家这方面的数据。

表5-7　运用协方差矩阵对GDI三个组成变量进行主成分分析的结果

	P_1（第一主成分）	P_2（第二主成分）	P_3（第三主成分）
特征根	0.096	0.012	0.007
单方差百分比	85.1	8.7	6.2
累积方差百分比	85.1	93.8	100

表5-8　GDI的三个组成变量与 P_1 的相关系数（因子负荷量）和特征向量

变　量	P_1 的特征向量	与 P_1 的相关系数（因子负荷量）
ELE	0.559	0.917
EEA	0.628	0.939
EGDP	0.541	0.908

表5-9和表5-10是GEM的三个组成变量的主成分分析结果，从表中可以看出，第一主成分解释了GEM三个组成变量总方差67.5%的信息，前两个主成分则包含了90%的信息。正如对HDI和GDI进行主成分分析的结果那样，GEM的前两个主成分包含了其变量的大部分信息。按照主成分分析中变量选择的一般原则，应该保留第一、第二主成分，分别可表示为：

$$P_1 = 0.789PR^* + 0.368AMPTP^* + 0.479EGDP^* \quad (5.29)$$

$$P_2 = -0.42PR^* + -0.19AMPTP^* + 0.83EGDP^* \quad (5.30)$$

第一主成分解释了大部分总方差，为了与HDI和GDI的分析保持一致，也只保留了第一主成分。

与 HDI 和 GDI 不同的是，GEM 三个组成变量在第一主成分上有不同的权重。PR 的权重明显大于 AMPTP 和 EGDP 的权重。意味着性别赋权尺度差距更多地体现为议会代表指数的差距，它对于 GEM 差距的影响高于行政管理、技术职位指数以及均匀分布的收入指数。这说明 UNDP 主观地为 PR、AMPTP 和 EGDP 赋予相等权重不符合实证检验，是不合理的。

此外，根据变量的因子负荷量进行的分析也说明了仅选择一个指标的合理性，这个指标即为国会代表指数（PR)。这样，基于 PR 的 GEM 的测算不仅容易操作，而且不会丢失大量有价值的信息。GEM 和 PR 的积矩相关系数与秩相关系数分别为 0.88、0.86。如果选取 PR 指标测算 GEM，会得到更多国家的性别赋权指数。

表 5-9　运用协方差矩阵对 GEM 三个组成变量进行主成分分析的结果

	P_1（第一主成分）	P_2（第二主成分）	P_3（第三主成分）
特征根	0.072	0.029	0.019
单方差百分比	67.5	22.4	10.1
累积方差百分比	67.5	89.9	100

表 5-10　GEM 的三个组成变量与 P_1、P_2 的相关系数（因子负荷量）和特征向量

变　量	P_1		P_2	
	特征向量	因子负荷量	特征向量	因子负荷量
PR	0.789	0.916	-0.42	-0.35
AMPTP	0.368	0.678	-0.19	-0.11
EGDP	0.479	0.683	0.83	0.76

同时，应该指出用 PCA 方法来分析人类发展也存在不足之处，

UNDP 的 HDI 虽然是一个相对水平，是相对于 UNDP 所规定的最低人类发展水平的领先程度，但与受试样本群无关。因此，不同样本群的同一个样本有可比性。而 PCI 的参照值来源于受试样本群，因此在不同受试样本群中，同一个样本的 PCI 值完全有可能不同，没有可比性。而且用 PCA 方法不能进行同一样本的纵向比较。

第三节 结构修正——测算 HDI 的一个新方法

一、HDI 两种计算方法的不足

自从 1990 年 UNDP 首次引入了 HDI 以来，HDI 的计算方法经过两次修改和完善。1990～1993 年，UNDP 以数据的最大、最小值为各变量标准化。1994 年以前的 HDI 是通过人类发展的损失指数计算的。

$$HDI = 1 - (1/3)\sum_{i=1}^{3}\frac{MaxX_i - X_{ij}}{MaxX_i - MinX_i} \tag{5.31}$$

其中，$(1/3)\sum_{i=1}^{3}\frac{MaxX_i - X_{ij}}{MaxX_i - MinX_i}$ 是平均损失指数，前文已有阐述，这种方法会产生令人挫败的结果：一个国家可能改进了在期望寿命和教育方面的成就，但结果却可能是 HDI 的分数反而下降，因为排名在其前面和后面的国家做得更好。第三章第二节中的例子很好地说明了这一点。

1994 年改变了变量标准化过程：每个变量引入了设定的最大值和最小值。各国的 HDI 计算采用如下公式：

$$HDI = (1/3)\sum_{i=1}^{3}\frac{X_{ij} - MinF_i}{MaxF_i - MinF_i} \tag{5.32}$$

公式中，X_{ij}是国家 j 的关于 i 指标成分的实际值；$MinF_i$是 i 变量的最小设定值；$MaxF_i$ 是 i 变量的最大设定值。

这种采用设定值计算 HDI 的方法，方便了各个国家进行不同时期变化趋势的比较。但是这个设定值也应随着时间不断变化。例如，1960 年最小成人识字率为 5%，最大值为 100%，而 1998 年最小成人识字率为 14.7%，最大值为 100%，1960 年与 1998 年的范围发生了明显的变化。不管是采用固定的设定值还是变化的设定值，各个国家的排名都保持不变。但是一个成人识字率为 20% 的国家，在最低识字率是 0 的国际形势中明显的不同于成人最低识字率为 14.7% 的情况。

UNDP 采用的这两种方法各有优缺点。如果在计算人类发展指数或其他测量福利的指标时，既考虑变化的设定值又考虑固定的设定值，这种方法将是很完美的。实际上，在不断变化的世界形势中，一个国家能否找到相对于最高可能目标的差距是相当重要的。

二、NHDI——测算 HDI 的一个新方法

印度经济学家 Krishna Mazumdar（2003）提出了测算 HDI 的另一个可供选择的方法。这种方法建立在 Mahalanobis（1936）D^2 统计量的基础上。该方法在一定程度上弥补了 1990 年和 1994 年 UNDP 采用的方法的缺陷。该方法是将指标经过标准化的实际值与经过标准化的目标值之间的差距作为测算 HDI 的方法。这种方法能够计算出一个国家与世界水平的最小值之间的距离和与目标值之间的差距。这种测算人类发展的方法可以称作“人类发展指数新方法”或“NHDI”。该方法详细描述如下：

假设样本国家在某一年处于 Euclidean 多维空间，这个国家的福利用向量 X 代表，有 n 个特征变量，x_{ij}代表国家 j 关于特征变量 i 的成就水平。特征变量 i 的最大值和最小值用 x_{imax}和 x_{imin}表示。即

$x_i \in [x_{imin}, x_{imax}]$ 是一个实数线集。

我们假设 $x_{imin} < x_{imax}$，如果 $x_{imin} = x_{imax}$，则距离就是一个单位集 (x_{imin})。我们定义一个向量 I_i，代表函数 I 的真实值，每个 $I(x_i, x_{imin}, x_{imax})$ 的值是和每个 $x_i \in [x_{imin}, x_{imax}]$ 相对应的。则在 t 时刻，第 j 个国家关于指标 i 的计算值为：

$$I_{ijt} = \frac{x_{ijt} - x_{itmin}}{x_{itmax} - x_{itmin}} \tag{5.32}$$

I_{ijt} 有下列特征：

（1）对于每个 i，j，t，都有 $1 \geqslant I_{ijt} \geqslant 0$；

（2）如果 $x_{ij} = x_{imin}$，则 $I_{ijt} = 0$；

（3）如果 $x_{ij} = x_{imax}$，则 $I_{ijt} = 1$。

对于每个国家 j 在每个时期 t，都有向量 $I_{jt} = I_{jt}(I_{1jt}, I_{2jt}, \cdots, I_{njt})$。假设 X^* 是一个包含理想值或目标值的向量，有 n 个特征变量，$X^* = X^*(x_1^*, x_2^*, \cdots, x_n^*)$，

t 时刻特征变量 x_i 的理想指标为：

$$I_{it}^* = \frac{x_i^* - x_{itmin}}{x_{itmax} - x_{itmin}} \tag{5.33}$$

公式（5.33）中，x_i^* 是第 i 个特征的目标值，x_{itmin} 是特征变量 i 在 t 年的最小值，x_{itmax} 是特征变量 i 在 t 年的最大值。

I_{it}^* 是 t 时刻指标的理想值，I_{it}^* 具有以下性质：

（1）对于所有的 i，t，都有 $\propto \geqslant I_{it}^* \geqslant 0$；

（2）对于所有的 i，t，如果 $x_i^* > x_{itmax}$，则 $I_{it}^* > 1$；

（3）对于所有的 i，t，如果 $x_i^* < x_{itmax}$，则 $I_{it}^* < 1$。

每个时期 t 所对应于每一个理想向量 $X^* = X^*(x_1^*, x_2^*, \cdots, x_n^*)$，都有一个理想向量指标 $I_i^* = I_t^*(I_{1t}^*, I_{2t}^*, \cdots, I_{nt}^*)$。$I_t^*$ 与 I_{jt} 的差值用下列公式计算：

$$D_{jt} = \sqrt{\sum_{i=1}^{n} (I_{it}^{*} - I_{ijt})^2} \tag{5.34}$$

在公式（5.34）中，D_{jt}代表在t年，j国家与理想向量之间的差距。D是在新的HDI计算方法中提出的，D_{jt}是j国家在t时刻实际值的函数。

$$D_{jt} = D_{jt}(x_{1jt}, \cdots, x_{njt}; x_{1tmax}, \cdots, x_{ntmax}; x_{1tmin}, \cdots, x_{ntmin}, x_1^*, \cdots, x_n^*) \tag{5.35}$$

这里需要说明的是，HDI包含的所有成分指标都被赋予相同的权重，并且支持主成分分析法。

D具有以下性质：

（1）对于所有的i，t，都有$0 < D_{jt} < \propto$；

（2）如果$D_{jt} = 0$，说明j国家在t年达到了目标水平；

（3）D_{jt}越接近于0，说明j国家越接近目标值；

（4）D_{jt}越接近于无穷大，说明j国家离目标值越远；

（5）D_{jt}值越低，说明j国家的发展水平越高；

（6）D_{jt}值越高，说明j国家的发展水平越低。

根据D_{jt}值给各个国家排名，0到无穷大代表国家发展水平从高到低的顺序。假设$X_{jt} = X_{jt}(X_{1jt}, \cdots, X_{njt})$和$X_{j(t+1)} = X_{j(t+1)}(X_{1j(t+1)}, \cdots, X_{nj(t+1)})$分别代表第j个国家在时刻t和t+1的值，$X^* = X^*(X_1^*, \cdots, X_n^*)$是公共的理想向量，对应的差值是$D_{jt}$和$D_{j(t+1)}$。j国家在t和t+1时刻位置的变化，可以用下列公式表示：

$$M_{jt,(t+1)} = D_{j(t+1)} - D_{jt} \tag{5.36}$$

M具有下列性质：

（1）对于任何一对t和t+1，$M_{jt,(t+1)}$都位于正无穷和负无穷之间；

（2）如果$M_{jt,(t+1)} > 0$，则意味着j国家在t和t+1期间排名后退了；

（3）如果 $M_{jt,(t+1)} < 0$，则意味着 j 国家在 t 和 t+1 期间排名上升了。

重新调整的 D 值对于各个国家之间的排名没有影响，为了比较 NHDI 与 HDI，我们用下式表示重新调整的 D 值：

$$RD_{jt} = 1 - \left(\frac{D_{jt} - D_{tmin}}{D_{tmax} - D_{tmin}}\right) \tag{5.37}$$

公式（5.37）中，RD_{jt} 代表重新调整的 D_{jt}，D_{jt} 是 j 国与理想向量之间的差值，D_{tmin} 是 t 时期 D 的最小值，D_{tmax} 是 t 时期 D 的最大值。

重新调整的 NHDI 用 RNHDI 来表示，RNHDI 或 RD_{jt} 有下列性质：

（1）对于所有的 i，t，都有 $0 < RD_{jt} < 1$；

（2）$RD_{jt} = 0$，说明在 t 时期国家 j 达到人类发展的最低水平；

（3）$RD_{jt} = 1$，说明在 t 时期国家 j 达到人类发展的最高水平；

（4）RD_{jt} 值越小，说明 j 国家的人类发展水平越低；

（5）RD_{jt} 值越大，说明 j 国家的人类发展水平越高。

这种新方法虽然还存在一些问题，但应该说是对 HDI 指标的一个重要改进，提高了 HDI 的技术质量。特别值得提出的是，该方法在进行国家之间比较和同一国家不同时期比较时，优势表现得尤其明显。

第六章

对人类发展指数的扩展研究

HDI 仅选择教育、健康和收入三个维度的指标来评价一个国家的发展水平，一直忽略了生态环境对国家可持续发展的影响。20 世纪 90 年代以来，可持续发展成为增长的重点，这使得 HDI 忽略生态环境的做法受到越来越多的质疑。人们开始反思这样一些问题：人类发展的代价是什么？各国生态环境各不相同，诸如巴西和印度尼西亚虽然以环境破坏为代价换来了较高的 HDI，难道我们就认为这两个国家已经实现了可持续发展了吗？如果考虑可持续发展问题，HDI 是不是还应该包括环境和自然资源的消耗问题？UNDP 曾在《人类发展报告 1992》中承诺要开展“环境敏感的 HDI”研究，遗憾的是，至今还没有付诸行动。

第一节

环境扩展的 HDI

一、可持续 HDI 的探索

国外学者 Qizilbash（2001）通过研究发现，国家的福利排名与环境指标的范围有一定的关系，一些福利较好的国家往往环境绩效较差。自从1992年UNEP组织的联合国里约热内卢地球峰会后，有人提出按照绿色GDP的思路来构建绿色HDI。UNDP的联合国姐妹机构曾呼吁《人类发展报告》中应包括反映可持续发展进程的指标。在《人类发展报告》数据表中确实也有一些关于自然资源的表格。而且，“可持续发展”和“可持续的人类发展”已经公开出现在《人类发展报告》（特别是1992年和1994年的《人类发展报告》）及相关的文献讨论中（Sudhir和Sen，1994）。20世纪90年代中期，UNDP曾计划研究如何将HDI转化成“可持续HDI（SHDI）”。

1996年，亚美尼亚的《人类发展报告》中曾提出过可持续HDI（Armenia，1996；Morse，2003），并建议通过加入“环境指标（Pe）”来修正HDI：

SHDI = HDI + Pe

Pe是两个指标的平均值，这两个指标可能是正，也可能是负，它们一个是一个国家（地区）的环境状态指标（A），另一个是人类行为的环境评价指标（B）。Pe =（A + B）/2，如果Pe为负值，则结果会使HDI的值减小。例如，1996年亚美尼亚的人类发展报告中，Pe的值为 -0.4278，HDI值为0.831。则SHDI变为0.831 -0.427 =0.404。

Spangenberg和Bonnilt（1998）提出了一个“完整人类发展指数（Corporate Human Development Index）”概念，Hinterberger和Seifert（1997）曾建议将潜在的资源投入合并到HDI中。Neumayer（2001）试图使用一个新的资源方面的指数，用“潜在的不可持续性”对国家加以分类。这种方法的优点是HDI的计算方法不发生变化，与新指数不会混淆；缺点是方法复杂，对数据质量要求较高，涉及资源的货币评价。

二、污染敏感的人类发展指数（PHDI）

1. 污染成分的引入及其指标选择。在可持续发展问题上，环境问题变得越来越重要，成为国际社会学与经济学争论中关键的一部分。因此，为了测算人类发展的可持续性，有必要将一个反映环境标准的新指标加入到 HDI 中，这个新指标可能是水和空气污染、森林采伐、大城市人口增长率、能源消费、物质资源的损耗等。本书受到 UNDP 提出要进行“环境敏感的 HDI”研究的想法的启发，在 Lasso 和 Urrutia（2001）研究框架的基础上，为 HDI 引入了一个污染成分，旨在提供一个将环境方面考虑在内的新的计算 HDI 的方法，新方法要对那些以毁坏环境作为代价换取高速经济发展的国家起到“惩罚”（降低）作用，能够对各种国家在国际范围内进行比较分析，并允许进行长期评估。

为了达到这一目的，我们找的环境指标需要满足两方面的要求：第一，选择的指标对于大多数国家来说数据必须是可以获得的，这样才能对国际总体形势有概括的了解。第二，这些指标必须有定期、有规律的公开数据，以便在国际范围内进行定期评估。

目前，能够满足这些情况的指标最适合的是二氧化碳（CO_2）排放量。[①] 人类在生产活动中大量排放二氧化碳，特别是自工业革命以来，矿物燃料使用量不断大幅度增加，能源生产与使用的副产品主要是 CO_2。人为的 CO_2 排放主要来自化石燃料的燃烧和水泥的

---

① 美国能源部资助的二氧化碳信息分析中心（CDIAC）计算了每年人为的 CO_2 排放量。这些计算都是根据联合国统计署维护的世界能源数据库关于化石燃料消费的数据，以及根据美国矿业局维护的水泥制造数据库关于世界水泥生产的数据推算出来的。CO_2 排放量常常是根据它们所含碳元素的量加以计算的。因此，关于环境和能源消耗排放指标中，只有 CO_2 排放量数据较容易获得，在世界银行编写的《世界发展指标》和联合国开发计划署编写的《人类发展报告》中均列有人均 CO_2 排放量指标。

生产。另外，大量毁坏森林、草原，也使得大气中温室气体的浓度正在迅速增加。这些温室气体会使大气环境产生温室效应，使地球变暖，人类生存环境遭到破坏和威胁，欧洲国家已经开始控制CO_2的排放量。此外，Lasso 和 Urrutia（2001）也曾提出过用人均CO_2排放量来重新计算 HDI。因此我们考虑用它作为环境指标。这并不意味着将来不应用其他环境或者更一般的人类可持续发展指标。这个可能性的工作留待以后多数国家在这方面的数据可得以后进行。

必须考虑的第二点是这些环境指标如何融入到 HDI 中，这有许多可以选择的方法。一是将环境指标作为指数中的另一个成分，同寿命指数、教育指数和收入成分并列。这一方法曾被纳什（1998）使用过。另一个可能的方法是将环境指标作为产量增长的代价（成本）放到收入成分中，收入成分之所以被包含在 HDI 中，是因为它能保证人类生活的基本需求和其他物质和服务的需求，这些需求能够帮助反映人类的潜能。但是，普遍观点认为，可持续发展要求不仅要保证当代人的潜在需求，而且要保证后代人的需求。目前对收入的计算没有考虑到生产对环境的破坏，如污染和生活质量的恶化。这意味着 HDI 没能反映对全球居住者产生负面影响的环境破坏问题。

本书试图用环境行为指标调整收入成分，用工业化过程中产生的人均CO_2排放量代表环境破坏指标，因为多数国家的CO_2排放量数据都可以获得。将两个指标用阿特金森（Atkinson）不平等方法合成一个系统，从而建立了一个污染敏感的人类发展指数（PHDI）分析框架。PHDI 的计算是基于不平等中性厌恶的假设，并对那些以环境恶化作为收入增长代价国家的 HDI 值进行“惩罚”（降低）。

2. 环境指标阈值的确定。同 HDI 的指标一样，第一步是将环境变量转换到 0～1。首先，要确定固定的最大、最小值，将人均 CO_2 排放量转换成 0～1 的数值，然后才能与其他指标综合成指数。

为了确定工业化过程中人均 CO_2 排放量的最大值，有必要分析未来 10 年的趋势，如果没有国家超过最接近的某个数字，则这个值就作为最接近的未来的最大值。这个最大值要尽可能的精确，最大值越高，则指标的分配权重就越小，计算总指数时这个指标的重要性越差。通过对近 20 多年（1980～2002 年）工业化过程中的人均 CO_2 排放量数据的分析发现，不同集团国家的数据有很大的差距。

首先分析那些石油工业国，如卡塔尔、阿联酋和科威特等，这些国家的 CO_2 排放量远远高于其他国家。

从图 6－1、图 6－2 和图 6－3 的比较可以看出，这些国家是世界上 CO_2 排放量最高的集团国家，除卡塔尔 1997～1999 年有大幅度上升外，其他国家近年来趋势很稳定。可以说，从 1999 年起，人均 CO_2 排放量基本稳定，都不超过 85 吨。

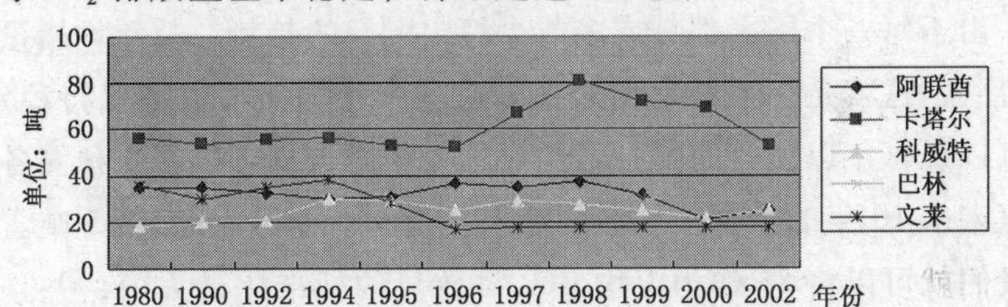

图 6－1　石油国家人均 CO_2 排放量

再看一组新兴的工业化国家的污染数据，虽然多数国家（新加坡除外）呈现出明显的迅速上升趋势，但所有国家的排放量都保持在人均 30 吨以下。

在那些传统污染模式的发达的工业化国家，最突出的是卢森堡、美国、加拿大和澳大利亚。这些国家的趋势图如图 6－3 所示，

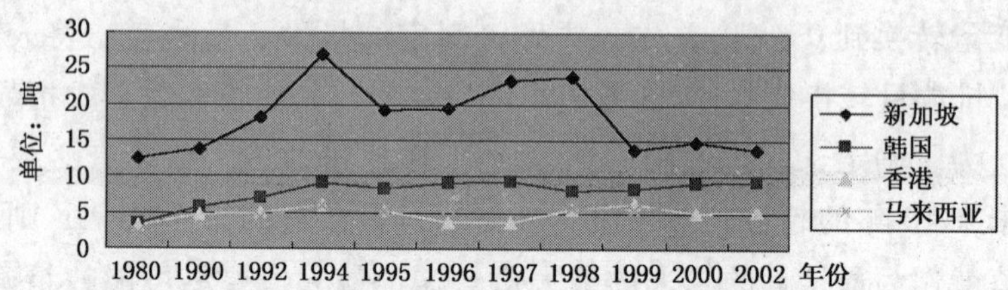

图 6-2 新兴工业国人均 CO_2 排放量

它们的人均排放量相当稳定，没有任何上升趋势，自从 1980 年以来就保持在人均 30 吨以下，还不到最大限值水平的一半。

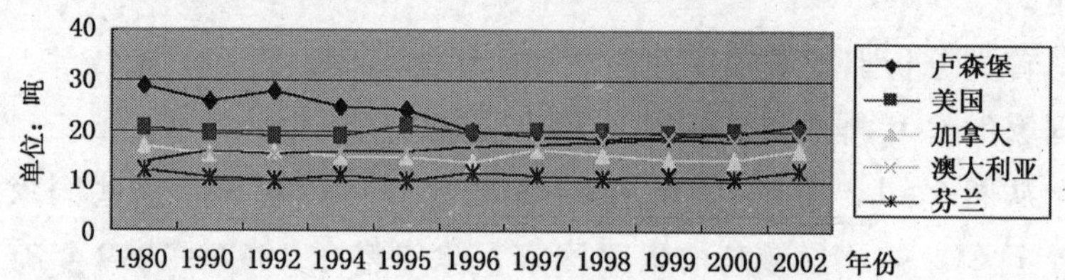

图 6-3 发达高污染国人均 CO_2 排放量

由于每一个国家都有或多或少稳定上升的趋势，总年均增量可以得到，这就是年增长率，如果未来若干年的年增长率保持稳定，就可以说每年以相等的增量增加。这个年增长率可以用来预测各个国家未来 10 年的数据，预测的结果是没有一个国家超过 85 吨。这样我们就可以将 85 作为人均 CO_2 排放量的标准化最大值，并且未来 30 年各个国家都不会超过这个数字。

3. 污染敏感的人类发展指数（PHDI）的构成。根据最近 20 年的数据分析不同国家的趋势，来预测未来 10 年的数据。通过预测发现，没有国家会超过人均 85 吨/年的排放量，所以将这个数据作为标准化的最大值，标准化的最小值取 0。这个 0 ~ 1 标准化后的指标记为 CO_2I。

CO_2I 代表环境破坏指数。考虑到这个指标代表的是发展的负面值，因此取它的对立面，确定了 CO_2I 的形式后，借鉴 Lasso 和 Urrutia（2001）建立的环境行为指数（EBI），即对自然环境起到积极作用的行为（代表没有污染气体排放的指数）。EBI 定义如下：

$$EBI = 1 - CO_2I \tag{6.1}$$

收入和环境行为指数计算出来以后，将它们综合成一个单独的指数，作为 PHDI 的第三个成分，我们记作 M_3P。那些污染程度很高的国家，环境行为指数几乎接近于 0，所以对收入会产生很大的负面影响，因此会牺牲 HDI 值。同样，如果一个国家的污染水平接近于 0，则定会对收入的评价产生正面影响。

为了将污染指标融入收入中，我们参考阿特金森关于不平等的测算方法。根据该方法，污染敏感收入按照不同的ε值计算。

$$M_3P(\varepsilon) = [1/2(M_3)^{1-\varepsilon} + 1/2(EBI)^{1-\varepsilon}]^{\frac{1}{1-\varepsilon}} \tag{6.2}$$

ε在 0 到无穷大之间变化，反映对不平等的厌恶程度。如果ε =0，则没有惩罚（损失），公式（6.2）的结果就是一个简单的算术平均值。随着ε的增加，污染敏感收入逐渐减小，收入指数和环境行为指数的不平等程度加大。另一个极端，ε无穷大，收入对环境相当敏感，以至于两个值都取最小。在两个成分有相同的值的任何情况下，M_3P 的结果就是算数平均数，也就是没有不平等。

由于在收入指数与环境行为指数不一致的时候，调和平均数要比算术平均数低，因此在本书的计算中取两个指数的调和平均值，根据这一标准，我们取ε为 2，污染敏感收入指数 M_3P 的计算公式如下：

$$M_3P = [1/2(M_3)^{-1} + 1/2(EBI)^{-1}]^{-1} \tag{6.3}$$

这种计算方法看起来有些复杂，但是基本原理是很简单的。本例中，假设人们对环境破坏是中性厌恶型。通过令权数 ε =2 将各种成分综合成一个指数的方法，人类发展报告也曾使用过（例如，在人类贫困指数和性别赋权指数关于性别发展指数的测算中)。

最后，综合指数 PHDI 是三个成分寿命指数（M_1）、教育指数（M_2）和污染敏感的收入指数（M_3P）的平均值。PHDI 的形成过程及计算公式如图 6－4 所示。

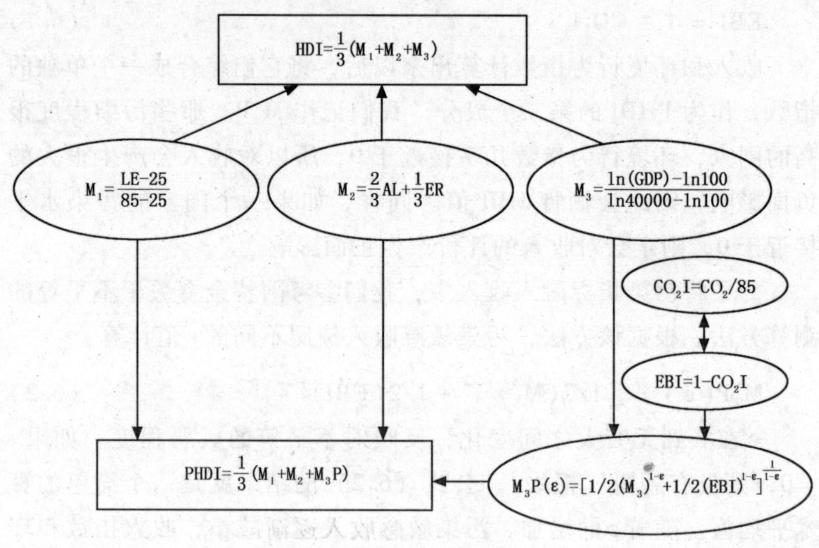

图 6－4 PHDI 形成示意图

图 6－4 中，各字母代表的含义如下：AL，成人识字率；LE，出生时的预期寿命；ER，综合入学率；GDP，PPP 调整的人均国内生产总值；M_1，寿命指数；M_2，教育成就指数；M_3，收入指数；CO_2，工业化过程中人均 CO_2 排放量；CO_2I，环境破坏（损失）指数；EBI，环境行为指数；M_3P，污染敏感的收入指数；PHDI，对污染敏感的人类发展指数。

尽管 PHDI 从环境方面对 HDI 进行了扩展，但它并不是一个完美的指标，同时也要意识到它作为一个指数的局限性。在未来的研究中，应该考虑到更多的其他污染排放量指标，如空气、水和土壤污染，还有其他能够反映环境状况的指标，如森林砍伐、能源消费和物质资源的消耗也应包括在 PHDI 中。这样才能更全面地测算人类发展的可持续程度。

三、实证分析

本书使用《人类发展报告 2005》中公布的数据，按照 $\varepsilon=2$ 重新计算了 177 个国家的 PHDI 值，并比较了 HDI 排名、PHDI 排名。结果见附表 3。附表 3 是国家按照 HDI 值顺序排序的，表中还列出了 M_3P 和 M_3 的比值，比值大于 1 表明这个国家按照 PHDI 调整的收入成分值大于 HDI 下的收入成分。比值小于 1，表明这个国家按照 PHDI 调整的收入成分值小于 HDI 下的收入成分，该国家因为环境问题而受到了“惩罚”。

附表 3 还列出了按照 HDI 排名和 PHDI 排名顺序差值的变化。正数表示运用 PHDI 计算，国家的名次前进了，负数则表明后退了。

正如附表 3 显示的一样，引入污染因素后，人类发展的测算结果受到影响最大的国家是那些石油生产国和一些工业化国家，特别是石油生产国与其他国家相比，失去了原有的地位。卡塔尔下降了 73 位，阿联酋下降了 31 位，巴林下降了 35 位，科威特下降了 22 位，沙特阿拉伯下降了 21 位。

在那些工业化国家中，名次位置下滑比较明显的有，卢森堡 (23)、美国（16)、澳大利亚（15）和加拿大（15)。在这些国家中，CO_2 排放量超过人均 16 吨，因此 EBI 值小于 0.80。当这些非常高的负面影响值加到收入成分时，新的收入成分指标 M_3P 下降了，正如表中显示的一样，M_3P/M_3 的比值小于 1。因此，这些国家受到了惩罚，表现为 PHDI 较大幅度的下降。

另一些工业化国家受到的影响恰恰相反。引入环境因素后，排名上升比较明显的有西班牙（8）、法国（8）、新西兰（8）、意大利（9）、英国（5）、日本（5）、瑞士（4）、瑞典（4）等一些国家。这一集团中，CO_2 排放量几乎都小于人均9.0吨，因此EBI值大于0.89。当这一因素考虑进去以后，M_3P/M_3 的比值接近于1，收入成分几乎没有受环境因素的影响，所以与其他工业化国家相比，它们的排名整体上升了。

名次变化表现得最不一致的是那些新兴的工业化国家和地区，新加坡是被污染因素惩罚最严厉的国家，其 M_3P/M_3 的比值小于0.9，但排名却仅下降了5位，然而泰国、中国香港和韩国尽管受到了惩罚，但排名位置却上升了，分别上升了2、1和3位。

当考虑了环境因素后，拉丁美洲多数国家的名次都有较明显的上升，古巴上升了7位，哥斯达黎加上升了8位，巴拿马上升了8位，乌拉圭上升了9位，哥伦比亚上升了9位。

前苏联和东欧国家几乎都从引进污染因素中受益了，它们的 M_3P/M_3 比值都大于1，但排名受到的影响程度却大不相同，俄罗斯下降了5位，捷克下降了3位，爱沙尼亚下降了5位，斯洛伐克上升了1位，白俄罗斯上升了2位。

用PHDI代替HDI，受益最大的国家有阿尔巴尼亚、斯里兰卡、巴西等，排名分别上升了16、13、10位。

最后，那些不发达国家尽管排名有所上升，但前进的幅度比较小。

图6-5分析了整体排名的变化情况，横轴代表每个国家HDI的排名位置，纵轴代表PHDI的排名位置。图中表现为一条斜线，在这条线上面的国家表明将污染因素考虑之后，排名下降了，线下面的国家排名上升了。离线越远的国家代表两种排名（有污染因素和没有污染因素）的差距越大。

可以看出，高度发达的国家（图6-5的左部分），名次下滑的幅度要明显大于发展水平较低的国家（图 6－5 的右部分）。其中发展水平较低的国家名次变化不大。

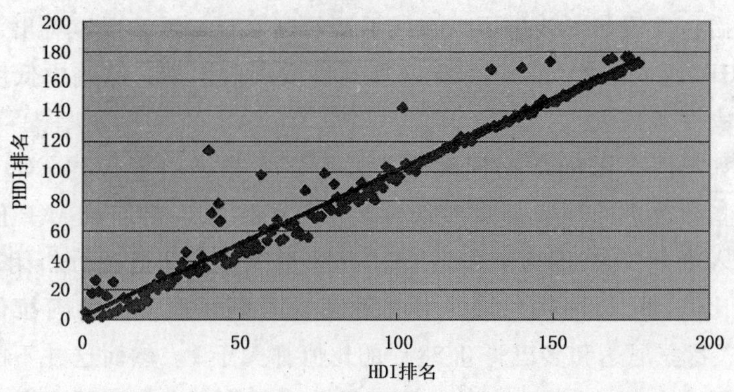

图 6－5　HDI 和 PHDI 排名的散点图

如前所述，排名的上升并不和 PHDI 值的增加直接相关，排名的下降也不和 PHDI 值的减小必然相关。例如，瑞士在新的排名中上升了 4 位，但是它的收入成分仍然受到了污染水平的惩罚。反之也是成立的，俄罗斯联邦在新排名中下降了 5 位，但是它的 HDI 值是 0.79，而 PHDI 值却为 0.82。以图 6－6 作为补充说明，反映的信息会更全面。

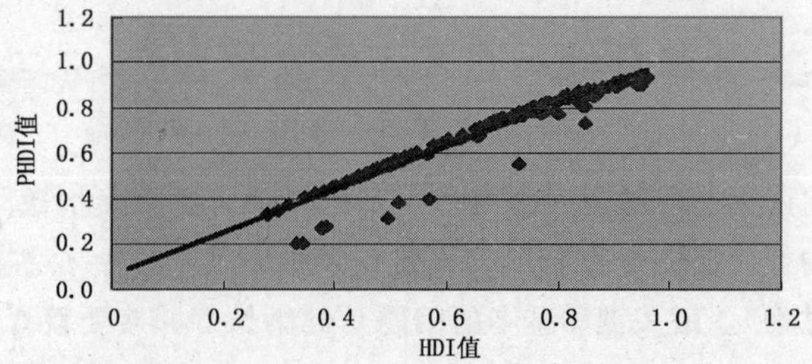

图 6－6　各个国家 HDI 值和 PHDI 值散点图

图 6-6 中，横轴表示各个国家的 HDI 值，纵轴表示各个国家的 PHDI 值，图中表现为一条斜线，在线上面的国家表示考虑污染因素后，发展状况改进了，在线下面的国家正相反。可以看出，受到 PHDI 惩罚最严厉的国家是那些高度发展的国家，那些中低度发展国家受益最大。

如果两个图的数据同时观察，可以看出，引入人均 CO_2 后，发展指数改进的国家是那些低发展水平的国家。它们的 M_3P 值高于收入成分 M_3，因为它们的 CO_2 排放量很低，这通过分析附表 3 中的比值也可以证明。低、中水平发展国家（除了沙特阿拉伯等于 1、特立尼达和多巴哥 0.88）的比值都大于 1。然而这并不能使这些国家在 PHDI 排名中的位置更靠前，因为这个集团国家受到环境因素的影响几乎相等。

受到惩罚最严厉的国家是那些 CO_2 排放量很高的高度发展的国家，那些国家原始收入成分 M_3 与 M_3P 的比值小于 1。这个集团国家中，不同国家人均 CO_2 排放量的差距越大，导致惩罚的程度也大不相同，因此这些国家排名位置的变化也比较大。

第二节
四维人类进程指数和广义人类发展指数

如前所述，人类发展的内容决不仅仅是人类发展指数（HDI）的几个指标就能完全概括的，人类发展的定义是“一个扩大人类选择的过程”。最关键和基本的问题是健康长寿、接受教育并享受较高的生活质量，也就是 HDI 所包含的内容。其他的选择还包括很多，如政治自由、保障人权和自尊等。HDI 本身只是一个简化的衡量尺度，将可能的人类选择的子集融合在一起，通过这些选择直接体现人类发展。HDI 没有包括除了人类生活中起根本性作用以外的很多重要的人类发展维度，因此是衡量人类发展的一个十分不完全的尺度。

上一节我们将一个反映环境标准的新指标加入到 HDI 中，从而建立了污染敏感的人类发展指数——PHDI，对那些以毁坏环境作为代价换取经济高速发展的国家起到了“惩罚”（降低）作用。这一节我们将在一个更广阔的视野下进一步探讨人类发展测度的维度选择问题，重点考察四维的人类进程指数（IHP）和广义人类发展指数（GHDI）。

一、四维人类进程指数（IHP）

Emes 和 Hahn（2001）指出，HDI 对人类发展的历史趋势关注不足。菲沙研究所（The Fraser Institute）提出了人类进程指数（IHP），并且测算了从 1975 年到 1999 年 128 个国家的发展进程和目前发展状况，为近期历史和目前发展状况提供了全面的概览。人类进程指数使用了四个维度的 10 个发展指标，比 HDI 多出 6 个指标，使用更多的指标会使我们对国家间的差距看得更加清晰，会使得指数更不易受不可靠数据的影响，这样会使得有偏的指标对整体分数的影响减小。增加指标个数的成本是使得人类进程指数所能涵盖的国家样本数量减少，因为可能有很多国家没有全面的统计数据。

联合国的 HDI 仅仅包含三个子指数的四个指标——预期寿命、教育（包括识字率和入学率）和调整的人均 GDP。1990 年人类发展报告陈述的理由很简单：太多的指标会使得全面比较模糊不清，而指数旨在为政策制定者提供信息。然而在 1998 年的 HDR 中，联合国证明这种人类发展指数中的指标约束是正确的，宣称如果生命预期、知识和资源获取的基本需求不能满足，那么许多其他方面的发展也就无从谈起。

HDI 仅仅使用四个变量会使得国家间的区别和比较受到一定程度的限制。而且形成 HDI 时人均 GDP 的主观武断的调整以及高收入国家之间的成人识字率水平几乎没有变化都会恶化这个问题。

1. IHP 的指标。人类进程指数中的指标构成下列子指数：

(1) 健康。 (权重 1)

①预期寿命； 1/4

②婴儿死亡率（每 1000 个出生婴儿）； 1/4

③5 岁以下儿童死亡率（每 1000 个出生婴儿）； 1/4

④成人死亡率（每 1000 个成人预期活不过 60 岁的数量）。 1/4

一个国家公民的健康是关键的发展指标，出生时的预期寿命是一个国家健康方面使用最广泛的指标。其中婴儿和青少年是社会最脆弱人群，测算他们的健康也是非常重要的。基于此，人类进程指数包括婴儿死亡率和 5 岁以下儿童死亡率。获得不能充分享受长寿生活的公民数量也是非常有用的，所以也包括了 60 岁以前死亡的成人数量。

(2) 教育。 (权重 1)

①成人识字率； 1/2

②综合入学率。 1/2

这一子指数包括 15 岁以上的成人识字率和小学、初中、高中的综合入学率。这同 HDI 中的变量是相同的，但人类进程指数为它们赋予了等权重，而不是像 HDI 那样为成人识字率赋予 2/3 的权重。

(3) 技术。 (权重 1)

①电视机的数量（每 1000 个人中）； 1/3

②无线广播的数量（每 1000 个人中）； 1/3

③电话服务（每 1000 个人中）。　　1/3

另一个标志国家发展的指标是技术的传播和扩散。闲暇消费的可获得性表明公民可以选择如何分配时间和金钱。正如 P. T. Bauer（1957）所述，“我关注选择的扩大，随着经济发展的主要目标评判标准的变化，人们的有效选择范围也在扩大，判断一个测算尺度的标准应该是其对人们选择范围的有效影响。”因此，每 1000 人中电视机和无线广播的数量被包括在内。判断一个国家是否超过适度发展水平，有效通信基本设施情况很重要，因此每 1000 人中电话服务的数量被包括在内。

（4）GDP。　　（权重 1）

人类进程指数中的 GDP 指标是未经过调整的人均 GDP（以 1995 年美元计）。

2. IHP 指数的计算。人类进程指数使用与 HDI 同样的公式来计算各个指数值。

$$IHP = (1/4)\sum_{i=1}^{4}\frac{X_{ij} - MinX_i}{MaxX_i - MinX_i} \tag{6.4}$$

与 HDI 预先规定最大、最小值不同的是，人类进程指数使用的最大、最小值来自所有国家范围内观测数据的（基数年份 1975 年）最大、最小值，并且计算了 1975 年、1980 年、1985 年、1990 年、1995 年、1999 年所有相关数据可得的国家的指标值。

对于包含不止一个指标的子指数，其分数通过将各个指标值进行平均得到。而整体人类进程指数是四个子指数（健康、教育、技术和 GDP）的平均值。

例如，1999 年加拿大人类进程指数中的预期寿命指标（健康子指数）是 110。公式为：

$$110 = \frac{79(岁) - 35(岁)}{75(岁) - 35(岁)} \times 100 \tag{6.5}$$

这里，79 岁是加拿大 1999 年的出生预期寿命，35 岁是 1975 年所有国家出生预期寿命的最低纪录。75 岁是 1975 年所有国家中出生预期寿命的最高纪录。

从 110 这个值可以看出，1999 年加拿大人出生时的平均预期寿命，比 1975 年世界上最长的平均预期寿命还长。使用基准年份的最大、最小观察值能够对一个国家平均预期寿命与基准年份世界最大、最小出生预期寿命相比较。例如加拿大的例子中，值为 0 意味着加拿大 1999 年的平均预期寿命比 1975 年世界上最短预期寿命的平均值（例如 35 岁）还要短。值为 100 意味着加拿大 1999 年平均预期寿命比 1975 年世界上最长预期寿命的平均值（例如 75 岁）还要长。

并不是所有的国家都有全面的数据，因此不能得到所有国家每一年的人类进程指数。菲沙研究所计算了 128 个国家的 IHP，其中 80 个国家有所有年份全面的数据，18 个国家有 1980 ~ 1999 年的全面数据，8 个国家有从 1985 ~ 1999 年的全面数据，15 个国家有 1990 ~ 1999 年的全面数据。7 个国家有 1995 ~ 1999 年的数据。

HDI 只关注某一年的数据，因此只聚焦于发展的瞬间，这就减弱了发展时间趋势的重要性。而且，HDI 仅仅使用三个维度的四个指标，相比之下，菲沙研究所的 IHP 使用四个维度的 10 个指标来区分各国间的差距。这样，与 HDI 相比，IHP 为我们了解各国历史概览和国家发展状况提供了一个更完备的信息。

二、广义人类发展指数（GHDI）

受菲沙研究所的人类进程指数的启发，本部分旨在探寻一套更能全面反映人类发展的、能够对人类各种选择进行衡量的、更为宽泛的尺度。将 HDI 进行延伸和扩展，将政治自由、保障人权和自尊等都包含在内，从而使 HDI 概念更广，这就需要一套比 HDI 和 IHP 更广泛和完整的指标体系以反映相关国家绩效。从这个角度讲，引入扩展的衡量尺度（测算方法）来反映人类发展的进度，并对其进行分析和政策选择是有意义的。

首先需要辨识出人类生活中哪些方面可以作为人类发展的组成部分。为此需要对广义的人类发展（完整的生活选择）进行定义。尽管各种定义都有不同的理念支撑，但是它们所包含的主要方面都存在广泛共识。

本章借鉴美国耶鲁大学经济学教授拉尼斯（Gustav Ranis，2005）关于各种人类发展指标的来源和筛选的分析，探讨了广义人类发展指数的构建。

1. 广义人类发展的概念。Alkire（2002）在森的能力方法的基础上，综述了39种找到实现人类发展（完满生活）的途径。这里我们列出其中的几种（见表6－1），其中每一种都蕴含着不同的哲学思想，并采用了不同的证明方式。

以下人类发展各个维度的综合观点基本包括了能够体现人类繁荣的所有可能要素，以期从多维角度衡量国家成就。但是对这些广义类型的界定和衡量方式的选择上可能存在不一致的意见，另外各国的指标数据也未必一致。根据对人类发展衡量尺度进行的阐述和分析，本书借鉴拉尼斯（2005）的观点，定义广义的人类发展类型包括：

人类发展指数，包括身体健康、文化程度和物质福利的各基本方面，工作条件，休闲条件，不平等状况，社会关系，社区福利，心理福利（即个人心理状态），授权（特别是被剥削阶层），政治自由，经济稳定（即避免经济波动），政治安全（即避免政治暴力或不稳定）和环境条件。

表 6-1 关于人类发展（完满生活）的概念综述

作　者	Rawls (1972)	Finnis、Grisez & Boyle (1987)	Doyal & Gough (1993)	Nussbaum (2000)	Narayan - Parker (2000)	Camfield (2005)
概念定义	主要物质	基本人类价值	基本需求和中间需求	人类主要能力	福利维度	生活质量
身体福利		身体健康、精力充沛和安全	体格健康、营养（水和食物）、对健康的照料、婴儿出生安全和照料、物质环境安全	生活、身体健康、身体完整	健康方面的福利、获得健康的途径、服务、健康的体格、环境	
物质福利	收入和财富		受保护的住宅经济安全		物质福利、食物资产	食物和住所
智力发展		知识、实践经验	基本教育	理解力、想象力、思想、情绪、经验、理智、行动		教育
工作	选择职业的自由	工作和活动中的技能性绩效	工作		工作	
安全			物质安全		国内和平、物质安全、法制环境、个人生命安全、长寿保障	
社会关系	自我尊重的社会基础	友谊	重要的关系	自我尊重的基本社会关系	社会福利、家庭、自我尊重、社区关系	家庭
精神福利		同现实的自我协调和融合				宗教（特别是孟加拉和泰国）

续表

作　者	Rawls (1972)	Finnis、Grisez & Boyle (1987)	Doyal & Gough (1993)	Nussbaum (2000)	Narayan - Parker (2000)	Camfield (2005)
权利和政治自由	权力、自由、获得特权的机会、自由运动、职场的责任		自治机构、民事和政治权力、政治参与	环境以外的控制能力	选择和行动的自由	
对其他物种的尊重				其他物种		

资料来源：Alkire, S.（2002）. *Valuing Freedoms*: *Sen's capability approach and poverty reduction.* Oxford, Oxford University Press.

2. 指标选择原则。虽然能够包含许多潜在的与人类发展有关的每一种指标是很理想的，但这在实际操作中是很困难的。首先，其中一些人类发展类型通常是难于衡量的（如精神福利）。有些数据是从执行情况的调查得出的，还有一些是根据观察者的洞察力得到的，后者具有明显的主观因素。此外，数据经常是无法获得的或非常不完整的，有的指标只包括一小部分样本国家数据。另外，有些指数形成于各种要素和来源，而这些要素和来源本身就不可靠。这样，常常会存在数据方面的局限和缺陷。因此首先要收集可获得的数据，并对数据进行完善，通过数据对选择的指标进行描述。表6-2中列出了定义的广义人类发展指数的类型和可以选择的具体指标。

为了确定一套能够代表人类发展的更广泛概念的指标，我们将各类型代表性的指标与国际上通用的评估国家绩效的三种核心指数进行相关性分析。这些核心指数是人类发展指数（HDI）、人均收入和五岁以下儿童死亡率。HDI代表了一种衡量人类发展的简化方法，由健康、教育和体面的生活来表示。人均收入是世界银行所使用的用于评估国家整体绩效的最常用方式。我们还选择了UNICEF用于评估国家绩效的五岁以下儿童死亡率，原因有两个：一是我们想将人们提倡的健康直接作为研究的重点（而不是作为人类发展指数形式的一部分）；二是较之预期寿命，我们更倾向于五岁以下儿童死亡率，因为后者能在不同时间更精确地衡量变化情况，并且包括健康这一更广泛的概念，而不只是经常使用的婴幼儿死亡率。

表6－2　广义人类发展指数包括的11种类型和具体指标

类　型	指　标
工作条件	失业率、童工人数、就业条件、非常规就业率、最低工资政策指标
休闲条件	电话使用率、互联网的使用、收音机的使用、电视机拥有、人均报纸使用和电影院上座率
不平等	收入基尼系数、城乡不平等、横向不平等（HI）、GDI、健康不平等、幸福不平等
社会关系	家庭的价值、朋友的价值、邻居间的宽容度、离婚率
社区福利	酒精使用量、腐败、相互信任度、犯罪率、孤儿比率、艾滋病死亡率、公务人员的人口比例指标、法律规则、公共机构、邻居宽容度、自然灾害影响人口数
心理福利	男性自杀率、女性自杀率、生活满意程度、监狱人口数
授权	每天一美元的贫困率、国家贫穷率、人类贫困指数（HPI）、权利赋予指数（GEM）、接受中等教育的男女比例（F/M）、女性青少年婚姻率、议会中女性比例、工会密度
政治自由	政治权利和公众自由、信仰自由、政治恐怖指标、政治自由、新闻自由、司法独立性
经济稳定	GDP周期、CPI的波动、制造业出口比例、投资组合占GDP比例、贸易波动、社会保障覆盖率
政治安全	政治稳定、集体暴动、政治暴动、难民流动量
环境条件	二氧化碳人均排放量

在对指标进行筛选时，首先探究每一指标类型中各种变量间的关系，计算同一时期各种指标的相关系数。然后要找出适合代表这种整体类型的所有变量，从而分析该类型是如何与人类发展指数和另两个衡量国家绩效的核心尺度相联系的。如果变量间彼此显著相关，我们只选择其中之一代表这些高度相关的变量，从这个意义上说，第二步有赖于第一步的结果。在特定类型中的变量并不高度相关的情况下，我们选择一个以上变量来代表该类型。

为了使结果更具普遍性，我们制定这样一套规则：如果一个指标的样本容量小于等于 30，就不选择该变量作为代表该种类型的指标。当变量间的相关系数大于 0.8 时，我们定义二者的相关系数为“非常高”；当相关系数大于等于 0.6 且小于 0.8 时为“高”；大于 0.3 且小于 0.6 时为“中等”；小于 0.3 时为“低”。为了确定由于高度相关性而产生的变量的相互替代性，我们选取了大于等于 0.6 的相关性为临界值。因为所有的相关性指的都是显著相关，这里取的是 5% 水平下的显著相关。

3. 类型内部相关性分析。根据以上指标筛选原则和步骤，对各类指标数据进行相关性分析（各种指标的具体说明和数据来源见附表 4)，结论如下：

(1) 工作条件。工作条件指数有五个指标——近期失业率、童工、就业条件指数、非常规就业和最低工资政策指标。尽管只有 12 个国家的案例和相关数据，童工与失业率指标表现出反向的相关性。我们保留了失业率，因为该指标更易获得。然而由于失业率的定义因国家不同而不同，因此这方面的数据（还有童工）是不可靠且可变的。其他指标没有一个是彼此高度相关的，尽管最低工资政策和就业条件之间存在适度相关性，我们仍保留了剩余的三个变量——非正规就业、最低工资政策和就业条件，还有能代表工作条件类型的失业率指标。

（2）休闲条件。该类型中有六个变量——电话使用率、互联网的使用、收音机的使用、电视机拥有、人均报纸使用和电影院上座率。前五种彼此具有高度相关性。我们选择了电话可获得性（因为它的相关度最高）和电影院上座率（它与其他变量间适度相关）作为该类型中的指标。

（3）不平等。在不平等的各种衡量尺度中，GDI（UNDP衡量性别不平等的综合标准）与幸福不平等指标高度相关。我们选择GDI因为它包括了更广泛的变量。尽管健康不平等与收入基尼系数适度相关，但这种相关性并不足以使我们消除任何一个指标，这一情况同样存在于城乡不平等和横向不平等（HI）中。最后我们选择了收入基尼系数、HI、城乡不平等、GDI和健康不平等来代表这一类型。

（4）社会关系。这是一个信息尤其稀缺而且可获得样本又很少的领域。社会关系指标包括朋友和家庭的价值、不同类型邻居间的宽容度以及离婚率。离婚率与家庭重要性之间具有适度相关性（负相关），但是与其他变量间没有高度相关性。我们因此保留了能够代表这一类型的四个变量——家庭的价值、朋友的价值、不同特点邻居间的宽容度和离婚率。

（5）社区福利。社区福利方面有大量的潜在指标。但仅有很少的样本涉及相互信任、犯罪率、公务人员的人口比例指标，因此暂时不选择这些指标。艾滋病死亡率与孤儿比率具有高度的相关性。艾滋病死亡率体现了更复杂的情况，是高孤儿比率和其他社会问题产生的原因，因此我们选择了它。公共机构变量与法律规则和腐败高度相关。法律规则、公共机构和腐败这三个变量都是高度相关的，因此在它们之中进行选择的余地有限。我们选择法律规则（一种世界银行衡量尺度，表现为行为人对社会规则的信任程度并加以遵守）作为一种比其他两种指标更具综合性的指标。遭受自然灾害的人口比例与其他任何指标都没有高度相关性，邻居宽容度也是如此。最后，我们选择艾滋病死亡、法律规则、邻居宽容度和自然灾害率作为社区福利的代表。

（6）心理福利。这里的心理福利指标包括不幸福尺度（表现为自杀）、社会调整机制缺失（表现为监狱人口）以及生活满意度。

在这些可获得的指标中，男性自杀和女性自杀表现出高度相关性，而与其他变量间（即生活满意度、不幸福及监狱人口比例）没有相关性。因此，我们选择哪一性别并不尤为重要，此处我们选择了男性自杀，因为在绝大多数国家中，男性自杀比例高于女性。其他的变量——生活满意度和监狱人口——并不明显相关。

因此，我们选择生活满意度、监狱人口和男性自杀作为独立的精神福利指标。

（7）授权。授权指标涵盖了贫穷和妇女地位的各种衡量尺度。每天 1 美元的贫穷率（$1 a day poverty rate）与国家贫穷率、人类贫穷指数（HPI）和 15～19 岁结婚女性比率高度相关，而其他贫穷指数与相应类型中的少数变量相关。因此，按照指标筛选原则和步骤，我们采用每天 1 美元贫穷率作为该类型中的一个指标。

GEM 与女性国会议员高度相关。我们选择 GEM，因为它代表了更大范围的女性授权。接受中等教育的男女比例（F/M）与其他变量间并不高度相关，但与贫穷衡量尺度和青少年婚姻率适度负相关。工会密度与其他任何变量均不相关。

最后，我们选择每天 1 美元的贫穷率、GEM（性别授权指数）和男女中等教育比率（F/M）以及工会密度，作为代表授权类型的变量。

（8）政治自由。我们选择了两个综合指标作为政治自由指标：“政治权利和公众自由”及“政治自由”。还有一些明显的指标如

"政治恐怖"、"信仰自由"、"新闻自由"和"司法独立"。"政治权利和公众自由"与"政治自由"彼此高度相关，并且与信仰自由和新闻自由高度相关，因此"政治权利和公众自由"与"政治自由"可以代表这些指标。尽管在这二者间进行选择的余地并不大，但我们选择政治权利和公众自由，因为它与新闻自由相关度更高一些。政治恐怖和司法独立与其他变量间不具有高度相关性，因此同样保留了它们。

（9）经济稳定。选择可能引起收入波动的变量，包括制造业产品出口（负相关）比例、投资组合占 GDP 比例和贸易上的波动，还包含了实际 GDP 商业周期。个体经济的脆弱性可能源自这些宏观经济波动和通货膨胀率波动，虽然社会保障可以减少个体经济的不安全。除了与 2000 年有关的社会安全外，这些变量的数据都取自 1980 ~ 2000 年。贸易波动条款与制造业出口量高度相关。因为贸易波动条款会对很多人们的收入产生即刻的影响，所以选择它来代替制造业出口。尽管投资组合和社会保障覆盖率存在适度正相关，但由于人均收入处于更高的水平时，每个变量的水平也越高，所以其他变量间均不高度相关。因此我们保留了上述提到的所有其他指标。

（10）政治稳定。政治稳定方面的四个指标是："政治稳定"，这是世界银行编纂的一个反映推翻政府可能程度的综合指数；难民净流出占总人口的比重（来自联合国难民事务高级办事处 UNHCR）；集体暴动指数，包括公民的过度目标行为；政治暴动指数（定义为 1990 年以来的任何武装冲突形式）。政治稳定、集体暴动和政治暴动都高度相关。因为政治暴动较之其他两个的相关系数更高一些，因此选择政治暴动。难民净流出量是唯一一个与其他指标适度相关的变量，因此被保留下来作为代表该类型的指标。

（11）环境条件。该类型只有一个综合指标，即二氧化碳人均排放量。美国能源部资助的二氧化碳信息分析中心（CDIAC）计算了每年人为的 CO_2 排放量。

4. 与核心指数的相关性分析。通过上述分析已选取了代表每一类型的指标，接下来分析它们与三个核心衡量尺度（前文已有阐述）的关系，即人类发展指数、人均收入（购买力平价 PPP）和五岁以下儿童死亡率。我们先从人类发展指数入手，人类发展指数是衡量人类发展绩效最显著的测量方法（各种指标的具体说明和数据来源见附表 4）。按照先前遵循的原则和步骤，即我们剔除所有与核心指标具有高度相关性（相关系数在 0.6 以上）的变量。生活满意度、离婚率、法律规则、电话可获得性以及社会保障政策都与人类发展指数高度正相关，而与每天 1 美元贫穷指标、艾滋病死亡率和童工比率高度负相关。因此可以用人类发展指数代表所有这些指标，更广泛人类发展衡量尺度就不需要包括这些（离婚率除外，因为高离婚率一般被认为是人类发展的恶化）。

以同样的方式对与人均收入（购买力平价 PPP）的相关性进行了分析。绝大多数情况下结果与人类发展指数相同，并且得到三点结论：

第一，在精神福利类型中，生活满意度与收入适度相关而不是高度相关，所以三个变量——生活满意度、入狱人数和男性自杀率得以保留。

第二，在社区福利问题上，与人类发展指数相比，艾滋病死亡率与收入情况仅适度相关，因此应该保留。

第三，在其他类型中保留的指标与人类发展指数的情况相同。

如此，HDI 比人均收入包括更多的一般性人类发展指标。当然，人均收入与 HDI 相比，在衡量人类发展基本要素方面较差一些，因此我们选择了人类发展指数。这一点体现在人类发展指数与生活预期、幼儿死亡率、母亲死亡率和成年文盲率的稳定的相关性，这种相关性比人均收入反映的更充分。

五岁以下儿童死亡率的相关性分析和 HDI 得出的结果相同。五岁以下儿童死亡率同人类发展的各个指标的相关度和与 HDI 的相关度近似。当然，HDI 是更为广泛接受的衡量尺度。但是五岁以下儿童死亡率随时间的变化更为精确和计算简便，所以在出于某些特定计算目的时具有一定的优势。实证分析结果最后得以保留的指标见表 6－3。

表 6－3　通过相关性分析最后保留的广义人类发展指数的指标

类　型	指　　标
工作条件	失业率、就业条件、非正规就业率、最低工资政策指标
休闲条件	电影院上座率
不平等	收入基尼系数、城乡不平等、横向不平等（HI）、GDI、健康不平等
社会关系	家庭的价值、朋友的价值、邻居间的宽容度、离婚率
社区福利	酒精使用量、邻居宽容度、自然灾害影响人口数
心理福利	男性自杀率、监狱人口数
授权	权利赋予指数（GEM）、接受中等教育的男女比例（F/M）、工会密度
政治自由	政治权利和公众自由、政治恐怖、司法独立性
经济稳定	GDP 周期、CPI 的波动、组合投资占 GDP 比例、贸易波动
政治安全	政治暴动、难民流动量
环境条件	二氧化碳人均排放量

总结起来，本章对人类发展的理解和衡量进行了进一步的探索。继承了此领域拉尼斯（2005）和其他研究者的一些研究成果，形成了超越 HDI 范围的 11 种人类发展类型。对于每一种类型，我们都确定了一套潜在的指标，这些指标数据的可获得性较强，是比较合理的衡量尺度。为了精简每一种类型变量的数量，我们仅保留

了能够代表那些彼此高度相关的指标，并保留了与其他指标并非高度相关的每一种指标，目的在于保留那些彼此十分独立的变量。

接下来考察了每种类型的所选变量与 HDI、人均收入（PPP）和五岁以下儿童死亡率的相关性。每一种类型中与 HDI 高度相关的变量都被取消，因为 HDI 已经包括了这些衡量尺度。我们保留了 31 个变量，每一个都代表独立的人类发展标准。

然后我们对人均收入（PPP）和五岁以下儿童死亡率进行了相同的实践。结果发现五岁以下儿童死亡率与 HDI 的作用相吻合，而人均收入稍逊，即单独使用收入将比单独使用 HDI 丢失更多衡量人类发展的尺度，所以人均收入是反映人类发展的较逊色的指标。

第七章

结论与展望

第一节
本书基本结论

本书从四个方面对国内外学者关于 HDI 的批评意见进行了归纳和分类，包括主观赋予等权重是否合理、简单算术平均的计算公式是否合适、GDP 的调整能否反映收入分配变化，以及是否忽略了其他重要的人类发展维度。在对 HDI 反思的基础上，本书尝试对 HDI 进行了修正研究和扩展研究。

对 HDI 进行的修正研究，主要是针对 HDI 存在的问题与不足展开的。集中在三个方面：第一，基本成分的修正。包括指标无量纲化处理的修正，对教育指标进行收益递减修正以及对收入成分进行不平等修正。第二，多指标综合方法的修正。包括常规多指标综合方法的修正和多元方法的修正。第三，结构修正。考察了一个不同于 HDI 结构的新人类发展指数（NHDI），该方法是将指标经过标准化的实际值与经过标准化的目标值之间的差距作为测算 HDI 的方法，有利于国家之间比较和同一国家不同时期比较。

进一步，针对 HDI 没有考虑可持续发展和人类生活中起根本性作用以外的很多重要的问题，本书尝试着对HDI进行扩展研究。针对UNDP提出要进行“环境敏感的HDI”研究的想法，在HDI的基础上，引入了一个污染敏感的收入成分，将工业化过程中产生的人均CO_2排放量考虑在内，建立了一个污染框架的人类发展指数（PHDI）。此外，借鉴菲沙研究所提出的四维人类进程指数（IHP），探讨了广义人类发展指数（GHDI）的构建。

本书的实证研究工作主要体现为两个方面：第一，根据2006年人类发展报告中的177个国家的HDI数据，运用PCA方法，以各分项指数的协方差矩阵作为输入，论证了UNDP为HDI家族三个指数都实行等权重分配的合理性问题；第二，运用2005年人类发展报告数据，根据本书建立的污染敏感的人类发展指数，重新计算了177个国家的PHDI值。

总括起来，本书研究的基本结论主要体现在如下五个方面：

1. 人类发展指数（HDI）弥补了传统测度方法的不足，是目前在世界范围内应用最广的衡量人类发展的工具。HDI试图代表人类福利并能够在不同国家和地区间进行比较。从操作层面讲，HDI是第一个广域范围内对能力和基本需求方法的代表。

2. HDI虽然存在着诸多方面的不足，但实践证明，HDI并不是一个多余的指标，相反，HDI是收入指数、教育指数和健康指数的综合反映。

3. 从常规多指标综合方法来看，HDI采用的线性加权的方法是不合适的，它忽视了健康、生活质量、受教育这三个目标的基础性和不可替代性。由于HDI各指标间存在强烈相关，从这点看HDI应采用乘法合成进行综合评价。此外，乘法合成还强调各个指标间的综合发展，不能偏颇，这一点也符合人类要实现全面发展的初衷。

4. 从多元方法来看，PCA方法能够解决HDI中存在的指标间量纲不同问题、指标间相关问题和如何合理确定指标权数问题。并且通过 PCA 方法验证，UNDP 主观赋予等权重做法不具备理论基础，也是不合理的。尽管实证结果与 HDI 的等权重结构是一致的，但进一步分析表明，GDI 和 GEM 采用等权重结构也是不合理的。

5. 从可持续发展的角度来看，HDI 应该包括环境和自然资源的消耗问题。当将环境因素考虑在内时，HDI 能够对那些以毁坏环境作为代价换取高速经济发展的国家起到“惩罚”（降低）作用。

第二节 研究空间展望

人类发展远非 HDI 一个指数就能够准确测度的，HDI 仅仅是目前人们对人类发展的最基本的三个成就衡量的一个探索。限于能力和精力，本书的研究仅就 HDI 进行了探讨和改进，并没有对提及的其他指数进行一一分析。这主要出于以下两方面的考虑：一方面，由于每个指数提出的背景不同、主要作用不同，因此衡量的侧重点也就有所不同；另一方面，由于人类发展指数目前应用最广泛，影响也最大，全球大部分国家都在参与 HDI 的排名，对各国全面制定人类发展政策起到了一个引导作用。

实际上即使关于 HDI 的研究，需要关注的方面也还有很多，远非本书所指出的这几个地方，还有很多问题值得今后进一步探讨。

1. HDI 三个维度的不平等调整。由于 HDI 的现有形式没有直接反映分配的不平等问题，所以本书对 HDI 的收入成分的分配的不平等问题进行了分析和修正。但实际上，无论是在国家之间，还是在一个国家内部，预期寿命和教育成就指数都有显著的人与人之间不平等的因素。“预期寿命和教育成就指数不像收入指数分配那样不平等”，这种观点从国家水平的角度看似乎有道理，但从个人水平的角度看教育和寿命的不平等程度是非常显著的。

因此，最好的修正必须超出 HDI 的原有指标框架来考虑每个维度的不平等因素，包括受教育的机会和生活的机会，并且可以尝试进行计算。

对于预期寿命的计算，可以考虑特别差异以及种族间的差异，也应该考虑城乡居民的不同、性别间的差异或者不同等级人的差异。对于教育变量，成人识字率仅仅是一个国家的整体的比例数字，这是反映教育方面的一个非常粗糙的信息，没有考虑人口间的分布。

2. 考虑各个国家的文化差异。有学者认为，人类发展文献预先假定的是一种“普遍主义”的发展范式，从某种程度上讲这种观点是正确的。HDI 重点研究现实的和潜在的人类，并不考虑文化、国度或社会群体。这意味着人类发展范式并不考虑文化差异，只是探寻一种通用的文化标准。UNDP 的衡量尺度着眼于特定的以人类福利为中心的维度和一些相对没有争议的指数上，它们在不同文化和国家中的“实现”的方式是不同的。本书虽然认识到了 HDI 的这一点不足，却没有考虑对各国的文化差异进行修正或扩展。无论如何，只有考虑当地生活方式后，文化内容丰富的数据背景才可能被考虑进国家 HDI 中。

3. HDI 与环境和可持续发展结合研究。HDI 如何与环境和可持续发展进行结合是值得人们仔细研究的。人类发展对于环境有利是一个普遍原理，但历史却经常见证以牺牲环境为代价的经济发展。部分地区对自然资源的不合理利用不仅威胁到人们的生存质量，还威胁到人类的生存。因而，可持续性对于完整理解人类发展的质量和前景是至关重要的。这是 HDI 未来发展的一个重要方向。

尽管本书从环境方面对 HDI 进行了扩展，并构建了环境框架下的人类发展指数——PHDI。但它并不是一个完美的指标，同时也要意识到它作为一个指数的局限性。在未来的研究中，应该考虑更多的其他污染排放量指标，如空气、水和土壤污染，还有其他能够反映环境状况的指标，如森林砍伐、能源消费和物质资源的消耗也应包括在 PHDI 中。这样才能更全面地测算人类发展的可持续程度。

4. 实践上的补充。本书缺少对中国的实际数据进行的实证分析和检验，未来的研究可以考虑用修正后的方法来重新分析中国 HDI 的各项指标在国际中的排名，并和原指标进行对比，来分析和验证新的方法是否优于原方法。

附　表

附表 1　　用乘积法计算的 RHDI

RHDI 排名	国家或地区	RHDI	HDI	HDI 排名
1	加拿大	0.802	0.96	1
2	美国	0.787	0.942	4
3	法国	0.76	0.946	2
4	挪威	0.759	0.943	3
5	日本	0.755	0.94	7
6	瑞士	0.751	0.93	16
7	冰岛	0.75	0.942	5
8	荷兰	0.734	0.94	6
9	比利时	0.729	0.932	13
10	奥地利	0.727	0.932	12
11	卢森堡	0.72	0.899	27
12	瑞典	0.718	0.936	10
13	芬兰	0.717	0.94	8
14	丹麦	0.717	0.927	18
15	澳大利亚	0.715	0.931	14
16	英国	0.708	0.931	15
17	新西兰	0.706	0.937	9
18	德国	0.699	0.924	19

续表

RHDI 排名	国家或地区	RHDI	HDI	HDI 排名
19	中国香港	0. 697	0. 914	22
20	意大利	0. 691	0. 921	21
21	爱尔兰	0. 682	0. 929	17
22	西班牙	0. 675	0. 934	11
23	文莱	0. 661	0. 882	38
24	新加坡	0. 656	0. 9	26
25	以色列	0. 646	0. 913	23
26	希腊	0. 615	0. 923	20
27	塞浦路斯	0. 604	0. 907	24
28	巴哈马群岛	0. 602	0. 894	28
29	巴巴多斯	0. 58	0. 907	25
30	马耳他	0. 561	0. 887	34
31	葡萄牙	0. 559	0. 89	31
32	巴林	0. 548	0. 87	43
33	阿联酋	0. 546	0. 866	44
34	韩国	0. 538	0. 890	32
35	科威特	0. 534	0. 844	53
36	斯洛文尼亚	0. 53	0. 886	35
37	智利	0. 523	0. 891	30
38	安提瓜和巴布达	0. 521	0. 892	29
39	卡塔尔	0. 509	0. 84	55
40	捷克	0. 505	0. 882	39
41	阿根廷	0. 505	0. 884	36

续表

RHDI 排名	国家或地区	RHDI	HDI	HDI 排名
42	特立尼达和多巴哥	0.502	0.88	40
43	乌拉圭	0.466	0.883	37
44	哥斯达黎加	0.462	0.889	33
45	圣基茨和尼维斯	0.457	0.853	49
46	毛里求斯	0.456	0.831	61
47	委内瑞拉	0.453	0.861	47
48	斯洛伐克	0.441	0.873	42
49	多米尼克	0.438	0.873	41
50	墨西哥	0.43	0.853	50
51	格林纳达	0.427	0.843	54
52	巴拿马	0.425	0.864	45
53	塞舌尔	0.425	0.845	52
54	斐济	0.422	0.863	46
55	波兰	0.42	0.834	58
56	马来西亚	0.416	0.832	60
57	匈牙利	0.415	0.857	48
58	哥伦比亚	0.4	0.848	51
59	泰国	0.395	0.833	59
60	白俄罗斯	0.392	0.806	62
61	圣文森特	0.39	0.836	57
62	圣卢西亚	0.387	0.838	56
63	苏里南	0.377	0.792	66
64	爱沙尼亚	0.371	0.776	71

续表

RHDI 排名	国家或地区	RHDI	HDI	HDI 排名
65	黎巴嫩	0. 371	0. 794	65
66	朝鲜	0. 371	0. 765	75
67	保加利亚	0. 368	0. 78	69
68	立陶宛	0. 364	0. 762	76
69	克罗地亚	0. 364	0. 76	77
71	厄瓜多尔	0. 355	0. 775	72
72	马其顿	0. 349	0. 748	80
73	伯利兹	0. 348	0. 806	63
74	罗马尼亚	0. 345	0. 748	79
75	古巴	0. 345	0. 723	86
76	牙买加	0. 339	0. 736	83
77	巴西	0. 331	0. 783	68
78	利比里亚	0. 329	0. 801	64
79	沙特阿拉伯	0. 327	0. 774	73
80	土耳其	0. 325	0. 772	74
81	斯里兰卡	0. 324	0. 711	91
82	土库曼斯坦	0. 324	0. 723	85
83	拉脱维亚	0. 319	0. 711	92
84	秘鲁	0. 318	0. 717	89
85	哈萨克斯坦	0. 318	0. 709	93
86	约旦	0. 317	0. 73	84
87	多米尼加	0. 312	0. 718	87
88	巴拉圭	0. 31	0. 706	94

续表

RHDI 排名	国家或地区	RHDI	HDI	HDI 排名
89	伊朗	0.306	0.78	70
90	乌克兰	0.305	0.689	95
91	西萨摩亚	0.3	0.684	96
92	叙利亚	0.294	0.755	78
93	南非	0.293	0.716	90
94	突尼斯	0.288	0.748	81
95	菲律宾	0.286	0.672	98
96	乌兹别克斯坦	0.278	0.662	100
97	阿尔巴尼亚	0.271	0.655	102
98	阿尔及利亚	0.268	0.737	82
99	印度尼西亚	0.259	0.668	99
100	亚美尼亚	0.259	0.651	103
101	圭亚那	0.259	0.649	104
102	蒙古	0.252	0.661	101
103	吉尔吉斯斯坦	0.248	0.635	107
104	阿塞拜疆	0.244	0.636	106
105	中国	0.243	0.626	108
106	格鲁吉亚	0.242	0.637	105
107	阿曼	0.24	0.718	88
108	马尔代夫	0.226	0.611	111
109	摩尔多瓦	0.219	0.612	110
110	萨尔瓦多	0.212	0.592	112

续表

RHDI 排名	国家或地区	RHDI	HDI	HDI 排名
111	玻利维亚	0.204	0.589	113
112	埃及	0.199	0.614	109
113	洪都拉斯	0.199	0.575	116
114	斯威士兰	0.194	0.582	114
115	博茨瓦纳	0.192	0.673	97
116	所罗门群岛	0.179	0.556	122
117	危地马拉	0.177	0.572	117
118	佛得角	0.175	0.547	123
119	瓦努阿图	0.174	0.547	124
120	塔吉克斯坦	0.168	0.58	115
122	越南	0.161	0.557	121
123	尼加拉瓜	0.158	0.53	127
124	加蓬	0.157	0.562	120
125	纳米比亚	0.154	0.57	118
126	摩洛哥	0.154	0.566	119
127	新几内亚	0.148	0.525	128
128	伊拉克	0.147	0.531	126
129	津巴布韦	0.132	0.513	129
130	刚果	0.13	0.5	130
131	加纳	0.118	0.468	132
132	喀麦隆	0.117	0.468	133
133	肯尼亚	0.108	0.463	134

续表

RHDI 排名	国家或地区	RHDI	HDI	HDI 排名
134	老挝	0.106	0.459	136
135	缅甸	0.104	0.475	131
136	赤道几内亚	0.104	0.462	135
137	印度	0.101	0.446	138
138	莱索托	0.099	0.457	137
139	巴基斯坦	0.096	0.445	139
140	科摩罗	0.084	0.412	140
141	尼日利亚	0.074	0.393	141
142	科特迪瓦	0.064	0.368	145
143	贝宁	0.063	0.368	146
144	孟加拉国	0.062	0.368	144
145	多哥	0.059	0.365	147
146	毛利尼亚	0.058	0.355	150
147	中非	0.055	0.355	151
148	柬埔寨	0.053	0.348	153
149	尼泊尔	0.051	0.347	154
150	不丹	0.051	0.338	155
151	安哥拉	0.05	0.335	157
152	也门	0.048	0.361	148
153	赞比亚	0.048	0.369	143
154	苏丹	0.047	0.333	158
155	塞内加尔	0.046	0.326	160

续表

RHDI 排名	国家或地区	RHDI	HDI	HDI 排名
156	吉布提	0.044	0.319	162
157	海地	0.044	0.338	156
158	乌干达	0.042	0.328	159
159	坦桑尼亚	0.039	0.357	149
160	莫桑比克	0.03	0.281	166
161	冈比亚	0.03	0.281	165
162	几内亚	0.029	0.271	167
163	几内亚比绍	0.028	0.291	163
164	马拉维	0.028	0.32	161
165	乍得	0.026	0.288	164
166	厄立特里亚	0.025	0.269	168
167	扎伊尔	0.022	0.381	142
168	布隆迪	0.018	0.247	169
169	布基纳法索	0.014	0.221	172
170	马达加斯加	0.013	0.35	152
171	马里	0.011	0.229	171
172	尼日尔	0.01	0.206	173
173	埃塞俄比亚	0.008	0.244	170
174	塞拉利昂	0.007	0.176	175
175	卢旺达	0	0.187	174

资料来源：Sagar，A. D. and A. Najam，The Human Development Index：a Critical Review，*Ecological Economics* 25，1998。

附表 2 重新计算的成人识字率和综合入学率（2005 年）

国家或地区	AL	ER	RAL	RER	EI	REI
挪威	100 +	101	100	100	99	99
冰岛	100 +	96	100	80.7	98	94
澳大利亚	100 +	116	100	100	99	99
卢森堡	100 +	88	100	76.2	95	92
加拿大	100 +	94	100	79.6	97	93
瑞典	100 +	114	100	100	99	99
瑞士	100 +	90	100	77.4	96	92
爱尔兰	100 +	93	100	79.1	97	93
比利时	100 +	114	100	100	99	99
美国	100 +	93	100	79.1	97	93
日本	100 +	84	100	73.8	94	91
荷兰	100 +	99	100	82.4	99	94
芬兰	100 +	108	100	100	99	99
丹麦	100 +	102	100	100	99	99
英国	100 +	123	100	100	99	99
法国	100 +	92	100	78.5	96	93
奥地利	100 +	89	100	76.8	96	92
意大利	98.5	87	82	75.6	95	80
新西兰	100 +	106	100	100	99	99
德国	100 +	89	100	76.8	96	92
西班牙	97.7	94	82	79.6	97	81
中国香港	93.5	74	79	67.3	87	75
以色列	96.9	91	81	78	95	80
希腊	91	92	78	78.5	97	78
新加坡	92.5	87	79	75.6	91	78
斯洛文尼亚	99.7	95	83	80.2	98	82

续表

国家或地区	AL	ER	RAL	RER	EI	REI
葡萄牙	92.5	94	79	79.6	97	79
朝鲜	97.9	93	82	79.1	97	81
塞浦路斯	96.8	78	81	70	91	77
巴巴多斯	99.7	89	83	76.8	96	81
捷克	100	80	100	71.4	93	90
马耳他	87.9	79	76	70.7	85	74
文莱	92.7	74	79	67.3	86	75
阿根廷	97.2	95	81	80.2	96	81
匈牙利	99.3	89	83	76.8	96	81
波兰	99.7	90	83	77.4	96	81
智利	95.7	81	81	72	91	78
爱沙尼亚	99.8	92	83	78.5	97	82
立陶宛	99.6	94	83	79.6	97	82
卡塔尔	89.2	82	77	72.6	87	76
阿联酋	77.3	74	70	67.3	76	69
斯洛伐克	99.6	75	83	68	91	78
巴林	87.7	81	76	72	86	75
科威特	82.9	74	73	67.3	80	71
克罗地亚	98.1	75	82	68	90	77
乌拉圭	97.7	88	82	76.2	94	80
哥斯达黎加	95.8	68	81	63.2	87	75
拉脱维亚	99.7	90	83	77.4	96	81
圣基茨和尼维斯	97.8	89	82	76.8	95	80
巴哈马	95.5	77	80	69.3	89	76
塞舌尔	91.9	85	78	74.4	89	77
古巴	96.9	80	81	71.4	91	78

续表

国家或地区	AL	ER	RAL	RER	EI	REI
墨西哥	90.3	75	78	68	85	75
汤加	98.9	83	82	73.2	93	79
保加利亚	98.2	78	82	70	91	78
巴拿马	91.9	79	78	70.7	88	76
特立尼达和多巴哥	98.5	66	82	61.7	88	75
利比亚	81.7	96	72	80.7	86	75
马其顿	96.1	70	81	64.7	87	76
安提瓜和巴布达	85.8	69	75	63.9	80	71
马来西亚	88.7	71	77	65.3	83	73
俄罗斯联邦	99.4	90	83	77.4	96	81
巴西	88.4	91	76	78	89	77
罗马尼亚	97.3	72	81	66	89	76
毛里求斯	84.3	71	74	65.3	80	71
格林纳达	96	96	81	80.7	96	81
白俄罗斯	99.6	88	83	76.2	95	81
波斯尼亚和黑塞哥维那	94.6	67	80	62.4	86	74
哥伦比亚	94.2	71	80	65.3	86	75
多米尼克	88	75	76	68	84	73
阿曼	74.4	63	68	59.5	71	65
阿尔巴尼亚	98.7	69	82	63.9	89	76
泰国	92.6	73	79	66.7	86	75
萨摩亚	98.7	71	82	65.3	89	76
委内瑞拉	93	75	79	68	87	75
圣卢西亚	90.1	75	77	68	85	74
沙特阿拉伯	79.4	57	71	54.8	72	66
乌克兰	99.4	86	83	75	95	80

续表

国家或地区	AL	ER	RAL	RER	EI	REI
秘鲁	87.7	87	76	75.6	88	76
哈萨克斯坦	99.5	85	83	74.4	94	80
黎巴嫩	86.5	79	75	70.7	84	74
厄瓜多尔	91		78	40	86	65
亚美尼亚	99.4	72	83	66	90	77
菲律宾	92.6	82	79	72.6	89	77
中国	90.9	69	78	63.9	84	73
苏里南	88	73	76	66.7	83	73
圣文森特和格林纳丁斯	88	67	76	62.4	81	71
巴拉圭	91.6	73	78	66.7	86	74
突尼斯	74.3	74	68	67.3	74	68
约旦	89.9	78	77	70	86	75
伯利兹	76.9	77	69	69.3	77	69
斐济	92.9	73	79	66.7	86	75
斯里兰卡	90.4	69	78	63.9	83	73
土耳其	88.3	68	76	63.2	82	72
多米尼加	87.7	76	76	68.7	84	74
马尔代夫	97.2	75	81	68	90	77
土库曼斯坦	98.8		82	40	91	68
牙买加	87.6	74	76	67.3	83	73
伊朗	77	69	69	63.9	74	67
格鲁吉亚	100	71	83	65.3	90	77
阿塞拜疆	98.8	69	82	63.9	89	76
巴勒斯坦	91.9	80	78	71.4	88	76
阿尔及利亚	69.8	74	65	67.3	71	66
萨尔瓦多	79.7	68	71	63.2	76	68

续表

国家或地区	AL	ER	RAL	RER	EI	REI
佛得角	75.7	73	68	66.7	75	68
叙利亚	82.9	62	73	58.7	76	68
圭亚那	96.5	77	81	69.3	90	77
越南	90.3	64	78	60.2	82	72
吉尔吉斯斯坦	98.7	82	82	72.6	93	79
印度尼西亚	87.9	66	76	61.7	81	71
乌兹别克斯坦	99.3	76	83	68.7	91	78
尼加拉瓜	76.7	69	69	63.9	74	67
玻利维亚	86.5	87	75	75.6	87	75
蒙古	97.8	74	82	67.3	90	77
摩尔多瓦	96.2	62	81	58.7	85	74
洪都拉斯	80	62	71	58.7	74	67
危地马拉	69.1	61	64	58	66	62
瓦努阿图	74	58	67	55.6	69	63
埃及	55.6	74	54	67.3	62	58
南非	82.4	78	73	70	81	72
赤道几内亚	84.2	65	74	60.9	78	70
塔吉克斯坦	99.5	76	83	68.7	91	78
加蓬	71	74	65	67.3	72	66
摩洛哥	50.7	58	50	55.6	53	52
纳米比亚	85	71	74	65.3	80	71
圣多美和普林西比	83.1	62	73	58.7	76	68
印度	61	60	58	57.2	61	58
所罗门群岛	76.6	52	69	50.7	68	63
缅甸	89.7	48	77	47.2	76	67
柬埔寨	73.6	59	67	56.4	69	63

续表

国家或地区	AL	ER	RAL	RER	EI	REI
博茨瓦纳	78.9	70	71	64.7	76	69
科摩罗	56.2	47	54	46.3	53	51
老挝	68.7	61	64	58	66	62
不丹	47		46	40	48	44
巴基斯坦	48.7	35	48	40	44	45
尼泊尔	48.6	61	48	58	53	51
巴布亚新几内亚	57.3	41	55	40.9	52	50
加纳	54.1	46	52	45.4	51	50
孟加拉国	41.1	53	41	51.5	45	45
东帝汶	58.6	75	56	68	64	60
苏丹	59	38	56	40	52	51
刚果	82.8	47	73	46.3	71	64
多哥	53	66	52	61.7	57	55
乌干达	68.9	74	64	67.3	71	65
津巴布韦	90	55	77	53.1	78	69
马达加斯加	70.6	51	65	49.9	64	60
斯威士兰	79.2	60	71	57.2	73	66
喀麦隆	67.9	55	63	53.1	64	60
莱索托	81.4	66	72	61.7	76	69
吉布提	65.5	24	61	40	52	54
也门	49	55	48	53.1	51	50
毛里塔尼亚	51.2	45	50	44.5	49	48
海地	51.9		51	40	50	47
肯尼亚	73.6	52	67	50.7	66	62
冈比亚	37.8	48	40	47.2	41	42
几内亚	41	41	41	40.9	41	41

续表

国家或地区	AL	ER	RAL	RER	EI	REI
塞内加尔	39.3	40	40	40	39	40
尼日利亚	66.8	64	62	60.2	66	61
卢旺达	64	55	60	53.1	61	58
安哥拉	66.8	30	62	40	54	55
厄立特里亚	56.7	35	55	40	49	50
贝宁	33.6	55	40	53.1	41	44
科特迪瓦	48.1	42	47	41.8	46	45
坦桑尼亚	69.4	41	64	40.9	60	56
马拉维	64.1	72	60	66	67	62
赞比亚	67.9	48	63	47.2	61	58
刚果	65.3	28	61	—	53	54
莫桑比克	46.5	43	46	42.7	45	45
布隆迪	58.9	35	56	—	51	51
埃塞俄比亚	41.5	36	41	—	—	41
中非	48.6	31	48	—	—	45
几内亚比绍	39.6	37	—	—	39	—
乍得	25.5	38	—	—	30	—
马里	19	32	—	—	23	—
布基纳法索	12.8	24	—	—	16	—
塞拉利昂	29.6	45	—	44.5	35	42
尼日尔	14.4	21	—	—	17	—

资料来源：作者根据《人类发展报告 2005》计算。

注：100⁺表示数据大于 100，《人类发展报告 2005》中并没有给出确切的数据。REIEI 和 REI 中超过 100 的全部用 99 代替。RAL、RER 和 REI 中对小于 40 的数据没有进行计算。

附表 3 污染敏感的人类发展指数

HDI 排名	国家或地区	HDI 值	CO_2	EBI	H_3P	H_3P/H_3	PHDI 值	PHDI 名次	HDIr 减 PHDIr
1	挪威	0.963	12.2	0.856	0.918	0.928	0.939	5	-4
2	冰岛	0.956	7.7	0.909	0.934	0.973	0.948	1	1
3	澳大利亚	0.955	18.3	0.785	0.859	0.905	0.923	18	-15
4	卢森堡	0.949	21.1	0.752	0.858	0.858	0.899	27	-23
5	加拿大	0.949	16.5	0.806	0.876	0.913	0.922	19	-14
6	瑞典	0.949	5.8	0.932	0.931	1.001	0.947	2	4
7	瑞士	0.947	5.7	0.933	0.946	0.986	0.945	3	4
8	爱尔兰	0.946	11	0.871	0.926	0.936	0.925	16	-8
9	比利时	0.945	6.8	0.920	0.930	0.989	0.940	4	5
10	美国	0.944	20.1	0.764	0.862	0.871	0.901	26	-16
11	日本	0.943	9.4	0.889	0.914	0.972	0.935	6	5
12	荷兰	0.943	9.4	0.889	0.919	0.967	0.933	7	5
13	芬兰	0.941	12	0.859	0.898	0.955	0.926	15	-2
14	丹麦	0.941	8.9	0.895	0.927	0.965	0.929	14	0
15	英国	0.939	9.2	0.892	0.915	0.974	0.932	10	5
16	法国	0.938	6.2	0.927	0.938	0.988	0.933	8	8
17	奥地利	0.936	7.8	0.908	0.929	0.978	0.930	12	5
18	意大利	0.934	7.5	0.912	0.926	0.985	0.932	9	9
19	新西兰	0.933	8.7	0.898	0.899	0.999	0.930	11	8
20	德国	0.93	9.8	0.885	0.912	0.970	0.924	17	3
21	西班牙	0.928	7.3	0.914	0.907	1.008	0.929	13	8
22	中国香港	0.916	5.2	0.939	0.939	0.999	0.916	21	1
23	以色列	0.915	11	0.871	0.875	0.995	0.912	23	0
24	希腊	0.912	8.5	0.900	0.890	1.011	0.917	20	4
25	新加坡	0.907	13.8	0.838	0.877	0.953	0.892	30	-5

续表

HDI排名	国家或地区	HDI值	CO_2	EBI	H_3P	H_3P/H_3	PHDI值	PHDI名次	HDIr减PHDIr
26	斯洛文尼亚	0.904	7.8	0.908	0.894	1.016	0.911	24	2
27	葡萄牙	0.904	6	0.929	0.899	1.033	0.913	22	5
28	朝鲜	0.901	9.4	0.889	0.880	1.011	0.907	25	3
29	塞浦路斯	0.891	8.3	0.902	0.886	1.018	0.895	28	1
30	巴巴多斯	0.878	4.6	0.946	0.890	1.059	0.893	29	1
31	捷克	0.874	11.2	0.868	0.859	1.011	0.876	34	-3
32	马耳他	0.867	7.5	0.912	0.885	1.029	0.875	38	-6
33	文莱	0.866	17.7	0.792	0.834	0.947	0.851	46	-13
34	阿根廷	0.863	3.5	0.959	0.872	1.090	0.884	31	3
35	匈牙利	0.862	5.6	0.934	0.879	1.059	0.880	33	2
36	波兰	0.858	7.7	0.909	0.846	1.070	0.875	36	0
37	智利	0.854	3.6	0.958	0.854	1.109	0.881	32	5
38	爱沙尼亚	0.853	11.8	0.861	0.840	1.024	0.860	43	-5
39	立陶宛	0.852	3.6	0.958	0.866	1.096	0.875	35	4
40	卡塔尔	0.849	53.1	0.375	0.526	0.598	0.732	113	-73
41	阿联酋	0.849	25.1	0.705	0.790	0.878	0.810	72	-31
42	斯洛伐克	0.849	6.8	0.920	0.867	1.057	0.866	41	1
43	巴林	0.846	30.6	0.640	0.734	0.853	0.805	78	-35
44	科威特	0.844	24.6	0.711	0.782	0.899	0.817	66	-22
45	克罗地亚	0.841	4.7	0.945	0.860	1.089	0.863	42	3
46	乌拉圭	0.84	1.2	0.986	0.845	1.142	0.875	37	9
47	哥斯达黎加	0.838	1.4	0.984	0.857	1.128	0.872	39	8
48	拉脱维亚	0.836	2.7	0.968	0.858	1.114	0.866	40	8
49	圣基茨和尼维斯	0.834	2.8	0.967	0.876	1.095	0.859	44	5
50	巴哈马	0.832	6.7	0.921	0.890	1.034	0.843	49	1

续表

HDI 排名	国家或地区	HDI 值	CO_2	EBI	H_3P	H_3P/H_3	PHDI 值	PHDI 名次	HDIr 减 PHDIr
51	塞舌尔	0.821	6.8	0.920	0.838	1.089	0.843	50	1
52	古巴	0.817	2.1	0.975	0.794	1.186	0.858	45	7
53	墨西哥	0.814	3.7	0.956	0.841	1.121	0.840	52	1
54	汤加	0.81	1.1	0.987	0.826	1.163	0.849	47	7
55	保加利亚	0.808	5.3	0.938	0.821	1.125	0.840	51	4
56	巴拿马	0.804	2	0.976	0.822	1.158	0.844	48	8
57	特立尼达和多巴哥	0.801	31.9	0.625	0.694	0.889	0.775	97	-40
58	利比亚	0.799	9.1	0.893	0.797	1.107	0.822	61	-3
59	马其顿	0.797	5.1	0.940	0.802	1.146	0.827	54	5
60	安提瓜和巴布达	0.797	4.7	0.945	0.848	1.102	0.823	59	1
61	马来西亚	0.796	6.3	0.926	0.835	1.098	0.822	62	-1
62	俄罗斯联邦	0.795	9.9	0.884	0.817	1.075	0.816	67	-5
63	巴西	0.792	1.8	0.979	0.836	1.146	0.829	53	10
64	罗马尼亚	0.792	4	0.953	0.820	1.139	0.827	55	9
65	毛里求斯	0.791	2.6	0.969	0.871	1.102	0.820	64	1
66	格林纳达	0.787	2.3	0.973	0.834	1.143	0.821	63	3
67	白俄罗斯	0.786	6	0.929	0.785	1.155	0.818	65	2
68	波黑	0.786	4.8	0.944	0.790	1.162	0.823	58	10
69	哥伦比亚	0.785	1.3	0.985	0.818	1.169	0.823	60	9
70	多米尼克	0.783	1.5	0.982	0.797	1.189	0.826	57	13
71	阿曼	0.781	12.1	0.858	0.838	1.022	0.789	87	-16
72	阿尔巴尼亚	0.78	0.8	0.991	0.778	1.215	0.826	56	16
73	泰国	0.778	3.7	0.956	0.822	1.141	0.811	71	2
74	萨摩亚	0.776	0.8	0.991	0.806	1.186	0.815	68	6
75	委内瑞拉	0.772	4.3	0.949	0.772	1.187	0.814	69	6

续表

HDI排名	国家或地区	HDI值	CO_2	EBI	H_3P	H_3P/H_3	PHDI值	PHDI名次	HDIr减PHDIr
76	圣卢西亚	0.772	2.4	0.972	0.800	1.177	0.813	70	6
77	沙特阿拉伯	0.772	15	0.824	0.822	1.002	0.774	98	-21
78	乌克兰	0.766	6.4	0.925	0.777	1.160	0.806	76	2
79	秘鲁	0.762	1	0.988	0.791	1.199	0.807	74	5
80	哈萨克斯坦	0.761	9.9	0.884	0.781	1.116	0.787	91	-11
81	黎巴嫩	0.759	4.7	0.945	0.777	1.177	0.799	82	-1
82	厄瓜多尔	0.759	2	0.976	0.743	1.239	0.808	73	9
83	亚美尼亚	0.759	1	0.988	0.747	1.244	0.806	77	6
84	菲律宾	0.758	0.9	0.989	0.770	1.222	0.807	75	9
85	中国	0.755	2.7	0.968	0.778	1.197	0.799	81	4
86	苏里南	0.755	5.1	0.940	0.802	1.146	0.791	86	0
87	圣文森特和格林纳丁斯	0.755	1.6	0.981	0.810	1.174	0.797	84	3
88	巴拉圭	0.755	0.7	0.992	0.778	1.216	0.803	79	9
89	突尼斯	0.753	2.3	0.973	0.821	1.156	0.787	92	-3
90	约旦	0.753	3.2	0.962	0.761	1.209	0.797	83	7
91	伯利兹	0.753	3.1	0.964	0.818	1.151	0.789	88	3
92	斐济	0.752	1.6	0.981	0.803	1.181	0.791	85	7
93	斯里兰卡	0.751	0.5	0.994	0.756	1.239	0.802	80	13
94	土耳其	0.75	3	0.965	0.811	1.159	0.787	90	4
95	多米尼加	0.749	2.5	0.971	0.813	1.162	0.784	94	1
96	马尔代夫	0.745	3.4	0.960	0.775	1.193	0.788	89	7
97	土库曼斯坦	0.738	9.1	0.893	0.772	1.135	0.767	103	-6
98	牙买加	0.738	4.1	0.952	0.751	1.211	0.780	95	3
99	伊朗	0.736	5.3	0.938	0.808	1.138	0.769	100	-1
100	格鲁吉亚	0.732	0.7	0.992	0.699	1.295	0.786	93	7

续表

HDI 排名	国家或地区	HDI 值	CO_2	EBI	H_3P	H_3P/H_3	PHDI 值	PHDI 名次	HDIr 减 PHDIr
101	阿塞拜疆	0.729	3.4	0.960	0.738	1.231	0.776	96	5
102	巴勒斯坦	0.729	—	—	—	0.000	0.557	142	-40
103	阿尔及利亚	0.722	2.9	0.966	0.805	1.167	0.762	105	-2
104	萨尔瓦多	0.722	1	0.988	0.784	1.206	0.768	101	3
105	佛得角	0.721	0.3	0.996	0.794	1.203	0.768	102	3
106	叙利亚	0.721	2.8	0.967	0.741	1.234	0.770	99	7
107	圭亚那	0.72	2.2	0.974	0.765	1.215	0.765	104	3
108	越南	0.704	0.8	0.991	0.699	1.294	0.760	106	2
109	吉尔吉斯斯坦	0.702	1	0.988	0.646	1.346	0.759	107	2
110	印度尼西亚	0.697	1.4	0.984	0.738	1.250	0.749	108	2
111	乌兹别克斯坦	0.694	4.8	0.944	0.636	1.326	0.745	109	2
112	尼加拉瓜	0.69	0.7	0.992	0.732	1.262	0.741	110	2
113	玻利维亚	0.687	1.2	0.986	0.698	1.292	0.739	111	2
114	蒙古	0.679	3.3	0.961	0.649	1.325	0.733	112	2
115	摩尔多瓦	0.671	1.6	0.981	0.617	1.371	0.726	114	1
116	洪都拉斯	0.667	0.9	0.989	0.707	1.285	0.719	115	1
117	危地马拉	0.663	0.9	0.989	0.762	1.230	0.707	117	0
118	瓦努阿图	0.659	0.4	0.995	0.717	1.280	0.712	116	2
119	埃及	0.659	2.1	0.975	0.751	1.230	0.707	118	1
120	南非	0.658	7.4	0.913	0.835	1.085	0.678	121	-1
121	赤道几内亚	0.655	0.4	0.995	0.934	1.061	0.671	123	-2
122	塔吉克斯坦	0.652	0.7	0.992	0.570	1.425	0.707	119	3
123	加蓬	0.635	2.6	0.969	0.806	1.168	0.672	122	1
124	摩洛哥	0.631	1.4	0.984	0.761	1.227	0.680	120	4
125	纳米比亚	0.627	1.1	0.987	0.812	1.177	0.667	124	1

续表

HDI 排名	国家或地区	HDI 值	CO_2	EBI	H_3P	H_3P/H_3	PHDI 值	PHDI 名次	HDIr 减 PHDIr
126	圣多美和普林西比	0.604	0.6	0.993	0.590	1.405	0.660	125	1
127	印度	0.602	1.2	0.986	0.714	1.275	0.655	126	1
128	所罗门群岛	0.594	0.4	0.995	0.648	1.349	0.649	127	1
129	缅甸	0.578	0.2	0.998	0.561	1.438	0.637	128	1
130	柬埔寨	0.571	—	—	—	0.000	0.403	168	-38
131	博茨瓦纳	0.565	2.3	0.973	0.847	1.129	0.599	131	0
132	科摩罗	0.547	0.1	0.999	0.639	1.360	0.603	129	3
133	老挝	0.545	0.2	0.998	0.648	1.350	0.599	130	3
134	不丹	0.536	0.2	0.998	0.666	1.332	0.592	132	2
135	巴基斯坦	0.527	0.7	0.992	0.674	1.321	0.581	134	1
136	尼泊尔	0.526	0.2	0.998	0.611	1.388	0.584	133	3
137	巴布亚新几内亚	0.523	0.4	0.995	0.708	1.288	0.576	135	2
138	加纳	0.52	0.4	0.995	0.683	1.314	0.574	137	1
139	孟加拉国	0.52	0.3	0.996	0.648	1.350	0.576	136	3
140	东帝汶	0.513	—	—	—	0.000	0.383	169	-29
141	苏丹	0.512	0.3	0.996	0.657	1.341	0.566	141	0
142	刚果	0.512	0.6	0.993	0.550	1.446	0.570	138	4
143	多哥	0.512	0.3	0.996	0.639	1.359	0.566	140	3
144	乌干达	0.508	0.1	0.999	0.620	1.379	0.567	139	5
145	津巴布韦	0.505	1	0.988	0.690	1.302	0.557	143	2
146	马达加斯加	0.499	0.1	0.999	0.518	1.481	0.556	144	2
147	斯威士兰	0.498	0.9	0.989	0.777	1.214	0.542	148	-1
148	喀麦隆	0.497	0.2	0.998	0.675	1.323	0.555	145	3
149	莱索托	0.497	—	—	—	0.000	0.317	173	-24
150	吉布提	0.495	0.5	0.994	0.674	1.322	0.551	146	4

续表

HDI 排名	国家或地区	HDI 值	CO_2	EBI	H_3P	H_3P/H_3	PHDI 值	PHDI 名次	HDIr 减 PHDIr
151	也门	0.489	0.7	0.992	0.528	1.467	0.543	147	4
152	毛里塔尼亚	0.477	1.1	0.987	0.646	1.346	0.532	149	3
153	海地	0.475	0.2	0.998	0.648	1.350	0.529	151	2
154	肯尼亚	0.474	0.2	0.998	0.561	1.438	0.530	150	4
155	冈比亚	0.47	0.2	0.998	0.657	1.341	0.526	152	3
156	几内亚	0.466	0.1	0.999	0.675	1.324	0.522	153	3
157	塞内加尔	0.458	0.4	0.995	0.638	1.358	0.513	154	3
158	尼日利亚	0.453	0.4	0.995	0.560	1.437	0.510	155	3
159	卢旺达	0.45	0.1	0.999	0.591	1.408	0.504	156	3
160	安哥拉	0.445	0.5	0.994	0.691	1.305	0.497	158	2
161	厄立特里亚	0.444	0.2	0.998	0.529	1.470	0.500	157	4
162	贝宁	0.431	0.3	0.996	0.571	1.427	0.487	159	3
163	科特迪瓦	0.42	0.4	0.995	0.620	1.377	0.477	160	3
164	坦桑尼亚	0.418	0.1	0.999	0.461	1.538	0.470	161	3
165	马拉维	0.404	0.1	0.999	0.461	1.538	0.457	162	3
166	赞比亚	0.394	0.2	0.998	0.529	1.470	0.450	163	3
167	刚果	0.385	—	—	—	0.000	0.277	174	-7
168	莫桑比克	0.379	0.1	0.999	0.571	1.428	0.434	164	4
169	布隆迪	0.378	—	—	—	0.000	0.273	175	-6
170	埃塞俄比亚	0.367	0.1	0.999	0.496	1.503	0.425	165	5
171	中非	0.367	0.1	0.999	0.496	1.503	0.425	166	5
172	几内亚比绍	0.348	0.2	0.998	0.496	1.503	0.405	167	5
173	乍得	0.341	—	—	—	0.000	0.203	176	-3
174	马里	0.333	—	—	—	0.000	0.203	177	-3
175	布基纳法索	0.317	0.1	0.999	0.581	1.418	0.374	170	5
176	塞拉利昂	0.298	0.1	0.999	0.437	1.562	0.349	171	5
177	尼日尔	0.281	0.1	0.999	0.518	1.481	0.336	172	5

资料来源：作者根据《人类发展报告 2005》计算。

附表 4　　广义的人类发展指数的各种指标及来源

指　　标	年　份	来　　源
HDI、人均 GDP、儿童死亡率、成人受教育程度、母亲死亡率、预期寿命、婴儿死亡率、HPI、GEM、中等教育男女比率、犯罪率、基尼系数、GDI	2004	UNDP 的人类发展报告（HDR），2006
自杀率	2004	WHO
生活满意度、生活满意程度不平等	1990 年后	世界幸福数据 www. eur. nl/fsw/research/happiness
监狱人口比例	2004	www. prisonstudies. org
一美元贫困率、贫困线以下人口比例、城乡不平等	1990 ~ 2002	WBDI，2004
青少年结婚率	1985 ~ 2002	联合国人口处世界生殖报告
议会妇女比例	2004	国际联合议会网站
议会密度、非正规就业、最低工资政策、社会保障覆盖率	1997	耶鲁国际社团管理协会 http：//iicg. som. yale. edu/data/datasets. shtml
信仰自由	2000	世界宗教自由中心
政治恐怖	2000 ~ 2004	http：//www. unca. edu/politicalscience/facultystaff/gibney_docs/pts. xls
新闻自由、司法独立、公共机构、健康不平等	2004	世界经济论坛全球竞争报告（2004/2005）
朋友重要性、家庭重要性、邻居容忍度、互相信任	1999/2001	世界价值研究机构
离婚率	2001	联合国人口统计年鉴
酒精消费量	2003	WHO 全球酒精状况报告，2004
腐败指数	2004	透明国际
孤儿率、童工	2004	联合国儿童基金会
法律规则、政治稳定	2004	世界银行统计指标

续表

指　标	年　份	来　源
自然灾害影响度	1980～2000	由OFDA国际灾害数据计算得出，www. cred. be/emdat 和 WBDI，2004
横向不平等	2000	危难中的少数民族
失业率	1992～2004	国际劳工组织
电话使用率、网络使用率、收音机使用、艾滋病患者死亡率	2004	千年发展目标网站
电影院上座率、报纸流通	1995～1999	联合国教科文组织
GDP周期、CPI周期、制造业出口比例、投资组合、贸易波动	1981～2002	从WBDI2004年数据计算得出
难民流量	1998～2004	联合国难民事务办事处统计年鉴，2004
集体暴动	1990以来	Marshall，M. G.（2002）．全球恐怖主义：概览和分析
政治暴动	1990以来	Marshall，M. G.（2005），主要暴力事件，1946～2004
二氧化碳人均排放量	2004	美国能源部资助的二氧化碳信息分析中心（CDIAC）

资料来源：Gustav Ranis，Frances Stewart and Emma Samman，Human Development：Beyond the HDI，ECONOMIC GROWTH CENTER YALE UNIVERSITY CENTER，DISCUSSION PAPER NO. 916，June 21，2005.

参考文献

[1] Ackland, Roert, Steve Dowrick and Benoit Freyens, Measuring Global Poverty: Why PPP Methods Matter, Draft Paper prepared for the 2004 Conference of the International Association for Research in Income and Wealth, 2004.

[2] Ahluwalia, M. S., Income Distribution and Development: Some stylized Facts, *American Economic Review* 66 (2), 1976, 128 - 135.

[3] Ahluwalia, M. S., Inequality, Poverty and Development, *Journal of Development Economics* 3, 1976, 307 - 342.

[4] Ambuj D. Sagar & Adil Najam, The human development index: a critical review, Ecological Economics 25 (1998) 249 - 264.

[5] Amos, Orley M., Unbalanced Regional Growth and Regional Income Inequality, *Regional Science and Urban Economics* 18, 1988, 549 - 566.

[6] Anand, S. and Ravallion, M., Human Development in Poor Countries: On the Role of Private Incomes and Public Services, *Journal of Economic Perspectives*, 1993, 7.

[7] Anand, S. and Amartya K. Sen, Human Development Index: Methodology and Measurement, *Human Development Report Office*

Occasional Papers, 1994.

[8] Anand, Sudhir and Amartya K. Sen, The Income Component of the Human Development Index, *Journal of Human Development*, Vol. 1, No. 1, 2000, 83 – 105.

[9] Anand, Sudhir and S. M. R. Kanbur, The Kuznets Process and the Inequality – Development Relationship, *Journal of Development Economics* 40, 1993, 25 – 52.

[10] Arnab Acharya and Howard J. Wall, An Evaluation of the United Nations' Human Development Index, *Journal of Economic and Social Measurement* 20, 1994, 51 – 65.

[11] Atkinson, A. B. and F. Bourguignon, The Comparison of Multidimensional Distributions of Economic Studies, *Review of Economic Studies* 12, 1982, 183 – 201.

[12] Baer, Werne, Regional Inequality and Economic Growth in Brazil, *Economic Development and Cultural Change* 12 (4), 1964, 268 – 285.

[13] Bardhan, K. and S. Klasen, UNDP's Gender – Related Indices: A Critical Review, *World Development* 27, 1999, 985 – 1010.

[14] Basu, Saswati and Parikshit Basu, Regional Disparity in Australia: Analysis of Gender Development Index, *International Review of Business Research Papers*, Vol. 1, NO. 2, 2005, 56 – 66.

[15] Bhajan Grewal and Fiona Sun, Regional Divergence in Industrial Structure: Policy Implications for China, *Centre for Strategic Economic Stud* 2, 1999.

[16] Bourguignon, F., Decomposable Income Inequality Measures, *Econometrica* 47 (4), 1979, 901 – 920.

[17] Bunge, M. , Development Indicators, *Social Indicators Research* 9, 1981, 369 - 385.

[18] Cahill, Miles B. , Diminishing Returns to GDP and the Human Development Index, *Applied Economics Letters*, 2002, 9, 885 - 887.

[19] Cahill, Miles B. , Is the Human Development Index Redundant, *Eastern Economic Journal*, Vol. 31, No. 1, 2005.

[20] Camfield, L. and S. Skevington, Quality of Life and Well - Being, *Paper*, ESRC Re2, 2003.

[21] Carlucci, F. and S. Pisani, A Multiattribute Measure of Human Development, *Social Indicators Research* 36, 1995, 145 - 176.

[22] Carlucci, F1 and S1 Pisani, A Multiattribute Measure of Human Development, *Social Indicators Research*, 1995, 361.

[23] Chakravarty, Satya R. , A Generalized Human Development Index, *Review of Development Economics*, 7 (1), 2003, 99 - 114.

[24] Clark, D. , Concepts and Perceptions of Human Well - Being: Some Evidence from South Africa, *Oxford Development Studies*, 31 (2), 2003, 173 - 196.

[25] Crafts, N. , The Human Development Index, 1870 - 1999: Some Revised Estimates, *European Review of Economic History* 6, 3, 2002, 95 - 405.

[26] Custance, J. and H. Hillier, Statistical Issues in Developing Indicators of Sustainable Development, *Journal of Royal Statistical Society*, Ser. A 161, 1998, 281 - 290.

[27] Dasgupta, P. and M. Weale, On Measuring the Quality of Life, *World Development* 20, 1992, 119 - 131.

[28] De Vires, W. F. M., Meaningful Measures: Indicators on Progress, Progress on Indicators, *International Statistical Review*, 2001.

[29] Dijkstra, A. Geske, Revisiting UNDP's GDI and GEM: Towards an Alternative, *Social Indicators Research* 57, 2002, 301 - 338.

[30] Easterlin, R. A., Income and Happiness: Towards a Unified Theory, *Economic Journal*, 111 (July), 2001, 465 - 84.

[31] Engineer, Merwan, Ian King and Nilanjana Roy, The Human Development Index as a Criterion for Optimal Planning, University of Otago Economics Discussion Papers No. 0517, 2005.

[32] Evans, Paul and Georgios Karras, Do Standards of Living Converge? Some Cross Country Evidence, *Economics Letters* 43, 1993, 149 - 155.

[33] Gasper, D., Is Sen's Capability Approach an Adequate Basis for Considering Human Development?, *Review of Political Economy*, 14 (4) 2002, 435 - 61.

[34] Gasper, D., Nussbaum's Capabilities Approach in Perspective 2 Purposes, Methods and Sources for an Ethics of Human Development, *Working Paper* 379, ISS: The Hague, 2003.

[35] Gormely, Patrick J., The Human Development Index in 1994: Impact of Income on Country Rank, *Journal of Economic and Social Measurement* 21, 1995, 253 - 267.

[36] Guido Luchters and Lukas Menkhoff, Chaotic Signals from HDI Measurement, *Applied Economics Letters*, 2000, 7, 267 - 270.

[37] Guido Luchters, Human Development as Statistical Artifact, *World Development*, Vol. 24, No. 8, 1996, 1385 - 1392.

[38] Hicks, Douglas A., The Inequality - Adjusted Human

Development Index: A Constructive Proposal, *World Development*, Vol. 25, No. 8, 1997, 1283 - 1298.

[39] Hirshberg, J. G., E. Maasoumi and D. J. Slottje, Cluster Analysis for Measuring Welfare and Quality of Life Across Countries, *Journal of Econometrics* 50, 1990, 113 - 150.

[40] Hoover, Greg A., International Inequality: a Cross - National Dataset, *Social Forces* 67 (4), 1989, 1008 - 1025.

[41] I. Ivanova, F. J. Arcelus and G. Srinivasan, An Assessment of the Measurement Properties of the Human Development Index, *Social Indicators Research* 46, 1999, 157 - 179.

[42] Indrayan, A., M. J. Wysocki, A. Chawla, R. Kumar and N. Singh, 3 - Decade Trend in Human Development Index in India and Its Major States, *Social Indicators Research* 46, 1999, 91 - 120.

[43] Islam, Sadequl, The Human Development Index and Per Capita GDP, *Applied Economics Letters*, 1995, 2, 166 - 167.

[44] Kakwani, N. K., Performance in Living Standards, *Journal of Development*, 1993.

[45] Kelly, A. C., The Human Development Index: "Handle with Care", *Population and Development Review*, Vol. 17, No. 2, 1991, 315 - 324.

[46] Kuznets, Simon, Economic Growth and Income Inequality, *The American Economic Review* (March) XLV, 1955, 1 - 28.

[47] Lai Dejian, Principal Component Analysis on Human Development Indicators of China, *Social Indicators Research* 61, 2003, 319 - 330.

[48] Lai, D., Temporal Analysis of Human Development Indicators:

Principal Component Approach, *Social Indicator Research*, 51, 2000, 331 - 366.

[49] Lind, N. C., A Compound Index of National Development, *Social Indicators Research*, 1993, 28.

[50] Lind, N. C., Some Thoughts on the Human Development Index, *Social Indicators Research*, 1992, 27.

[51] Lind, Niels, Values Reflected in the Human Development Index, *Social Indicators Research* 66, 2004, 283 - 293.

[52] Luchters, G. and L. Menkhoff, Chaotic Signals from HDI Measurement, *Applied Economics Letter*, 7, 2000.

[53] M. C. Lasso De La Vega and A. M. Urrutia, HDPI: A Framework For Pollution - Sen sitive Human Development Indicators, *Environment, Development and Sustainability* 3, 2001, 199 - 215.

[54] Maasoumi, E., The Measurement and Decomposition Analysis of Inequality in the World System, *American Journal of Sociological Review* 53, 1986, 838 - 852.

[55] Majumder, A., K. Mazumdar and S. Chakrabarti, Patterns of Inter and Intra - Regional Inequality: A Socio - Economic Approach, *Social Indicators*, 1994.

[56] Mazumdar, Krishna, A New Approach to Human Development Index, *Review of Social Economy*, Vol. Lxi, No. 4, 2003, 535 - 549.

[57] Mazumdar, Krishna, An Analysis of Causal Flow Between Social Development and Economic Growth, *American Journal of Economics and Sociology*, 1996.

[58] Mazumdar, Krishna, Causal Flow Between Human Well - being and Per Capita Real Gross Domestic Product, *Social Indicators*

Research 50, 2000, 297 - 313.

[59] Mazumdar, Krishna, Measuring the Well - beings of the Developing Countries: Achievement and improvement Indices, *Social Indicators Research* 47, 1999, 1 - 60.

[60] McGillivray, M. The Human Development Index: Yet Another Redundant Composite Development Indicator?, *World Development* 19, 1991, 1461 - 1468.

[61] Morse, S., For Better or for Worse, till the Human Development Index Do Us Part?, *Ecological Economics* 45, 2003, 281 - 296.

[62] Morse, S., Greening the United Nations' Human Development Index?, *Sustainable Development Sust*, Dev. 11, 2003, 183 - 198.

[63] Morse, S., *Indices and Indicators in Development - an Unhealthy Obsession with Numbers?*, Earthscan Publications Ltd, 2004.

[64] Neumayer, Eric, The Human Development Index and Sustainability - a constructive proposal, *Ecological Economics* 39, 2001, 101 - 114.

[65] Noorbakhash, F., The Human Development Indices: Some Technical Issues and Alternative Indice, *Journal of International Development*, 1998, 10. 589 - 605.

[66] Noorbakhsh, F., A Modified Human Development Index, *World Development*, Vol. 26, No. 3, 1998, 517 - 528.

[67] Noorbakhsh, F., The Human Development Indices: Are They Redundant?, *Journal of International Development*, 1998.

[68] Nugent, Jeffrey, B., An Alternative Source of Measurement Error as an Explanation for the Inverted - U Hypothesis, *Economic Development and Cultural Change* 31, 1983, 385 - 396.

[69] Ogwang, T. and Abdella Abdou, The Choice of Principal Variables for Computing Some Measures of Human Well - being, *Social Indicators Research* 64, 2003, 139 - 152.

[70] Ogwang, T., The Choice of Principal Components for Computing the Human Development Index, *World Development* 19, 1994, 1461 - 8.

[71] Oswald, A., Happiness and Economic Performance, *Economic Journal*, 107 (No. 2), 1997.

[72] Panigrahi, R. and Sivramkrishna, S., An Adjusted Human Development Index: Robust Country Rankings with Respect to the Choice of Fixed Maximum and Minimum Indicator Values, *Journal of Human Development* 3, 2002, 301 - 311.

[73] Paul, Satya, A Modified Human Development Index and International Comparison, *Applied Economics Letters*, 1996, 3, 677 - 682.

[74] Prakash, Shri, Human Development Index In Input Output Framework - An Alternative Approach, Fifteenth International Input Output Conference, Beijing, Peoples Republic of China, 2005.

[75] Qizilbash Mozaffar, On the Measurement of Human Development, Lecture Prepared for the UNDP Training Course, Oxford, 11 September 2002.

[76] Quadrado, L., W. Heijman, H. Folmer, Multidimensional Analysis of Regional Inequality: the Case of Hungry, *Social Indicators Research* 56, 2001.

[77] Ram, R., Another Perspective on Changes in International Inequality from 1950 to 1980, *Economics Letters* 16, 1984, 191 -

196.

[78] Ram, R., International Inequalities in Income and Index of Net Social Progress, *Economics Letters* 24, 1987, 295 - 298.

[79] Ram, R., International Inequality in the Basic Needs Indicators, *Journal of Development Economics* 11, 1982, 113 - 117.

[80] Ram, R., Physical Quality of Life Index and Intercountry Inequality, *Economics Letters* 22, 1980, 195 - 199.

[81] Ram, R., Economic Development and Income Inequality: Further Evidence on the U - Curve Hypothesis, *World Development* 16 (11), 1988, 1371 - 1376.

[82] Ram, R., Level of Development and Income Inequality: An Extension of Kuznets - Hypothesis to the World Economy, *Kyklos* 42 (Fasc 1), 1989, 73 - 88.

[83] Ram, R., The Role of Real Income Level and Income Distribution in Fulfillment of Basic Needs, *World Development* 13 (5), 1985, 589 - 594.

[84] Ranis, Gustav, Frances Stewart and Emma Samman, Human Development: Beyond the HDI, Center Discussion Paper No. 916, 2005.

[85] Ravallion, M., Good and Bad Growth: The Human Development Reports, *World Development* 25, 1997, 631 - 638.

[86] Robinson, Sherman, A Note on the U - Hypothesis Relating Income Inequality and Economic Development, *The American Review* 66 (3), 1976, 437 - 440.

[87] Sagar, A. D. and A. Najam, The Human Development Index: a Critical Review, *Ecological Economics* 25, 1998, 249 - 264.

[88] Saith, Ashwini, Development and Distribution: A Critique of the

Crosscountry U – hypothesis, *Journal of Development Economics* 13, 1983, 367 – 382.

[89] Sharma, S., Applied Multivariate Techniques, John Wiley & Sons, Inc, 1996.

[90] Sharpe, Andrew, A Survey of Indicators of Economic and Social Well – being, Paper prepared for Canadian Policy Research Networks, 1999.

[91] Sprout, Ronald V. and James H. Weaver, International Distribution of Income: 1960 – 1987, *Kyklos* 45 (Fasc. 2), 1992, 237 – 258.

[92] Srinivasan. T. N., Human Development: A New Paradigm or Reinvention of the Wheel?, *Human Development*, Vol. 84, No. 2, 1994, 238 – 243.

[93] Streeten, Paul, Human Development: Means and Ends, *The American Economic Review*, Vol. 84, No. 2, 1994, 232 – 237.

[94] Tang, K. L., Social Development in China: Progress and Problems', *Journal of Contemporary Asia* 29, 1999, 95 – 108.

[95] Tsui, K – Y, Improvement Indices of Well – Being, *Social Choice and Welfare* 13, 3, 1996, 291 – 303.

[96] Veenhoven, R., Subjective Measures of Well – Being, *Wider Discussion Paper*, 2004.

[97] Emes, J. and Tony Hahn, Measuring Development – An Index of Human Progress, Public Policy Sources, No. 36, 2001.

[98] 阿马蒂亚·森著，任赜、于真译：《以自由看待发展》，中国人民大学出版社 2002 年版。

[99] 车维汉：《发展经济学》，清华大学出版社 2006 年版。

[100] 陈立新：《社会指标与社会协调发展》，湖南大学出版社

2005 年版。

[101] 陈晓云："福利保障的理论、演变及其现实意义"，《世界经济研究》，2001 年第 3 期。

[102] 杜斌、张坤民等："可持续经济福利指数衡量城市可持续性的应用研究"，《环境保护》，2004 年第 8 期。

[103] 高敏雪："绿色 GDP 核算：争议与共识"，《经济理论与经济管理》，2006 年第 12 期。

[104] 何增科："人类发展与治理引论"，《马克思主义与现实》，2002 年第 6 期。

[105] 贺春临、周长城："福利概念与生活质量指标——欧洲生活质量指标体系的概念框架和结构研究"，《国外社会科学》，2002 年第 1 期。

[106] 胡鞍钢："社会与发展：中国社会发展地区差距报告"，《开发研究》，2003 年第 4 期。

[107] 黄国轩："中国区域人文发展状况的统计分析"，《上海统计》，2000 年第 8 期。

[108] 蒋萍："非法生产与 GDP"，《经济科学》，2006 年第 6 期。

[109] 蒋萍："也谈 GDP 的口径与算法"，《统计研究》，2008 年第 8 期。

[110] 贾绍凤、毛汉英："国外可持续发展度量研究综述"，《地球科学进展》，1999 年第 12 期。

[111] 李聪明："国家衡量新框架：GNH + GDP 模式"，《西安财经学院学报》，2005 年第 6 期。

[112] 李善同、林家彬等："发展观的演进与发展的测度"，《管理世界》，1997 年第 4 期。

[113] 李伟峰："联合国历年人类发展报告述评"，《国外理论动态》，2003 年第 7 期。

[114] 刘民权、俞建拖等："人类发展视角与可持续发展"，《中国环境科学学会2006年学术年会优秀论文集》（上卷），2006年版。

[115] 罗良清、赵广岩："运用空间统计方法分析我国社会福利的有关问题"，《统计教育》，2006年第4期。

[116] 庞元正："国外发展理论的演进与发展观的演变"，《领导科学》，2004年第6期。

[117] 邱东："多指标综合评价方法"，《统计研究》，1990年第6期。

[118] 邱东："贫困的三维测度观：贫困测度准则的再思考"，《统计与信息论坛》，1996年第1期。

[119] 邱东："从增量的分解看贫困测度指标的性质"，《统计与信息论坛》，1996年第2期。

[120] 邱东、宋旭光："可持续发展层次论"，《经济研究》，1999年第2期。

[121] 邱东：《谁是政府统计的最后东家》，中国统计出版社2003年版。

[122] 沈杰：从"GDP崇拜"到幸福指数关怀——发展理论视野中发展观的几次深刻转折［EB/OL］，中国社会学网，2005年11月2日。

[123] 宋洪远、马永良："使用人类发展指数对中国城乡差距的一种估计"，《经济研究》，2004年第11期。

[124] 覃成林、罗庆："中国区域人类发展差异研究"，《经济经纬》，2004年第6期。

[125] 田向利："经济增长与社会发展理念的演进——从GDP、HDI、GGDP概念的应用看人类发展观的变革"，《经济学动态》，2003年第12期。

[126] 王时芬："发展经济学中的社会选择理论——介绍一种社会福利衡量方法"，《上海经济研究》，2005 年第 8 期。

[127] 王书明、宋玉玲："从'增长优先'到'发展文化'——联合国发展思想的演进历程"，《世界经济与政治》，1999 年第 2 期。

[128] 王祖祥："贫困评价与贫困指数"，《经济评论》，2000 年第 1 期。

[129] 吴姚东："当代国外福利测算方法研究——福利与国内生产总值关系的实证分析"，《经济评论》，2000 年第 6 期。

[130] 杨缅昆："国民福利：核算理论和方法"，《统计研究》，2006 年第 5 期。

[131] 杨缅昆："国民福利核算的理论构造——绿色 GDP 核算理论的再探讨"，《统计研究》，2003 年第 1 期。

[132] 杨永恒、胡鞍钢等："基于主成分分析法的人类发展指数替代技术"，《经济研究》，2005 年第 7 期。

[133] 杨永恒、胡鞍钢等："中国人类发展的地区差距和不协调：历史视角下的'一个中国，四个世界'"，国情研究中心工作论文第 4 期，2005。

[134] 袁方：《社会指标与社会发展评价》，中国劳动出版社 1995 年版。

[135] 曾红颖等：《发展的刻度》，中国水利水电出版社 2004 年版。

[136] Gasper, D. 著，陆丽娜译："人类福利：概念和概念化"，《世界经济文汇》，2005 年第 3 期。

后　　记

本书是在我博士论文的基础上经过修改完善而成的。

在书稿即将付梓之际，我要向我的恩师邱东教授表示最诚挚的谢意！本书的选题就是受到邱东老师多年前完成的一篇关于贫困三维测度观论文的启发，从而进入了人类发展测度方法这一充满人文关怀的崭新天地。在我博士论文整个写作过程中，邱东老师给予了悉心的指导，在许多关键问题上的点拨启发使我少走了许多弯路，并教会我如何以更开阔的思维探讨这个论题。师从邱东老师四年以来，他对前沿问题的深刻把握及对待学生无微不至的关怀和培育都让我深受感动。

特别感谢东北财经大学产业组织与企业组织研究中心主任于立教授。在参与于教授主持的一些项目中，我学会了经济学基本的思维方式、独特的研究方法和为人处事的道理。他在每周Seminar上的睿智点评、深邃独到的见解和谆谆教诲，使我受益终生。

感谢中国人民大学的高敏雪教授，江西财经大学的罗良清教授，东北财经大学的蒋萍教授、白雪梅教授和赵进文教授提出的宝贵意见。

我的同窗挚友王亚菲博士为我提供了许多宝贵的资源，并不厌其烦地与我讨论写作中遇到的难题；我的同事于左、钱勇、姜春海、吴绪亮、侯强、田明君、张庆斌、张路提供了各种形式的帮助。在此一并致以深深的谢意！

感谢家人长期以来对我的理解和呵护，我的公婆、父母和爱人庄严在书稿的写作过程中给予了极大的支持和照顾，我所取得的每一点成绩，都凝聚着他们的殷殷关切和默默奉献。还要特别感谢腹中即将出世的宝宝，正是这种将为人母的喜悦和激动让我在感到乏味和疲倦时能够保持着高涨的研究热情。

李　晶

2008 年 10 月于大连